JN252156

歴史家の展望鏡

山内昌之

みすず書房

教養教育については、なぜさらに多くを語るために時を費やす必要があるのかわたしにはわかりません。しかし、先に述べたことに続けて、先人の著作を手に入れるのに無関心であってはならず、農具のようにそれらを収集しておくのが役立つこと、いやむしろ、必要であることを加えておきます。なぜなら、それに相当する教育の道具として書物が使用され、書物を源泉として知識を手に入れることになるからです。

――プルタルコス「子供の教育について」

『モラリアⅠ』（瀬口昌久訳、京都大学学術出版会、二〇〇八年）

エイズの起源	J. ペパン 山本太郎訳	4000
復興するハイチ 震災から、そして貧困から 医師たちの闘いの記録 2010-11	P. ファーマー 岩田健太郎訳	4300
他者の苦しみへの責任 ソーシャル・サファリングを知る	A. クラインマン他 坂川雅子訳 池澤夏樹解説	3400
死ぬとはどのようなことか 終末期の命と看取りのために	G. D. ボラージオ 佐藤正樹訳	3400
果報者ササル ある田舎医者の物語	J. バージャー／J. モア 村松潔訳	3200
生殖技術 不妊治療と再生医療は社会に何をもたらすか	柘植あづみ	3200
更年期 日本女性が語るローカル・バイオロジー	M. ロック 江口重幸・山村宜子・北中淳子訳	5600
看護倫理 1-3	ドゥーリー／マッカーシー 坂川雅子訳	各 2600

（価格は税別です）

みすず書房

失われてゆく、我々の内なる細菌	M. J. ブレイザー 山 本　太 郎訳	3200
人はなぜ太りやすいのか 肥満の進化生物学	M. L. パワー／J. シュルキン 山 本　太 郎訳	4200
不 健 康 は 悪 な の か 健康をモラル化する世界	J. M. メツル／A. カークランド 細澤・大塚・増尾・宮畑訳	5000
抗 う つ 薬 の 功 罪 ＳＳＲＩ論争と訴訟	D. ヒ ー リ ー 田島治監修 谷垣暁美訳	4200
フ ァ ル マ ゲ ド ン 背信の医薬	D. ヒ ー リ ー 田島治監訳 中里京子訳	4000
死 す べ き 定 め 死にゆく人に何ができるか	A. ガ ワ ン デ 原 井　宏 明訳	2800
医師は最善を尽くしているか 医療現場の常識を変えた 11 のエピソード	A. ガ ワ ン デ 原 井　宏 明訳	3200
予 期 せ ぬ 瞬 間 医療の不完全さは乗り越えられるか	A. ガ ワ ン デ 古屋・小田嶋訳 石黒監修	2800

（価格は税別です）

みすず書房

ジェレミー・A・グリーン
ジェネリック
それは新薬と同じなのか
野中香方子訳

2017年12月15日　第1刷発行
2018年3月30日　第2刷発行

発行所　株式会社 みすず書房
〒113-0033 東京都文京区本郷2丁目20-7
電話 03-3814-0131(営業) 03-3815-9181(編集)
www.msz.co.jp

本文組版　キャップス
本文印刷所　精興社
扉・表紙・カバー印刷所　リヒトプランニング
製本所　松岳社

© 2017 in Japan by Misuzu Shobo
Printed in Japan
ISBN 978-4-622-08651-2
[ジェネリック]
落丁・乱丁本はお取替えいたします

著者略歴

(Jeremy A. Greene, 1974-)

医師・医学史家．ジョンズ・ホプキンス大学医学史部門准教授．医師と製薬企業の歴史的研究の第一人者．著書 *Prescribing by Numbers: Drugs and the Definition of Disease* (2006) でレイチェル・カーソン賞およびエドワード・クリーマーズ賞を受賞．

訳者略歴

野中香方子〈のなか・きょうこ〉 翻訳家．訳書に，ロバーツ『人類20万年 遥かなる旅路』，ソウルゼンバーグ『ねずみに支配された島』，モンゴメリー『ハーバード戦略教室』，ブレグマン『隷属なき道 AIとの競争に勝つ』，アンソニー『恐竜探偵 足跡を追う』，ビガン『人類の祖先はヨーロッパで進化した』など多数．

索　引

カ

サ

タ

ナ

ハ

マ

ヤ

ラ

略語

AEP Alfred Engelberg Papers（私蔵）, New York, NY

AJK Alan J. Klawans Collection, 2005.144, Chemical Heritage Foundation〔化学遺産財団〕, Philadelphia, PA

AMAA Archives of the American Medical Association〔全米医師会の保管文書〕, Chicago, IL

APhAA Archives of the American Pharmaceutical Association〔米国薬剤師会の保管文書〕, Washington, DC

CEP Charles Edwards Papers, MSS 447, University of California at San Diego, La Jolla, CA

DES Drug Efficacy Study of the National Research Council's Division of Medical Sciences〔米国学術研究会議医学部門による薬効研究〕, 1966–1969, NAS 234 B-3-1 & 2, National Academy of Sciences〔米国科学アカデミー〕, Washington, DC

EPP Esther Peterson Papers, MC 450, Schlesinger Library, Radcliffe Institute for Advanced Study, Cambridge, MA

FDAAF AF Correspondence Files of the Food and Drug Administration〔アメリカ食品医薬品局〕, White Oak, MD, accessed by Freedom of Information Act〔情報公開法による開示〕

FDAR Records of the Food and Drug Administration〔アメリカ食品医薬品局の記録〕, RG 88, National Archives and Records Administration〔アメリカ国立公文書記録管理局〕, College Park, MD

FMIP Felix Marti-Ibanez Papers, MS 1225, Yale University, New Haven, CT

GUC Glenn E. Ullyot Collection, 2006.502.001, Chemical Heritage Foundation〔ケミカル・ヘリテージ財団〕, Philadelphia, PA

HFDP Harry Filmore Dowling Papers, MS C 372, National Library of Medicine〔国立医学図書館〕, Bethesda, MD

JAP John Adriani Papers, MS C 453, National Library of Medicine, Bethesda, MD

KRF Kremers Reference Files, American Institute for the History of Pharmacy〔米国薬史学会〕, Madison, WI

LGP Louis Goodman Papers, ACCN 937, University of Utah, Salt Lake City, UT

LLP Louis C. Lasagna Papers, D 302, University of Rochester, Rochester, NY

NYSGDIF New York State Generic Drug Investigations Files〔ニューヨーク州ジェネリック医薬品研究ファイル〕, L0136-80, New York State Archives〔ニューヨーク州書庫〕, Albany, NY

PDC Parke, Davis Collections〔パーク・デービス・コレクション〕, AC001, National

Museum of American History〔アメリカ歴史博物館〕, Washington, DC

PLP　Philip Lee Papers, MSS 91-1, University of California at San Francisco, San Francisco, CA

RBP　Richard Burack Papers（私蔵）, Jackson, NH

RFP　Robert Fischelis Papers, MSS 619, Wisconsin Historical Society〔ウィスコンシン歴史学会〕, Madison, WI

SDCA　Sterling Drug Company Archives, AC 772, National Museum of American History, Washington, DC

SOAM　Records of the Subcommittee on Antitrust and Monopoly〔上院反トラスト・独占小委員会の裁判記録〕, Committee on the Judiciary, United States Senate〔上院〕, RG 46, National Archives〔アメリカ国立公文書記録管理局〕, Washington, DC

SOM　Records of the Subcommittee on Monopoly, Select Committee on Small Business, RG 46, United States Senate, National Archives, Washington, DC

USPC　United States Pharmacopoeia Convention Archives〔米国薬局方会議文書〕, MSS 149, 2007 Additions: 1888–2000, Wisconsin Historical Society〔ウィスコンシン歴史学会〕, Madison, WI

WHOA　World Health Organization Archives〔世界保健機関文書〕, Geneva, CH

WPIB　Wisconsin Pharmacy Investigation Board, MSS 2638, Wisconsin Historical Society, Madison, WI

WSMP　William S. Middleton Papers, MS C 206, National Library of Medicine, Bethesda, MD

議会の公聴会

Administered Prices　*Administered Prices in the Drug Industry*〔医薬品業界の Administered Prices〕, *Hearings Before the Subcommittee on Antitrust and Monopoly of the Select Committee on the Judiciary*, United States Senate〔上院司法特別委員会の反トラスト・独占小委員会の公聴会〕

Competitive Problems　*Competitive Problems in the Drug Industry*〔医薬品業界の競争の問題〕, *Hearings Before the Subcommittee on Monopoly of the Select Committee on Small Business*, United States Senate〔上院中小企業特別委員会の独占小委員会の公聴会〕

DIAA　*Drug Industry Antitrust Act*〔医薬品業界反トラスト法〕, *Hearings Before the Subcommittee on Antitrust and Monopoly of the Select Committee on the Judiciary*, United States Senate〔上院司法特別委員会の反トラスト・独占小委員会の公聴会〕

FGDAP　*FDA's Generic Drug Approval Process*〔FDA のジェネリック医薬品承認プロセス〕, *Hearings Before the Subcommittee on Oversight and Investigation of the Committee on Energy and Commerce*, United States House of Representatives〔下院エネルギー及び商業対策委員会の監視捜査小委員会の公聴会〕

PDLPA *Prescription Drug Labeling and Price Advertising*〔医薬品の表示と価格広告の規定〕, *Hearings Before the Subcommittee on Consumer Protection and Finance of the Committee on Interstate and Foreign Commerce*, United States House of Representatives〔下院国内及び国外との商取引に関する委員会の消費者保護・財務小委員会の公聴会〕

SPDA *Substitute Prescription Drug Act*〔代替処方薬法〕, *Hearings Before the Subcommittee on Consumer Protection and Finance of the Committee on Interstate and Foreign Commerce,* United States House of Representatives〔下院国内及び国外との商取引に関する委員会の消費者保護・財務小委員会の公聴会〕

雑誌・新聞

FDCR *F-D-C Reports "Pink Sheet"*〔『F－D－C レポート』通称『ピンクシート』〕

JAMA *Journal of the American Medical Association*〔『米国医師会雑誌』〕

JAPhA *Journal of the American Pharmaceutical Association*〔『米国薬剤師会雑誌』〕

NEJM *New England Journal of Medicine*〔『ニュー・イングランド・ジャーナル・オブ・メディスン』〕

NYT *New York Times*〔『ニューヨーク・タイムズ』〕

WSJ *Wall Street Journal*〔『ウォール・ストリート・ジャーナル』〕

原注

序

エピグラフ：Nelson M. Gampfer, "The case for brand name specification," C 46（p）I f 3, KRF, p. l.

（1） IMS Health, "IMS Health Reports U.S. Prescription Sales Grew 5.1 Percent in 2009, to $300.3 Billion," 1 April 2010（press release）, www.imshealth.com/portal/site/imshealth/menuitem.a46c6d4df3db4b3d88f611019418c22a/?vgnextoid=d690a27e9d5b7210VgnVCM100000edl52ca2RCRD&cpsextcurrchannel=l.

（2） IMS Health, *Exploiting Protection Expiry: Optimizing Off-Patent Opportunities in an Ever More Generic World*, accessed 24 June 2010, at http://amcp.org/WorkArea/DownloadAsset.aspx?id=ll647.

（3） Natasha Singer, "That Pill You Took? It May Well Be Teva's" *NYT*, 9 May 2010.

（4） William F. Haddad to Don Hewitt, 18 April 1977, box 7, f 24 NYSGDIF, p. 3.

（5） "New Drug Law: 'Safe and Effective Drugs at the Lowest Possible Cost,'" Generics Magazine, January 1985, 57–59.

（6） 1980年代後半のジェネリックスキャンダルを最も詳細に描いたのは William C. Cray and C. Joseph Stetler's *Patients in Peril? The Stunning Generic Drug Scandal*（Washington, DC: PMA, 1991）.

（7） *FDCR*, 13 February 1989, p. T&G2; *FDCR*, 1 May 1989, T&Gl; *FDCR*, 15 May 1989, pp. 10–12.

（8） Dingell, as quoted in Cray and Stetler, *Patients in Peril?*, p. 41.

（9） ヴァイタリン社は、「後発品申請のために生物学的同等性を調べる試料として、スミスクライン&フレンチ社の製品の有効成分を自社のゼラチンのカプセルに入れた」と認めた。*FDCR*, 3 July 1989, pp. 13–15.

（10） マーヴィン・サイフェの証言。*FGDAP*, vol. 2, pp. 2–43; Cray and Stetler, *Patients in Peril?*, p. 59.

（11） ボラー社に送った決定的な手紙で、ファーマキネティクス社は「弊社の専門スタッフは、御社が生物学的同等性の調査用に送付した錠剤は、御社の製品ではないという結論に達した」と記し、「もっとも、弊社は製薬業界のモラルの番人ではなく、御社との取引を必要とする零細企業です」と書き添えた。*FDCR*, 18 September 1989, p. 11; *FDCR*, 4 September 1989, p. 7.

（12） FDAによる徹底的な審査では、販売されているジェネリック医薬品の大半は、正当なデータに基づいて承認されているものの、ディンゲルにとって、FDAの研究はあまりにも成果に乏しく、あまりにも遅すぎた。それからの数年間、ディンゲルは、不正なジェネリックメーカーをより迅速に訴追できるよう、ジェネリック医薬品規正法の通過に尽力した。*FDCR*, 8 January 1990, pp. T&G6-7; *FDCR*, 11 June 1990, 30 July 1990; Cray and Stetler, *Patients in Peril?*, p. 104; *FDCR*, 9 October 1989［1990］, p. 8; Tamar Nordenberg, "Inside FDA: Barring People from the Drug Industry," *FDA Consumer*, March 1997, n.p.

(13) *FDCR*, 29 October 1990, p. 22.

(14) 15 November 1990, pp. 3-6; *FDCR*, 28 December 1991.

(15) Unger, "A Lunch That Cost Him Dearly," undated news clipping in KRF C 46 (p) I f 6 batch 3; *FDCR*, 23 March 1991, p. TGl; Phil McCombs, "The Bungled Punishment of Prisoner Seife," *Washington Post*, 3 April 1992, Al.

(16) McCombs, "The Bungled Punishment of Prisoner Seife."

(17) Betty J. Dong, "The Nonequivalence of Thyroid Products," *Drug Intelligence and Clinical Pharmacy* 20, no. l (1986): 77; W. A. Kehoe, B. J. Dong, F. S. Greenspan, "Maintenance Requirements of L-thyroxine in the Treatment of Hypothyroidism," *Western Journal of Medicine* 140, no. 6 (1984): 907-9; B. J. Dong, V. R. Young, B. Rapoport, "The Nonequivalence of Thyroid Products," *Drug Intelligence & Clinical Pharmacy* 20, no. 1 (January 1986): 77-78.

(18) R. T. King Jr., "Bitter Pill: How a Drug Firm Paid for University Study, Then Undermined It," *WSJ*, 12 April 1996.

(19) Ibid., p. 4.

(20) Gilbert Mayor, T. Orlando, and N. M. Kurtz, "Limitation of Levothyroxine Bioequivalence Evaluation: Analysis of an Attempted Study," *American Journal of Therapeutics* 2 (1995): 417-32.

(21) Drummond Rennie, "Thyroid Storm," *JAMA* 277, no. 15 (1997): 1238; Lawrence K. Altman, "Drug Firm, Relenting, Allows Unflattering Study to Appear," *NYT*, 16 April 1997, Al; B. J. Dong, W. W. Hauck, J. G. Gambertoglio, L. Gee, J. R. White, L. Bubp, F. S. Greenspan, "Bioequivalence of Generic and Brand-Name Levothyroxine Products in the Treatment of Hypothyroidism," *JAMA* 277, no. 15 (1997): 1205-13; Sheryl Gay Stolberg, "Gifts to Science Researchers Have Strings, Study Finds," *NYT*, 1 April 1997, p. A17.

(22) Dorothy S. Zinberg, "A Cautionary Tale," *Science* 273 (July 26, 1996): 411; Lawrence K. Altman, "Experts See Bias in Drug Data," *NYT*, 29 April 1997, p. C1; Carey Goldberg, "Urging a Freer Flow of Scientific Data," *NYT*, 6 April 1999, p. F3; Sheldon Rampton and John Stauber, "Research Funding, Conflicts of Interest, and the 'Meta-Methodology' of Public Relations," *Association of Schools of Public Health* 117, no. 4 (2002): 331-39.

(23) パブリック・シティズンは8億ドル台と見積もっている。引用は "Drug Firm, Relenting, Allows Unflattering Study to Appear." "Lawsuit Says Companies Suppressed Drug Study," *NYT*, 19 May 1997, p. B7 も参照。

(24) 医薬品の研究における英雄と悪役の物語については以下を参照。Anne Pollock,

"Transforming the Critique of Big Pharma," *BioSocieties* 6 (2011): 106–18.

(25) 多くの学者が科学、臨床医学、保健政策における同等性と互換性の問題に着目し始めた。人類学者のコリ・ヘイデン、スティーヴン・エックス、カウシック・サンダー・ラジャンは、メキシコ、アルゼンチン、ブラジル、インドにおいて、ジェネリックについて調べる民族学的プロジェクトを開発した。Cori Hayden, "A Generic Solution? Pharmaceuticals and the Politics of the Similar in Mexico," *Current Anthropology* 48, no. 4 (2007): 475–95; Hayden, "No Patent, No Generic: Pharmaceutical Access and the Politics of the Copy," in *Making and Unmaking Intellectual Property: Creative Production in Legal and Cultural Perspective*, ed. Mario Biagioli, Peter Jaszi, and Martha Woodmansee (Chicago: University of Chicago Press, 2011), pp. 285–304; Stefan Ecks and Soumita Basu, "The Unlicensed Lives of Antidepressants in India: Generic Drugs, Unqualified Practitioners and Floating Prescription," *Transcultural Psychiatry* 46, no. 1, 86–106; Kaushik Sunder Rajan, "Pharmaceutical Crises and Questions of Value: Terrains and Logics of Global Therapeutic Politics," *South Atlantic Quarterly* 111, no. 2 (2012): 321–46. 歴史学者のドミニク・トベルは（単著でも、政治科学者ダニエル・カーペンターとの共著でも）アメリカのジェネリックをめぐる政治、専門職、規制面でのいざこざを掘り下げた。Tobbell, "'Eroding the Physician's Control Over Therapy': The Post-War Politics of the Prescription," in *Prescribed: Writing, Filling, Using, and Abusing the Prescription in Modern America*, ed. Elizabeth Watkins and Jeremy Greene (Baltimore: Johns Hopkins University Press, 2012), pp. 66–90; Tobbell, *Pills, Power, and Policy: The Struggle for Drug Reform in Cold War America and its Consequences*, Milbank Series on Health and the Public (Berkeley: University of California Press, 2012); Dominique Tobbell with Daniel P. Carpenter, "Bioequivalence: The Regulatory Career of a Pharmaceutical Concept," *Bulletin of the History of Medicine* 8, no. 1 (2011): 93–131. アン・ポロックも同様に近著 *Medicating Race: Heart Disease and Durable Preoccupations with Difference* (Durham, NC: Duke University Press, 2012) において、チアジドのジェネリック製品の複雑な記号論について、一章をあてて論じた。

(26) 特許期間を処方薬のライフサイクルの一部と見なすことは、1960年代にすでに関係者の間で定着していた。William E. Cox Jr., "Product Life Cycle as Marketing Models," *Journal of Business* 40 (1967): 376–81. Jonathan Liebenau, *Medical Science and Medical Industry: The Formation of the American Pharmaceutical Industry* (Baltimore: Johns Hopkins University Press, 1987); Jean-Paul Gaudilliere, "How Pharmaceuticals Became Patentable: The Production and Appropriation of Drugs in the Twentieth Century," *History and Technology* 24, no. 2 (2008): 99–106; Joseph Gabriel, *Medical Monopoly: Intellectual Property Rights and the Origins of the Modern Pharmaceutical Industry* (Chicago: University of Chicago Press, 2014).

(27) これとは逆の、病気に対する存在論的、生理学的見方については以下を参照。Owsei Temkin, "The Scientific Approach to Disease: Specific Entity and Individual Illness," in *Scientific Change: Historical Studies in the Intellectual, Social and Technical Conditions for Scientific*

Discovery and Technical Invention from Antiquity to the Present, ed. A. C. Crombie, 629 47 (New York: Basic Books, 1963). 後の適応については以下を参照。Robert Aronowitz, Making Sense of Illness: Science, Society, and Disease (Cambridge: Cambridge University Press, 1997). 生物医学の対象を医療技術に用いることについては以下を参照。Hannah Lanndecker, *Culturing Life: How Cells Became Technologies* (Cambridge: Harvard University Press, 2007).

(28) Nicholas Jewson, "The Disappearance of the Sick Man from Medical Cosmology," *Sociology* 10, no. 2 (1976): 225-44; Arthur Kleinman, "What Is Specific to Biomedicine?," in *Writing at the Margin: Discourse between Anthropology and Medicine* (Berkeley: University of California Press, 1997), pp. 21-40; Byron Good, "How Medicine Constructs Its Objects," in *Medicine, Rationality, and Experience* (Cambridge: Cambridge University Press, 1994), pp. 65-87; Margaret Lock, *Encounters with Aging: Mythologies of Menopause in Japan and North America* (Berkeley: University of California Press, 1997).

(29) Jeff Baker, *The Machine in the Nursery: Incubator Technology and the Origins of Newborn Intensive Care* (Baltimore: Johns Hopkins University Press, 1996); George Weisz, *Divide and Conquer: A Comparative History of Medical Specialization* (Oxford: Oxford University Press, 2005).

(30) Julie Livingston, *Improvising Medicine: An African Oncology Ward in an Emerging Cancer Epidemic* (Durham, NC: Duke University Press, 2012); Annemarie Mol, *The Body Multiple: Ontology in Medical Practice* (Durham, NC: Duke University Press, 2003); Margaret Lock and Vinh-Kim Nguyen, *An Anthropology of Biomedicine* (New York: Wiley, 2010).

(31) 錬金術で作った金の同等性と差異という話題は William Newman, "Technology and Alchemical Debate in the Late Middle Ages," *ISIS* 80, no. 3 (1989): 423-45; Newman, *Promethean Ambitions: Alchemy and the Quest to Perfect Nature* (Chicago: University of Chicago Press, 2004); Tara Nummedal, "On the Utility of Alchemical Fraud," in *New Perspectives on Alchemy*, ed. Lawrence Principe (Canton, MA: Science History, 2007); Lawrence Principe, *The Secrets of Alchemy* (Chicago: University of Chicago Press, 2012) に登場する。パラケルスス法やラボアジエ以前の初期近代化学の同等性と差異の話題については以下を参照。Owen Hannaway, *The Chemists and the World: The Didactic Origins of Chemistry* (Baltimore: Johns Hopkins University Press, 1975); Mi Gyung Kim, *Affinity, That Elusive Dream: A Genealogy of the Chemical Revolution* (Cambridge, MA: MIT Press, 2010).

(32) Maurice P. Crosland, *Historical Studies in the Language of Chemistry* (Cambridge, MA: Harvard University Press, 1962); Ursula Klein, *Experiments, Models, Paper Tools: Cultures of Organic Chemistry in the Nineteenth Century* (Palo Alto, CA: Stanford University Press, 2002); Allan J. Rocke, *Image and Reality: Representation, Science, and the Scientific Imagination*, Synthesis (Chicago: University of Chicago Press, 2010).

(33) Roald Hoffman によるこの議論は以下を参照。*The Same and Not the Same* (New York: Columbia University Press, 1997). John Parascandola, "The Evolution of Stereochemical Concepts

in Pharmacology," in *Van't Hoff-LeBel Centennial*, ed. O. Bertrand Ramsay (Washington, DC: American Chemical Society, 1975), 143-58; Arthur Cushny, Optical Isomerism and the Mechanism of Drug Action, *Journal of the History of Biology* 8, no. 2 (1975): 145-65 も参照。

(34) W. F. Kean and C. J. L. Lock, "Chirality in Antirheumatic Drugs," *Lancet* 338, nos. 8782-83 (1991): 1565-68; F. M. Khorfan, B. T. Ameredes, and W. J. Calhoun, "Levalbuterol versus Albuterol," *Current Allergy and Asthma Reports* 9, no. 5 (2009): 401-9; "Effects of Nebulized Bronchodilator Therapy on Heart Rate and Arrhythmias in Critically Ill Adult Patients," *Chest* 140 (December 2011): 1466.

(35) Ken Alder, "Making Things the Same: Representation, Tolerance and the End of the Ancient Régime in France," *Social Studies of Science* 28, no. 4 (1998): 499-545; Merritt Roe Smith, *Harpers Ferry Armory and the New Technology: The Challenge of Change* (Ithaca, NY: Cornell University: Press, 1977); David Hounshell, *From the American System to Mass Production, 1800-1932* (Baltimore: Johns Hopkins University Press, 1984).

(36) Martin Zeiger, "The Generic Drug Industry: An Overview," *Vital Speeches of the Day* 54, no. 5 (15 December 1987): 142-47.

(37) 近年の医学で病気が商品化されていくさまを取り上げた作品には Keith Wailoo, *Drawing Blood: Technology and Disease Identity in Twentieth Century America* (Baltimore: Johns Hopkins University Press, 1999); Charles Rosenberg, "What Is Disease? In Memory of Owsei Temkin," *Bulletin of the History of Medicine* 77 (2003): 491-505; Nicholas King, "Infectious Disease in a World of Goods" (PhD diss., Harvard University, 2001); Gregg Mittman, *Breathing Space, How Allergies Shape Our Lives and Landscapes* (New Haven, CT: Yale University Press, 2008) などがある。近年、一般に普及した説明によって分析がさらに広がっている。Ray Moynihan, *Selling Sickness: How the World's Biggest Pharmaceutical Companies are Turning Us All into Patients* (New York: National Books, 2006)〔レイ・モイニハン、アラン・カッセルズ『怖くて飲めない！——薬を売るために病気はつくられる』古川奈々子訳、ヴィレッジブックス、2006年〕などがある。より広い範囲で健康の商品化については、Nancy Scheper-Hughes and Loic Vacquant, eds., *Commodifying Bodies* (London: Sage, 2002) がある。商品化について最近の概念のとらえ直しについては以下を参照。Martha M. Erdman and Joan C. Williams, *Rethinking Commodification: Cases and Readings in Law and Culture* (New York: New York University Press, 2005). ネオリベラリズムと歩調を合わせる商品化への批判については以下を参照。Melinda Cooper, *Life as Surplus: Biotechnology and Capitalism in the Neoliberal Era* (Seattle: University of Washington Press, 2008) とくに第2章。

(38) Arjun Appadurai, *The Social Life of Things: Commodities in Cultural Perspective* (Cambridge: Cambridge University Press, 1988).

第一章

エピグラフ：T. S. Elliot, "The Naming of Cats," in *Old Possum's Books of Practical Cats* (London: Faber & Faber, 1939), pp. 11-12.〔T・S・エリオット『キャッツ――ポッサムおじさんの猫とつき合う法』〕

(1) Joseph Gabriel が *Medical Monopoly: Intellectual Property Rights and the Origins of the Modern Pharmaceutical Industry* (Chicago: University of Chicago Press, 2014) で述べたように、これら初期の医薬品名は一見シンプルなので、19 世紀初めにキナの皮やケシなどの植物由来の物質の命名をめぐって激しい議論が繰り広げられたというのは嘘のように思える。

(2) この化合物は、化学者からはジアセチルモルヒネとも呼ばれていた。この製品に複数の名前が流通していることは、1930 年のリエージュ用語会議後も、多くの化学物質について化学者自身が名前の統一を拒んでいたことを示している。以下を参照。Evan Hepler-Smith, "Standards Bound to Disappoint: A Rational Chemical Nomenclature Defeated" (下記に収録。the History of Science Society, Cleveland, OH, November 2011).

(3) アドレナリンもアスピリンについても、一般名と商標の複雑な相互作用が起きた。パーク・デービスの高峰譲吉がアドレナリンという名前を提案したのは、自らが抽出した物質が、ジョンズ・ホプキンス大学の薬理学者であるJ・J・エイベルが命名したエピネフリンと同じだと確信できなかったからだ。また、バイエル社がアスピリンという名前を商標登録しようとしたのは、その薬の特許が切れた後に競合製品が登場するのを恐れたからだ（同社は 1906 年にフェナセチンという商標の権利を失った。その痛い経験を繰り返さないためだ）。Gabriel, *Medical Monopoly*; Jan R. McTavish, *Aspirin Wars: Money, Medicine, and 100 Years of Rampant Competition* (New York: Alfred A. Knopf, 1991) 参照。

(4) 商標権消滅の懸念について、さらに詳しい情報は以下を参照。Susan Strasser, *Satisfaction Guaranteed: The Making of the American Mass Market* (Washington, DC: Smithsonian, 1996); Jacqueline Stern, "Genericide: Cancellation of a Registered Trademark," *Fordham Law Review* 51 (1982): 666.

(5) 1920 年代の一般名については以下を参照。Joseph Gabriel, "Trademarks and Generic Names in the 1920s," in *The Corporate Logic: Intellectual Property Rights and the Twentieth-Century Pharmaceutical Industry* (forthcoming). スルファメタジンについては以下を参照。R. Hazard to Expert Committee on the Unification of Pharmacopoeias, "Note concerning the Common Designation of Medicaments," 4 October 1948, WHO.IC/Pharm/35 WHOA, pp. 2-3.

(6) 社会の力が命名体系に及ぼす影響を探求した人類学的文献や社会学的文献は豊富にある。Emile Durkheim and Marcel Mauss, *Primitive Classification*, trans. Rodney Needham (Chicago: University of Chicago Press, 1963 [1903])〔エミール・デュルケム、マルセル・モース『人類と論理――分類の原初的諸形態』山内貴美夫訳、せりか書房、1969 年〕; Mary Douglas, *Purity and Danger* (New York: Routledge & Keagan Paul, 1966)〔メアリ・ダ

グラス『汚穢と禁忌』塚本利明訳、思潮社、1972年〕; Claude Levi-Strauss, *The Raw and the Cooked* (New York: Harper & Row, 1969)〔クロード・レヴィ゠ストロース『神話論理 I 生のものと火を通したもの』早水洋太郎訳、みすず書房、2006年〕; Geoffrey Bowker and Susan Leigh Star, *Sorting Things Out: Classification and Its Consequences* (Cambridge, MA: MIT Press, 1999); Gilles Deleuze, *Repetition and Difference* (New York: Columbia University Press, 1999)〔ジル・ドゥルーズ『差異と反復』上・下、財津理訳、河出文庫、2007年〕などを参照。言語哲学における一般名と命名法の関係については以下を参照。Francis Jeffrey Pelletier, ed., *Kings, Things, and Stuff: Mass Terms and Generics* (New York: Oxford University Press, 2009).

(7) 生物医学の対象の、命名と形成のダイナミックな役割については 以下を参照。Ian Hacking, *Historical Ontology* (Cambridge, MA: Harvard University Press, 2004)〔イアン・ハッキング『知の歴史学』出口康夫・大西琢朗・渡辺一弘訳、岩波書店、2012年〕. 20世紀後半の医薬品命名は、18世紀の無機化学の命名法の改革や、19世紀から20世紀初めの有機化学の命名法の改革と同じような道筋を辿ったといえる。Maurice P. Crosland, *Historical Studies in the Language of Chemistry* (Cambridge, MA: Harvard University Press, 1962); Ursula Klein, *Experiments, Models, Paper Tools: Cultures of Organic Chemistry in the Nineteenth Century* (Palo Alto, CA: Stanford University Press, 2002); Allan J. Rocke, *Image and Reality: Representation, Science, and the Scientific Imagination,* Synthesis (Chicago: University of Chicago Press, 2010), Hepler Smith (forthcoming).

(8) R. Hazard to Expert Committee on the Unification of Pharmacopoeias, pp. 2–3, 4.

(9) Amy Sayward, *The Birth of Development: How the World Bank, Food and Agriculture Organization, and World Health Organization Changed the World* (Kent, OH: Kent State University Press, 2006); Javed Siddiqi, *World Health and World Politics: The World Health Organization and the UN System* (London: Hurst, 1995); John Farley, *Brock Chisholm, the World Health Organization, and the Cold War* (Vancouver: University of British Columbia Press, 2008).

(10) Robert P. Fischelis to Leroy E. Burney, 1 October 1957, box 63, f 6, "World Health Organization 1945–1959," RFP. より一般的な、お役所的な診療については Charles E. Rosenberg, "Tue Tyranny of Diagnosis: Specific Entities and Individual Experience," *Milbank Quarterly* 80, no. 2 (2002): 237–61.

(11) Jorge Luis Borges, "The Analytical Language of John Wilkins," in *Other Inquisitions*, trans. Ruth L. C. Simms, 1966 (Austin: University of Texas Press, 1964); John Wilkins, *An Essay towards the Real Character and the Philosophical Language* (London: John Martin 1668).

(12) Expert Committee on the Unification of Pharmacopoeias, *Report on the First Session Held at the Palais des Nations, Geneva*, 13–17 October 1947, WHO.IC/Pharm./2, WHOA; R. Hazard and L. Volckringer to the Expert Committee on the Unification of Pharmacopoeias, "Note Concerning the Latin Designations of Medicaments," 28 September 1948, WHO.IC/Pharm/33, quotation, p. 1, WHOA; Lembit Rago and Sabine Kopp, "The International Pharmacopoeia in the Changing

Environment," *Pharmaceuticals Policy and Law* 9 (2007): 357–68; E. Fullerton Cook, "Discussion of Synonyms in The International Pharmacopoeia," WHO/Pharm./39, WHOA, pp. 1, 4 も参照。

(13) P. Hamill, "Names of New Drugs," *Practitioner* 156 (1946): 61–64; List of Synonyms of Drugs Included in Volume I of the First Edition of the International Pharmacopoeia, 10 April 1951, WHO/Pharm/113 Rev. l WHOA. アスピリンという商標を巡る争いの歴史については以下を参照。Jan R. McTavish, *Aspirin Wars: Money, Medicine, and 100 Years of Rampant Competition* (New York: Alfred A. Knopf, 1991).

(14) D. M. Dunlop and T. C. Denston, "The History and Development of the British Pharmacopoeia," *British Medical Journal* 2 (22 November 1958): 1250–62, quotation p. 1255. 科学言語の勢力の推移については Michael Gordin, *Scientific Babel* (Chicago: Chicago University Press, forthcoming 2015).

(15) 専門小委員会の初回会合で米国薬局方のE・フラートン・クック教授は、委員会メンバー全員に米国薬局方の執筆用ハンドブックを配布した。最大投与量を追加した他は——アザールは、仏薬局方に由来するこの部分は譲れないと主張した——国際薬局方の最初のモデルは、総じて米国薬局方をモデルにしていた。Expert Committee on the Unification of Pharmacopoeias, *Report on the First Session Held at the Palais des Nations,* p. 4.

(16) United States Pharmacopoeial Convention, *The Pharmacopoeia of the United States of America,* 1st ed. (facsimile) (Madison, WI: American Institute of the History of Pharmacy, 2005), p. iii. マイケル・フラナリーによれば、南北戦争当時、南軍と北軍はそれぞれ異なる医薬品一覧（薬局方の前身）を持っていた。Michael Flannery, *Civil War Pharmacy: A History of Drugs, Drug Supply and Provision, and Therapeutics for the Union and Confederacy* (Cleveland, OH: CRC Press, 2004). また、1864年に英国薬局方の初版が刊行されたが、それは、ずいぶん昔からあるロンドン薬局方、エジンバラ薬局方、ダブリン薬局方を統合するためだった。D. M. Dunlop and T. C. Denston, "The History and Development of the British Pharmacopoeia," *British Medical Journal* 2 (22 November 1958): 1250–52. Lembit Rägo and Budiano Santoso, "Drug Regulation: History, Present, and Future," in *Drug Benefits and Risks: International Textbook of Clinical Pharmacology*, ed. C. J. van Boxtel, rev. 2nd ed. (Uppsala: IOS Press, 2008). 19世紀に始まるアメリカの医薬品の一般名については Gabriel, *Medical Monopoly* を参照。

(17) この処方薬市場の神話は、多くの処方薬メーカーが独占販売権をもつ製品も販売しており、次第に処方薬に商標をつけて売るようになったことを明かす。Tom Mahoney, *The Merchants of Life: An Account of the American Pharmaceutical Industry* (New York: Harper & Brothers, 1959); Harry M. Marks, *Progress of Experiment: Science and Therapeutic Reform in the United States,* 1900–1990 (Cambridge: Cambridge University Pres, 1997).

(18) Council on Pharmacy and Chemistry of the AMA, *New and Non-official Remedies* (Chicago: American Medical Association, 1953), p. xviii. 米国医師会の薬品及び化学審議会は、1951年から一般名を監督する役目を担うようになり、製薬会社が提案した新薬の名称につ

いて厳密な審査を行った。それから数年のうちに *New and Non-official Remedies* に掲載されるすべての医薬品は、表題とモノグラフでは一般名で記載されるようになった。Memorandum from H. D. Kautz to W. Wolman, "Comparative Display of Proprietary with Non-proprietary (Generic) Names," 16 December 1959, COD 3324, box 15–13, 1959, vol. 6, AMAA, p. l.

(19) 米国薬局方協会は依然として民間組織だったが、1906年の食品医薬品法によって認められて以来、準公的な立場であったため、公的な議論の的となった。Lee Anderson and Greg Higby, *The Spirit of Voluntarism: A Legacy of Commitment and Contribution* (Washington, DC: United States Pharmacopoeial Convention, 1995).

(20) *USP Board Committee on General Principles of International Cooperation*, February 13, 1953, box 209, f 1, USPC, p. 1; Glenn Sonedecker, "Contributions of the Pharmaceutical Profession toward Controlling the Quality of Drugs in the Nineteen Century," *Safeguarding the Public: Historical Aspects of Medicinal Drug Control*, ed. John B. Blake (Baltimore: Johns Hopkins University Press, 1970), 97–111. 1947年の第1回会合から、WHOの専門委員会は、医薬品を命名するプロジェクトが各国の知的財産法の寄せ集めになるのではないかと懸念した。WHOの法律顧問団は、国際的に規制するのは「一般名」だけにして、商標という危険なテーマを避ければ、WHOは知的財産法の問題も、科学を土台とする国際顧問団体という性質から逸脱しているという批判も、避けられるだろうと考えた。Expert Committee on the Unification of Pharmacopoeias, *Report on the First Session Held at the Palais des Nations*, p. 5.

(21) *USP Board Committee on General Principles of International Cooperation*, p. 4.

(22) ラテンアメリカ諸国が国内用・国外用の薬局方を作ることに、ミラーは批判的だった。「この動きは、意図がどうであれ、南の隣人たちの中には有用な薬局方を作れる人がほとんどいないという事実からも、一向に前進しない運命にある」。*USP Board Committee on General Principles of International Cooperation*, pp. 4–6, 9.

(23) Ibid., p. 6. ずいぶん長い間、ラテンアメリカ・アジア諸国の大半では主な医学の教科書はフランス語で書かれていたが、1950年代初めから、着実に英語の教科書がフランス語の教科書に取って代わっていった。Lloyd Miller, "U.S.E Policy on Non-Proprietary Name," 20 February 1953, box 209, f 1; USPC, pp. 15–16.

(24) ミラーが業界と協力していたと知っても、驚くには値しない。製薬の大企業は、米国薬局方協会の主要なメンバーだったからだ。米国薬局方協会の国際協力一般原則委員会 (Committee on General Principles of International Cooperation) のメンバーには、カーソン・E・フレイリー (米国製薬会社協会 American Drug Manufacturer Association の上級副社長)、チェスター・S・キーファー (第二次世界大戦中、フランクリン・ローズヴェルト政権時に「ペニシリン王」として君臨し、その後ボストン大学医学部長に就任した)、セオドア・G・クランプ (スターリング・ウィンスロップの社長で、全米医薬品評議会の会長) が含まれ、当時『米国医師会雑誌』の編集長で、米国医師会の薬学化学審議会のメンバーだったオースティン・スミス（後に、製薬業界の新たなロビー団体、製薬工業協会の初代常勤理事を務め、パーク・デービス社取締役会長になった）が会長を務めた。"Draft Report to the Board of Trustee of the U.S.P., U.S.P. Board Committee on General Principles of International Cooperation," 2 March 1953, box 209, f 1, USPC, p. 18.

(25) APMA, press release, 17 June 1953, C 34 (d) KRF; John Horan, "Report of Action Taken by Sixth World Health Assembly in Regard to Non-proprietary Name Program," C 34 (d), KRF, p. 4; "Draft Minutes of Meeting, June 30, 1953, Non-proprietary Names," box 6, f 6, "World Health Association: 1945-1959," RPF も参照。

(26) Memorandum from H. D. Kautz to W. Wolman, "Comparative Display of Proprietary with Non-Proprietary (Generic) Names," pp. 1-2. 承認プログラムの解消に米国医師会のビジネス部門が果たした役割については以下を参照。Jeremy A. Greene and Scott H. Podolsky, "Keeping Modern in Medicine: Pharmaceutical Promotion and Physician Education in Postwar America," *Bulletin of the History of Medicine* 83, no. 2 (2009): 331-77.

(27) John McDonnell to H. D. Kautz, 22 March 1956, COD 3324, box 15-13, 1956 vol. 5 AMAA. カウツは返信で、シェリング社の思い違いをやんわりと諫めた。「現在、審議会は、商標に言及する立場にはありませんが、貴社がミラドンという商標について相談してくださったことには感謝します。ともあれ、新しい化合物について化学的な説明と構造の情報がなければ、貴社が提案する一般名、メソペニンジオーネを検討することができません。ほんの思いつきですが、メフィナジオーネ（mephinadione）など、もっと短い名前の方が良いのではないでしょうか」。H. D. Kautz to John McDonnell, 28 March 1956, COD 3324, box 15-13, 1956, vol. 5, AMAA.

(28) H. D. Kautz to Torald Sollmann, 14 December 1959, COD 3324, box 15-13, 1959, vol. 9, AMAA.

(29) Memorandum from H. D. Kautz to W. Wolman, 16 December 1959, COD 3324, box 15-13, 1959, vol. 6, AMAA, p. 2.

(30) Robert B. Clark to World Health Organization, 31 July 1959, COD 3324, box 15-13, 1959, vol. 6, AMAA. クラークは、メパジンはすでにアメリカ、オーストラリア、カナダ、ドイツ、イギリス、ソ連の文献に登場しており、さらにブラジル、コロンビア、コスタリカ、キューバ、ドミニカ共和国、エクアドル、グアテマラ、ホンジュラス、オランダ、西インド諸島、ニュージーランド、パナマ、ペルー、フィリピン、ポルトガル、プエルトリコ、ベネズエラで販売されていると述べた。ケミカル・アブストラクツ・サービスでは今でもメパジンとペカジンの両方が、10-1（1-メチル-ピペリジン-3-イルメチル）フェノチアジンの一般名として登録されている。

(31) World Health Organization, *Chronicle of the World Health Organization* (WHO: Geneva, 1956), 10: 28. 一般名をつける際のルールの中には、化学名と一般名を分けるためのルールもあった。数字、大文字、ハイフンなどをできる限り使わないようにしたのだ。

名前は、耳で聴いても目で綴りを見てもわかりやすいものでなければならず、「無用に長いものや混乱を招きそうなものは避ける」べきなのだ。

(32) Peter G. Forster, *The Esperanto Movement* (The Hague: Mouton, 1982); Arika Okrent, *In the Land of Invented Languages: Esperanto Rock Starts, Klingon Poets, Loglan Lovers, and the Mad Dreamers Who Tried to Build a Perfect Language* (Philadelphia: Spiegel & Grau, 2009).

(33) 表をじっくり見ると、恣意性や基準のずれが露わになる。これはホルヘ・ルイス・ボルヘス、ミシェル・フーコー、スーザン・リー・スターといった有識者が指摘してきたことで、どんな命名系にも入り込む。ボルヘスは『支那の慈悲深き知識の宝典』という、架空の中国の百科事典について書いている。「大昔に記されたそれらの文章には、動物は次の種類に分けられると述べている。(a) 皇帝が所有するもの、(b) 防腐処置されたもの、(c) 訓練されたもの、(d) 子豚、(e) 人魚、(f) 架空の存在、(g) 野良犬、(h) この分類に含まれるもの、(i) 狂ったように震えているもの、(j) 数えきれないもの、(k) 極細のらくだの毛の筆で描かれたもの、(l) その他、(m) 花瓶を割ったばかりのもの、(n) 遠目だとハエと似ているもの」。フーコーはこの例を、すべての分類プロジェクトに見られる基準のずれをうまく喩えているとして、絶賛した。Michel Foucault, *The Order of Things: an Archaeology of the Human Sciences*, trans. by the publisher (New York: Pantheon Books, 1971 [1966]), preface〔ミシェル・フーコー『言葉と物――人文科学の考古学』渡辺一民・佐々木明訳、新潮社、1974年〕; Jorge Luis Borges, "The Analytical Language of John Wilkins," in *Other Inquisitions*, trans. Ruth L. C. Simms (Austin: University of Texas Press, 1966 [1964]). ボルヘスが述べた中国の百科事典の分類法について、さらに詳しい分析は、以下を参照。Carla Nappi, *The Monkey and the Inkpot: Natural History and Its Transformations* (Cambridge: Harvard University Press, 2009). Bowker and Starr, *Sorting Things Out*.

(34) E. C. S. Little, "Donomen—A Nomenclature System for Pesticides and Pharmaceuticals," *Pharmaceutical Journal* 183, no. 5003 (1959): 131-32, p. 132. リトルの主張は、19世紀半ばにハイデルベルク大学の化学教授レオポルド・グメリンが提案したシステムに同調したものだ。グメリンは、既存の単語を排除し、vinak、vinek、vinik、vinokといった単語を使うことで、有機化学の命名法を合理化しようとした。モーリス・クロスランドは、グメリンに対しては批判的で、「音の響き、語源、使い勝手を考えない、このような恣意的な合成言語が、広く受け入れられるはずはない」と断じた。Maurice Crosland, *Historical Studies in the Language of Chemistry*, pp. 310-11.

(35) Little, "Donomen," p. 132. リトルは、ドノメン・システムでランダムに作った単語500語を、7ヶ国語の言語学者のチームに分析してもらった。既存の言葉によく似ていたのはわずか8語で、それらは全体の10パーセント以下。残り90パーセント以上に既存の単語との類似は認められなかった。「この分析により、ドノメン・システムの単語の約10パーセントは、他の単語と似ているために排除されるが、残りの90パーセントは、何の意味も持たず、利用可能だと推測できる」とリトルは結論づけた (p.

132)。自信を得たリトルは、いずれドノメン・システムはリンネの命名法にとってかわる（少なくともそれを補強する）ものになるだろうと述べた。「これは言いすぎかもしれないが、ドノメン・システムが世界全体で受け入れられたら、生物学者も、この簡便な命名法に惹かれるようになるのではないか。忙しい生物学の世界で、Lepinotarsa decemlineata（コロラドハムシ）がドノメン式の Lepotar dekemat になれば、時間と紙とエネルギーの節約になる。同じく Rhododendron（シャクナゲ）が Rodenon になれば、保守的な人間は驚くだろうが、未来の世代はその便利さに喜び、感謝するだろう」

(36) "Kemikal Names Computed," *New Scientist* 6, no. 153 (22 October 1959): 738.

(37) Ibid.

(38) Statement of Charles O. Wilson, *Administered Prices*, vol. 21, p. 11500.

(39) Paul G. Stecher, "Generic Names of Drugs," *Journal of Chemical Education* 34 (September 1959): 454–56, quotation 456.

(40) Ibid., p. 455.

(41) Lloyd Miller to T. C. Denston, 6 June 1961, box 249, f 40, USPC.

第二章

エピグラフ：George Clifford, "Brand and Generic Names" n.d., group 7, box 52, f "Industries 5-2: Generics," SOM.

(1) Opening statement of Sen. Estes Kefauver, 10 May 1960, *Administered Prices*, vol. 21, p. 11494.

(2) "Resolution of the American Pharmaceutical Association," Miami Beach, FL, 6 May 1955, as cited in Ashok K. Gumbhir and Christopher A. Rodowskas Jr., "The Generic-Brand Name Drug Controversy: A History," *Medical Marketing and Media*, November 1971, 27–33. "The Name of a Drug," *Di Cyan & Brown Monthly Bulletin*, New York, September 1959, found in box 251, f 6, USPC. 20 世紀における一般名利用の反商業的な意図について、さらに詳しい情報は、以下を参照。Harry M. Marks, *Progress of Experiment: Science and Therapeutic Reform in the United States, 1900–1990* (Cambridge: Cambridge University Press, 1997); Joseph Gabriel, *The Corporate Logic: Intellectual Property Rights and The 20th Century Pharmaceutical Industry* (forthcoming).

(3) *Administered Prices*, vol. 21. この議論の政治史は、Richard Edward McFadyen, "Estes Kefauver and the Drug Industry" (PhD diss., Emory, 1973); McFadyen, "Estes Kefauver and the Tradition of Southern Progressivism," *Tennessee Historical Quarterly* (Winter 1978): 430–43 に詳しく記されている。さらに前の段階の説明については以下を参照。Estes Kefauver with Irene Till, *In a Few Hands: Monopoly Power in America* (New York: Pantheon Books, 1965); Richard Harris, *The Real Voice: The First Fully Documented Account of Congress at Work* (New York:

Macmillan, 1964). 最近の取り扱いについては、以下を参照。Daniel Carpenter, *Reputation and Power: Organizational Image and Drug Regulation at the FDA* (Princeton, NJ: Princeton University Press, 2010); and Dominique Tobbell, *Pills, Power, and Politics: Drug Reform in Cold War America and Its Consequences* (Berkeley: University of California Press, 2012).

(4) 1960年代の、Robins&Co. 社の抗ヒスタミン剤ジメタンの広告には、一般名をブロムフェニラミン（『米国医師会雑誌』に掲載された広告）としたものと、パラブロムジルアミン（『モダンメディシン』に掲載された広告）としたものがあった。化学名も一定しなかった。Robins&Co. 社は、1-[p-ブロモフェニル-1-(2-ピリジル))-3-ジメチルアミノプロパンマレイン酸としたが、米国医師会の *New and Non-official Drugs* では 2-[p-ブロモ-α(2-ジエチルアミノエチル)ベンジル] ピリジンマレイン酸とし、WHOは（3-p-ブロモフェニル-3-ピリド-2'-イルプロピル）ジメチルアミノマレイン酸とした。*Administered Prices*, vol. 14, p. 11526.

(5) Statement of Charles O. Wilson, 10 May 1960, *Administered Prices*, vol. 21, pp. 11494–96; Wilson, "Inconsistency in Pharmaceutical Names," *American Journal of Hospital Pharmacy*, 16 (1959): 433 も参照。ナッシュヴィル医学会の事務総長のジャック・ドゥルーリーは、その4年前の薬事審議会で、AMA-WHO 制度の限界について述べた。この協力関係は主な製薬会社、とくに海外市場に関心を寄せていた会社の命名システムに多少は影響を及ぼしたが、AMA の勧告に強制力はなかったので、製薬会社は好きなように一般名をつけていた。Jack Drury to H. D. Kautz, 7 July 1956, COD 3324, box 15–13, 1956, vol. 4, AMAA.

(6) Statement of Charles O. Wilson, 10 May 1960, *Administered Prices*, vol. 21, p. 11499.

(7) E. Dunham, "Generic Jawbreaker," NEJM 280, no. 15 (1969 April10): 841.

(8) Chauncey Leake, "Names of New Drugs," JAMA 171, no. 14 (5 December 1959): 182; Statement of Dr. Russell Cecil, *Administered Prices*, vol. 14, p. 7986. Quotation from Frank C. Ferguson Jr., MD, chair of the Department of Pharmacology of Albany Medical College, found in Edgar F. Mauer, *Report of Sub-committee on Generic Terms*, 6 June 1960, box 9, f 8, HFDP, p. 3.

(9) Testimony of Charles O. Wilson, *Administered Prices*, vol. 21, pp. 11507, 11513–15. Advertisements referred to JAMA 172, no. 9 (27 February 1960): p. 37; *Modern Medicine*, March 15, 1960. 初期の名前が複数存在する問題については以下を参照。Maurice P. Crosland, *Historical Studies in the Language of Chemistry* (Cambridge: Harvard University Press, 1962), pp. 294–95.

(10) John Blair, cross-examination of Walter Modell, *Administered Prices*, vol. 21, p. 11628.

(11) Cross examination of Kurt Weilburg, *DIAA*, vol. 6, p. 3230, 強調は原著者。

(12) Testimony of Charles O. Wilson, *Administered Prices*, vol. 21, p. 11503.

(13) 「複数の薬が同じ一般名ということはあるが、商標についてそのようなことはあり得ない」と彼は続けた。Testimony of Charles O. Wilson, *Administered Prices*, vol. 21, pp. 11521–22.

(14) Testimony of Walter Modell, *Administered Prices*, vol. 21, p. 16067.

(15) Statement of Hugh Hussey, *DIAA*, vol. 1, pp. 42–43.

(16) Walter Hartung to Lloyd C. Miller, 9 September 1961; Lloyd C. Miller to Walter H. Hartung, 6 September 1961, box 248, f 1, USPC.

(17) "Current Procedures of the AMA-USP Cooperative Program in the Consideration of Proposed Nonproprietary Names for Drugs," box 248, f 1, USPC, p. 5.

(18) 化学では構造と機能は不変とされているが、薬理学における薬の機能はもっと柔軟で、病気、治療法、医師の仕事といった概念とともに進化していく。Joseph B. Jerome to AMA-USP Committee on Nomenclature, 29 September 1961, box 248, f 1, USPC; Windsor Cutting to Hans Møller, 17 September 1961, box 248, f 1USPC, pp. 1–2.

(19) D. R. Zimmerman to Joseph B. Jerome, 19 September 1961, box 248, f 1, USPC.

(20) Nelson M. Gampfer, "The Case for Brand Name Specification," C 46 (p) I f 3, KRF, p. 5.

(21) National Pharmaceutical Council, *24 Reasons Why Rx Brand Names Are Important to You* (New York: National Pharmaceutical Council, 1957), p. 1.

(22) Linwood Tice, editorial, *American Journal of Pharmacy*, January 1960, as cited in *Administered Prices*, vol. 21, pp. 11648.

(23) Testimony of Charles O. Wilson, *Administered Prices*, vol. 21, pp. 11511–12.

(24) Ibid., p. 11519.

(25) "V-53" (memorandum), n.d., box 1, f "Drugs: Generic vs. Trade Name: Recommendations," Sept.–Dec. 1960; SOAM.

(26) Harold O'Keefe, "The FDA and Nonproprietary Names for Drugs," C 46 (p) If 3, KRF, quotation p. 1. 1963 年、大手製薬会社 37 社と PMA は、デラウェア州の連邦地方裁判所に FDA を提訴した。ラベルと広告の商標には必ず一般名を併記すべしという FDA の命令は、「法律で認められておらず、法律違反だ」というのだ。*AMA News* によれば、これは、処方薬会社が団結して FDA を訴えた、最初の訴訟だった。そしてこれが最後ではなかった。"Generic Labeling Rule Contested," *AMA News*, 16 September 1963, p. 6; "Court Upholds PMA's Generic Labeling Plea," *Drug Trade News*, 11 May 1964.

(27) *United States Adopted Names: A Compilation of the United States Adopted Names Selected and Released from June 15, 1961, through December 31, 1964* (New York: USPC, 1965).

(28) "Guiding Principles for Coining United States Adopted Names for Drugs. 1315–8," in *2009 USP Dictionary of USAN and International Drug Names* (Rockville, MD: USPC, 2009), quotation p. 1315. USAN の初期の任務の一つは、投薬ミスの原因となる「似たような名前」を減らすことだった。1962 年、*Drug Topics* は、うっかり違う薬を処方しかねない「似すぎていて危険」な一般名 13 件（ジゴキシンとジギトキシン、キニーネとキニジンなど）を掲載した。1971 年には、*Pharmacy Times* が、似すぎていて危険な 700 件の医薬品名を掲載した。Frederick D. Lascoff, "A List for Double-Checking Similar Drug Names," *Drug Topics*, 12 February 1962, p. 40; Benjamin Teplitsky, "Caution! 700 Drugs Whose

Names Look-Alike or Sound-Alike," *Pharmacy Times*, 27-29 March 1971, n. p.

(29) *FDCR*, 12 December 1966, pp. 13-14.

(30) Ibid.

(31) Lloyd C. Miller to Harvey Richards, 31 July 1961, box 251, f 6, USPC.

第三章

エピグラフ：Gabriel Tarde, Psychologie economique [1902], as translated and cited in Bruno Latour and Vinent Antonin Lepinay, *The Science of Passionate Interests: An Introduction to Gabriel Tarde's Economic Anthropology* (Chicago: Prickly Paradigm Press, 2009).

(1) Quotation in text from the opening statement of Sen. Gaylord Nelson, *Competitive Problems,* 1967, vol. l, p. 3, 強調は筆者による。のちの公聴会で、ネルソンは、同等の製品に違う値段をつけるのは詐欺に等しいと言った。「どうにかこうにか食費と税金を支払っている勤勉な市民は、17.90ドルプラス値上げ分を支払っている薬と、まったく同じ効能を持つことを科学的に証明されている薬が、8分の1、10分の1、20分の1の値段、ついには0.59ドルで買えることを知ったら、仰天するだろうし、仰天するべきだ……なんという破廉恥なビジネスだろう」。*Competitive Problems*, 1967, vol. 4, p. 1287. キーフォーヴァー公聴会で否定的な言葉として用いられた「ジェネリック薬」という表現については以下を参照。E. Gifford Upjohn, *Administered Prices*, vol. 14, p. 8299. ここで取り上げられたのは、アップジョンの薬の商標であるヒドロコルチゾンと、製品化される前の化学物質、酢酸ヒドロコルチゾンの違いだ。関係者は全員、一般名はどちらの例でも知られているが、この件ではジェネリック薬のはっきりした概念が存在しないと考えた。ジョセフ・ガブリエルは自著 *The Corporate Logic: Intellectual Property Rights and the 20th Century Pharmaceutical Industry* (近刊) において、第一次世界大戦中に米政府がドイツの製薬会社の特許を奪ったのに乗じて、1920年代に連邦取引委員会が、ごく短期間ではあったが、ドイツの薬のジェネリックの市場を築こうとしたことを描いた。

(2) Durward G. Hall, "Anyone Suggesting That One Drug Firm Is as Good as Another Is a Fool or Is Naïve, or Both," *Rhode Island Medical Journal* 10 (1967): 691-95, quotation p. 695.

(3) Drew Pearson, "LBJ Says No," *New York Post*, 25 May 1967; Joseph Stetler, *The Nelson Hearings on Drugs: A Study in Distortion and Omission* (Washington, DC: PMA, 1968); pamphlet, C 36 (e) I, KRF.

(4) Harry Wiener, *Generic Drugs: Safety and Effectiveness* (New York: Pfizer, 1973), p. 1. 1974年、全米医薬品協議会のベンジャミン・ウェルズも同様に、「どんな名前をつけようとも、すべての医薬品は誰かがつくったものだ」と主張した。Benjamin B. Wells, "Generic Nomenclature," *JAMA* 1229, no. 5 (1974). 527; William C. Cray, "If Your Files on the Prescription Drug Industry Don't Include the Information in This Folder, Your Files May Be

Incomplete," C 36 (e) I PMA-1976, KRF も参照。

(5) 業界基準に関する近年の研究は、ビジネスの歴史と科学技術の歴史の融合をもたらした。Amy Slaton and Janet Abbate, "The Hidden Lives of Standards: Technical Prescriptions and The Transformation of Work in America," *Technologies of Power: Essays in Honor of Thomas Parke Hughes and Agatha Chipley Hughes*, ed. Michael Tadd Allen and Gabrielle Hecht (Cambridge, MA: MIT Press, 2001), 95-144; Amy Slaton, "As Near as Practicable: Precision, Ambiguity, and the Social Features of Industrial Quality Control," *Technology and Culture* 42 (2001): 51-80; Andrew Russell, "Industrial Legislatures: The American System of Standardization," *International Standardization as a Strategic Tool* (Geneva: International Electrotechnical Commission, 2006). 医薬品業界の歴史家も、近年この接点への関心を新たにしている。Christian Bonah, Christophe Masutti, Anne Rasmussen, and Jonathan Simon, eds., *Harmonizing Drugs: Standards in 20th Century Pharmaceutical History* (Paris: Éditions Glyphe, 2010) などがその例だ。

(6) Richard M. Burack, *The Handbook of Prescription Drugs*, 1st ed. (New York: Pantheon Books, 1967), p. 72. ジェネリックを利用しようというケンブリッジ市の動きは、ボルティモア、ニューヨークなどの市の健康支援プログラムと協働する研究医の初期の研究を反映したものだ。"Cost of Drugs: Baltimore Formulary 1956-1958," box 11, f15, SOAM など参照。

(7) Morton Mintz, "Drug Store Holdup," *Washington Post Book Week*, 7 May 1967. Gaylord Nelson, "The Need for a Great Awakening on Prescription Drugs," Cong. Rec., 26 April 1967, pp. 10894-96. Edward Kennedy, "New Book on Drugs," Cong. Rec., 10 May 1967, p. 12263. Durward Hall, "A Bad Prescription for Drugs," Cong. Rec., 9 August 1967, pp. 12980-81; C. Joseph Stetler to William S. Middleton, 3 May 1967, box 6, f "DRB Correspondence and Miscellaneous Data — May 1967," WSMP.

(8) Ed Wallace, "Rackets Feed the Gusher: Savage, Deadly U.S. Pill Orgy," *New York Sunday News,* 17 December 1967, p. 24.

(9) Margaret Kreig, *Black Market Medicine* (New York: Prentice-Hall), p. 127; Morton Mintz, "Drug Store Holdup," *Washington Post Book Week*, 7 May 1967.

(10) ビュラックの『処方薬ハンドブック』を褒めた *Post* の評者モートン・ミンツは、マーガレット・クライグの『闇市場の薬』を「零細企業が製造するジェネリックと、チンピラが作る不正医薬品を同等に扱っている」と批判した。ミンツは、キーフォーヴァー公聴会の記録として名高い *The Therapeutic Nightmare* の著者で、クライグについて、処方薬業界の傀儡になっている、と書評に書いた。Morton Mintz, "Drug Store Holdup," *Washington Post Book Week*, 7 May 1967. クライグは、下院政府活動委員会の法務金融小委員会 (the Legal and Monetary Affairs Subcommittee, House Committee on Government Operations, June 13, 1967, RG46, Nelson, box 208, f 2, SOAM) で証言し、ミンツの申し立てを否定した。

(11) 冊子にはこうある。「基準に満たない薬が市場に出回っており、しばしば一般名で売られていることは否定できない」。Pharmaceutical Manufacturers of America, *Drugs Anonymous?*（New York: NPC, May, 1967）, quotation p. 8. PMA のほかの冊子にも『ジェネリック医薬品の処方を義務づけるのは保健システムの堕落（Compulsory Generic Prescribing — a Peril to Our Health Care System）』といった表題がつけられていた。"PMA Issues Pamphlet Restating Stand on Generic Prescriptions," *Drug Trade News*, 19 June 1967, p. 6. ドミニク・トベルも *Drugs Anonymous?* について以下の自著で触れている。*Pills, Power, and Policy: The Struggle for Drug Reform in Cold War America*（Berkeley: University of California Press, 2012）.

（12） *A Historical Retrospective of NPC*（Reston, VA: NPC, 2003）. NPC の創設に参加した 12 社は、アボット・ラボラトリーズ、チバ製薬、ホフマン・ラ・ロシュ、レダール（アメリカン・サイアナミッド社の一部門）、マクニール製薬、ウィリアム・S・メレル、チャールズ・ファイザー、G・D・サール、スミスクライン&フレンチ、E・R・スクイブ。1960 年代にキーフォーヴァー公聴会に出席した NPC の旧トップと現トップ 3 人のうち 2 人は薬剤師で、うち 1 人は米国薬剤師会の、引退が決まっている会長だった。

（13） Frederick Accum, *A Treatise on Adulterations of Food, and Culinary Poisons*（Philadelphia, 1820）; Mitchell Okun, *Fair Play in the Marketplace: The First Battle for Pure Food and Drugs*（DeKalb: Northern Illinois University Press, 1986）; James Harvey Young, *Pure Food: Securing the Federal Food and Drugs Act of 1906*（Princeton, NJ: Princeton University Press, 1989）; Harry M. Marks, "What Does Evidence Do? Histories of Therapeutic Research," in *Harmonizing Drugs: Standards in 20th Century Pharmaceutical History*, ed. Christian Bonah, et al.（Paris: Éditions Glyphe, 2010）, 81-100.

（14） Robert A. Hardt, "Prescription Brands and Substitution," *Journal of American Pharmaceutical Association* 18, no. 2（1957）, as included as exhibit 385, *Administered Prices*, vol. 21, p. 11759. 医薬品業界の垂直統合については以下を参照。Alfred Chandler, *Shaping the Industrial Century: The Remarkable Story of the Evolution of the Modern Chemical and Pharmaceutical Industries*（Cambridge, MA: Harvard University Press, 2009）.

（15） Jack Anderson, "Counterfeit Drugs," *Parade*, 26 October 1960, p. 2. 地方の粗悪品製造の是正策としての大量生産を賞賛した初期の事例については、以下を参照。Okun, *Fair Play in the Marketplace,* pp. 169-84. 医薬品とモラルパニックについては以下を参照。Nicholas Rasmussen, "Goofball Panic: Barbiturates, "Dangerous," and "Addictive Drugs, and the Regulation of Medicine in Postwar America," in *Prescribed: Writing, Filling, Using and Abusing the Prescription in Modern America*, ed. Jeremy Greene and Elizabeth Watkins（Baltimore: Johns Hopkins University Press, 2012）.

（16） John T. Connor, "Responsibilities of the Pharmaceutical Industry," *Northwest Medicine*, July 1961, reprinted in *DIAA*, vol. 3, p. 1895.

（17） *Administered Prices*, vol. 21, p. 11624; Robert A. Hardt, "Prescription Brands and

Substitution," *Journal of American Pharmacists Association* 18, no. 2 (1957), as included as exhibit 385, *Administered Prices*, quotation vol. 21, p. 11759.

(18) *Parade*, 23 October 1960, pp. 1–3.

(19) "A New Program to Protect You against ... Counterfeit Drugs," *Parade*, 15 January 1961; Paul Rand Dizon to T. C. Williams, "Counterfeit Drugs," 20 February 1961, box I, f 1, SOAM.

(20) Lucile B. Wendt to M. R. Fensterald, "Counterfeit Drugs," 3 April 1961, box 1, f "Drug: "Counterfeit," Counterpart 1960–1, SOAM.

(21) *Hearings on H. R. 6245*, 17–24 May1962, *DIAA*, vol. 1, p. 47. Statement of Newell Stewart, *Administered Prices*, vol. 21, p. 11696 も参照。

(22) Wallace, "Rackets Feed the Gusher," p. 24.

(23) Irwin di Cyan, quoted by Margaret Kreig in *Black Market Medicine*, p. 127.

(24) K. E. to FDA, 2 September 1966, AF30–841, vol. 6, FDAAF.

(25) *FDCR*, 3 March 1968, p. 10.

(26) Leonard W. Cannon to John Adriani, 6 March 1969, box 34, f 5, JAP.

第四章

エピグラフ："Book Club Selection Boosts Generic Drugs," *Drug News Weekly*, 13 March 1967, clipping found in f 5, News Clippings & Letters about the "Handbook," RBP.

(1) Statement of William Apple, *Competitive Problems*, 1967, vol. 5, p. 1290. アップルが、APhA 会長在任中の重要な課題としてジェネリック代替を早くから挙げていた点については、以下を参照。"Substitution Committee," 21 September 1966, f 33.46.1.1, "Drug Products Selection," APhAA.

(2) *Competitive Problems*, vol. 21, p. 1292.

(3) Coleman & Company, *An Appraisal of Parke-Davis & Company — May 1965*, box 65, f 1, SOM; Frost & Sullivan, *The US Generic Drug Market* (New York: Frost & Sullivan, 1976).

(4) Estes Kefauver, introduction of Herman C. Nolen, *DIAA* v. 5, p. 2648; statement of Herman C. Nolen, *DIAA*, quotation v. 5, p. 2652; Barbara Yuncker, "Major Firm to Cut Price of Rx Drugs," *New York Post,* 5 Oct 1961. PMA に雇われた市場調査員は、ジェネリック市場の擡頭については否定的だった。1961 年 12 月、ノーレンが下院で証言した日の数日前に開かれた PMA の年次総会で発表された医薬品卸 190 社の調査によると、4 万 9000 人の現役薬剤師のうち 88 パーセントが「ジェネリックにはまったく興味がない」と答えた。Wayne Luther (Druggists' Service Company), "Generics — A D. S. C. Survey" (remarks given at the PMA Annual Meeting, 11 December 1961), box 8, f "Drugs — Companies — McKesson-Robbins, 1963–64," SOM.

(5) FDA ジェネリック医薬品部門の初代責任者であるマーヴィン・サイフェは、後発品申請（ANDA）とジェネリック医薬品部門の誕生を、1970年の薬効再評価通知（DESI）

実施と結びつけた。*FGDAP*, part 2, p. 4. Daniel Carpenter, Jeremy Greene, Susan Moffitt, and Jonathan Warsh, "Therapeutic and Economic Effects of Efficacy-Based Drug Withdrawals: The Drug Efficacy Study Initiative and Its Manifold Legacies" (paper presented at the Standard Exchanges Programme: Workshop international sur la standardization en histoire et de la medicine, Strasbourg, France, 7 December 2012).

(6) すでに効果がわかっている薬のプラセボ対照試験に被験者をさらすのは倫理上望ましくないし、完全な新薬承認申請(NDA)には30～40部もの書類が必要になるので、それを提出させるのも経済的に無駄だ、と彼らは訴えた。市場の形成にFDAが担った役割についてさらに知るには以下を参照。Daniel Carpenter, Reputation and Power: Organizational Image and Pharmaceutical Regulation at the FDA (Princeton, NJ: Princeton University Press, 2010).

(7) George C. Harlan, "Drugs' Branded Battle," *Sunday Herald-Tribune*, 30 January 1966, 2E.

(8) メディケアとメディケイドが1965年に導入された直後、保健教育福祉省は「実行可能で経済的であるときは必ず」ジェネリック医薬品を買うようにというチラシを発行した。"HEW Advises Agencies: Use Generic Drugs," *Drug Trade News*, 17 January 1966, p. 1. ジェネリックに変えた場合のコスト削減予想額については以下を参照。United States Task Force on Prescription Drugs, *Final Report* (Washington, DC: US Government Printing Office, 1969), 25. Milton Silverman and Philip Randolph Lee, *Pills Profits and Politics* (Berkeley: University of California Press, 1974), p. 145 でも議論されている。

(9) 「基本的に弊社は、医薬品を一般名で販売するために設立されました」とシーモア・ブラックマンはキーフォーヴァー小委員会で述べた。Seymour Blackman, *Administered Prices*, vol. 14, p. 8212.

(10) 1959年9月には、プレモ社は100品目以上の自社製品が米国医師会の薬学化学審議会(現・薬事審議会)で承認されたと公言するに至った。"Premo Hospital Net Price List," exhibit 58, *Administered Prices*, vol. 14 (appendix), p. 8691.

(11) "Looking Backward: Highlights in the History of an American Institution of Service," exhibit 59, *Administered Prices*, vol. 14 (appendix), pp. 8721-22.

(12) Thomas Mahoney, *The Merchants of Life: An Account of the American Pharmaceutical Industry* (New York Harper, 1959).

(13) "Looking Backward," p. 8721.

(14) William J. Barbour, "Inspection Report: Premo Pharmaceutical Laboratories, Inc.," 10 June 1958, AF13-610, vol. 7, FDAAF, p. 2; Ralph C. Smith to Premo Pharmaceutical Laboratories, Inc., 9 November 1960; "Memorandum of Telephone Conversation: Leslie Harrup, J. K Kirk," 9 June 1961; F. L. Lofsvold to Los Angeles District, "Investigation of Certain Drug Firms," 9 February 1960, AF13-610, v. 8, FDAAF.

(15) 「同等の製品であることを医師に納得させるには、一般名を書くだけでは不十分でした。たとえばレノックスヒル病院などでは、処方集をまとめるとき、同病院の薬剤師であるR・ボガシュに、弊社の工場と設備を検分してもらいました。弊社のジェネリックが認められるには、まず弊社の設備が認められる必要があったのです」。Crossexamination of Seymour Blackman, *Administered Prices*, vol. 14, pp. 8213, 8223.

(16)　Statement of Seymour Blackman, *Administered Prices*, vol. 14, p. 8212.

(17)　テキサス州サンアントニオの公立病院の院長は、FDAに手紙でこう問い合わせてきた。「これら2社が道徳的で信頼のおける企業なのか、それとも付き合うには注意が必要とされるのかについて、何かご存知でしょうか。当病院は税金で支えられていて予算も限られているため、彼らが提示する安い価格で、コストが削減できるのは大歓迎です。とはいえ、評判の悪い企業と付き合いたくはありません」。W. Simpson to FDA, 25 January 1960, AF13-610, vol. 8, FDAAF. 1960年代前半は、薬局や病院から似たような手紙が次々とFDAに届いた。そうした手紙は総じて、品質が高いことで知られる中小企業に対して好意的だった。対してFDAの回答はたいてい以下のようなものだった。「過去6年間の書類を調べるかぎり、プレモ製薬とその製品が、法律違反で連邦裁判所に訴えられた記録は見当たりません」。H. W. Chaddack to H. R. Williers, 30 September 1964. All letters found in AF13-610, vol. 9, FDAAF.

(18)　同年11月、プレモ社はトルブタミドを陸軍病院と退役軍人病院に納入しようとしたが拒否された。陸軍が、アップジョン社のオリナーゼしか購入しないと通告したのを受けて、プレモ社は国防総省とエステス・キーフォーヴァー上院議員に苦情を申し立てた。結局、プレモ社のトルブタミドは陸軍病院にも退役軍人病院にも買ってもらえず、おまけに、アップジョン社が起こした特許侵害訴訟により、プレモ社のコピー薬は民間セクターでも販売できなくなったが、この一件は、新しい市場が開きつつあることに企業が気づいていたことを語っている。プレモ社のトルブタミドの新薬承認申請は1963年1月17日に承認されたが、一度も販売されることはなく、新薬承認申請は1971年に取り下げられた。Ralph Smith to W. B. Rankin, "Tolbutamide, NDA 12-678," 8 January 1963, AF13-610, vol. 9, FDAAF; George P. Larrick to Frank B. Berry, 29 January 1963, AF13-610, vol. 9, FDAAF, p. 1; Donald R. Martin to Richard McDermaid, 2 July 1973, AF13-610, vol. 13, FDAAF; Frank B. Berry to George P. Larrick, 10 January 1963, AF13-610, vol. 9, FDAAF: "Memorandum of Meeting: Jerry Thomas, Attorney, the Upjohn Company, Kalamazoo, Michigan; Franklin D. Clark, Deputy Director, Bureau of Regulatory Compliance," 24 August 1964, AF13-610, vol. 9, FDAAF.

(19)　1968年に拡張した設備を検査した際には「検査初日から工場のあちこちで遺憾な状態が散見された」。これらの問題のほとんどは、1年後も依然として改善されていなかった。Frances J. Flaherty, "IDI Inspection: Premo Pharmaceutical Labs," 5 December 1969; Bruce Byer to Dick Anderson, "IDI Review: Premo Pharmaceutical Labs," 10 December 1969; Bruce Byer to Dick Anderson, "IDI Review: Premo Pharmaceutical Labs," 29 December 1969. All found in AF13-610, vol. 11, FDAAF.

(20)　プレモ社のクロルジアゼポキシド／クリニジウムの違法販売については"Seizure"

(memorandum), 1 August 1977, AF13-610, vol. 15, FDAAF; トルブタミドについては Gene Knapp to Carol Byone, 3 March 1978; クロルプロパミドについては以下を参照。Prescription Drug Compliance Branch (HFD-31), "Request for Inspection Regarding the Shipment of Chlorpropamide without an Approved NDA" (memorandum), 19 May 1978; both found in AF13-610, vol. 16, FDAAF; Carlos Dixie to Carleton Sharp, "Drug Substitution w/ No Approved ANDA," 3 January 1979; affidavit, 28 December 1978, AF13-610, vol. 17, FDAAF.

(21) Morton M. Schneider, *Inspection Report,* 23 June 1959; M. Boyle and Frank Bruno, memo to Accompany EIR of Bolar Pharmaceutical Co., 10 December 1962, vol. 1; EIR of Bolar Pharmaceutical Co., 10-11 April 1967, vol. 2; AF10-156, FDAAF.

(22) Lawrence Raisfeld to FDA, 11 October 1966, vol. 2, AF10-156, FDAAF.

(23) "Report of Intensified Inspection, 4 November 1968-20 March 1969," vol. 2, AF10-156, FDAAF.

(24) Edward Warner, "Violative Inspection—for Information Purposes," 14-16 May 1968, vol. 2, AF10-156, FDAAF.

(25) Robert Shulman to Henry Simmons (FDA), 30 October 1970, vol. 3, AF10-156, FDAAF. 当初、FDA にそんな役目を担うつもりはなかった。以下を参照。Albert Lavender to Robert Shulman, 23 November 1970, vol. 3, AF10-156, FDAAF.

(26) Ibid.

(27) "ANDA Inspection," 17, 19, 22, 23, and 26 January 1973, vol. 4, AF10-156, FDAAF.

(28) Coleman & Company, *Appraisal of Parke Davis & Company—May 1965*; Donaldson, Lufkin, & Jenrette, Inc., *The Ethical Drug Industry: Stock Prices Ignore Long Term Outlook for Slower Growth*, November 1965, group 7, box 65, f 1, SOM.

(29) Quotation *FDCR,* 5 Oct 1965, p. 7; AF30-841, vol. 6-20, FDAAF も参照。

(30) Benjamin Wiener to Oregon State Pharmaceutical Association, August 1965, reprinted in *FDCR*, 6 September 1965, p. 16.

(31) Benjamin Wiener to Wallace Werble, 1 September 1965, reprinted in *FDCR*, 6 September 1965, p. 17. オレゴン州がジェネリックを承認するという提案に、米国薬剤師会は即座に反意を表明した。当時、米国薬剤師会は医薬品評議会と強く結びついていた。同会は、専門職集団は「特定の企業やその製品を支持して、自らの評判や結束を傷つけるべきではない」と強く訴えた。William Apple to Speckman, reprinted in *FDCR*, 23 August 1965, p. 35. だがその 2 年後、アップルはネルソンの小委員会で、ジェネリックはブランド薬と同等と見なされるべきだと証言した。

(32) "Catalog & Price List: Zenith Laboratories, 1967," AF30-841, vol. 6, FDAAF. Quotation from *FDCR*, 29 May 1967, pp. 16-17.

(33) *FDCR*, 29 May 1967, pp. 16-17.

(34) 同社は、反トラスト法の訴訟によって、ゲイロード・ネルソン上院議員と反トラスト・独占小委員会の支持をとりつけることを公に望んでいた。司法省はついに

1970年にビーチャム社とブリストル・マイヤーズ社にたいして反トラストの民事訴訟を起こした。Frost & Sullivan, *U.S. Generic Drug Market*, p. 47; "Zenith's Generic Ampicillin Price," *FDCR*, 14 April 1969, p. TG-1. テトラサイクリンに対する謝罪については以下を参照。"NJ Federal Court & 3rd Circuit Refuse to Enjoin Trial in Fla. Court," *FDCR*, 25 January 1965, p. 13.

(35) Frost & Sullivan, *U.S. Generic Drug Market*, pp. 42–43.

(36) Quotation from International Resource Development, Inc., *Generic Drugs in the 1980s* (Norwalk, CT: IRD, 1979), p. 58. 1976年に処方されたジェネリック医薬品上位15品目は(アルファベット順に)アンピシリン、テトラサイクリン、フェノバルビタール、プレドニゾン、サイロイド、エリスロマイシン、ジゴキシン、メプロバメート、ペニシリンVK、ペニシリンGデポ剤(depot)、ニトリグリセリン、キニジン、ニコチン酸、レセルピンだった。Frost & Sullivan, *U.S. Generic Drug Market*; John P. Curran, "Major Thrust Expected in the Promotion of Generic Products," 7 April 1977, *Wood Gundy Progress Report*, box 7 f 24, NYSGDIF. 21世紀のジェネリック医薬品不足という不安な見通しについては以下を参照。Margaret Clapp, Michael A Rie, and Phillip L. Zweig, "How a Cabal Keeps Generic Scarce," *NYT*, 2 September 2013.

(37) International Resource Development Inc., *Generic Drugs in the 1980s*, p. 1.

第五章

(1) International Resource Development, Inc., *Generic Drugs in the 1980s* (Norwalk, CT: IRD, 1979), p. 87.

(2) Ibid., pp. 89–90.

(3) コリ・ヘイデンはまた、現代のアルゼンチンとブラジルのジェネリック市場の比較分析で、ジェネリック薬の特異性という概念を打ち出した。Hayden, "No Patent, No Generic: Pharmaceutical Access and the Politics of the Copy," in *Making and Unmaking Intellectual Property: Creative Production in Legal and Cultural Perspective*, ed. Mario Biagioli, Peter Jaszi, and Martha Woodmansee (Chicago: University of Chicago Press, 2011), pp. 285–304.

(4) ピュアパック社がFDA職員に他社と違うという印象を植えつけたとしたら、それは規制に従わないという点においてであった。規制を監督するチャールズ・N・ルイスは "Purepac: Chronological Listing of Firm's Contact with the Food and Drug Administration: Evidence of Bad Faith," AF17-705, FDAAF, vol. 1という33ページに及ぶ覚書を記した。同社は創業当時、「長年残る優れた治療薬をつくる」という社是を掲げたが、品質管理がずさんだという消費者からの苦情がFDAに多く寄せられ、1950年代から60年代にかけて調査が続いた。Wayne B. Adams to Robert S. Roe, 28 May 1952; AF17-705, vol. 4, FDAAF などを参照。

(5) ピュアパック社は1980年代にある製薬会社に買収され、最終的に多国籍ブランドジェネリック企業のアクタビス社に吸収された。Ian R. Ferrier to Marion Finkel, 25 February 1980, AF17-705, vol. 11, FDAAF.

(6) Frost & Sullivan, *The U.S. Generic Drug Market* (New York: Frost & Sullivan, 1976), pp. 4, 16.

(7) 1977年12月、スミスクライン&フレンチ社は、医師と薬剤師に対して、すべての臨床医、薬剤師、患者に同じ価格を保証するという「単一価格」システムを提供した。International Resource Development, Inc., *Generic Drugs in the 1980s,* p. 41.

(8) Jeff Feldman, "No-Name Drugs," *Orange Coast Magazine*, February 1982, pp. 126-32, p. 132. Barrie G. James, *The Marketing of Generic Drugs: A Guide to Counterstrategies for the Technology Intensive Pharmaceutical Companies* (London: Associated Business Press, 1984) も参照。

(9) ファイザー社は、薬剤師の責任については法医学のシンポジウムの前例に倣った。ブランドジェネリックは、薬剤師、患者、医師に無名企業のジェネリックでは提供できない安心感を提供するとほのめかした。"Pharmacy and the Law — Final Script," 11August 1977, box 4 f 2, Generic Drug Investigation Files, NYGDIF; ファイファーメクスについてさらに詳しくは以下を参照。International Resource Development Inc., *Generic Drugs in the 1980s*, p. 40.

(10) FDCR, 11 September 1978, p. 13.

(11) キーフォーヴァーは1959年にこの問題をシェリング社のトップにつきつけた。シェリング社は自社ブランドのプレドニゾンですら生産していないではないか、と。「はっきりさせておこう。おたくはこの原材料をアップジョン社から購入している。1958年にプレドニゾンを440ポンド購入した。あとはカプセルに詰めて、自社ブランドの薬として売っているだけではないか」。John Blair exhibit, *Administered Prices*, vol. 21; Kefauver, cross-examination of Frank Brown, *Administered Prices*, vol. 14, p. 7859.

(12) *Patent Term Extension and Pharmaceutical Innovation: Hearing before the Subcommittee on Investigations and Oversight of the Committee on Science and Technology, U.S. House of Representatives*, Ninety-Seventh Congress (statement of William Haddad), p. 206; *FDCR*, 11 September 1978, p. 13.

(13) "Memorandum: Lederle Laboratories Material," David Langdon to Susan Guthrie, 21 March 1978, box 6, f 25, NYGDIF. レダールは内部文書で「マイラン社は、退役軍人病院、国連、世界保健機構、そしてアボット、ブリストル、マリンクロット、パーク・デービス、スミスクライン&フレンチ、スクイブ、ワイス、A・H・ロビンス等の大手製薬会社に薬を供給している」と書いている。"Contract Manufacturer's Profiles Update," 18 May 1976, box 6, f 25, NYGDIF, p. 3. レダールは、同社製品として流通しているマイラン社の製品には、特別な品質保証のステップを課していると主張した。"Quality Control of Products Which Are Not Manufactured by Lederle," 23 November 1976, box 6, f 25, NYGDIF, p. 1.

(14) April 1961 catalog of Milan Pharmaceuticals, 13 November 1961. 1963年までに、マイ

ラン社はニュージャージー州ペンソーケンに原材料から製品を生産する工場を設立した。だが、FDAの検査官はそこの品質管理は基準を満たしていないと言った。FDA inspection report of Milan Pharmaceuticals, 4 February1963, inspection report of Milan's Pennsauken plant from f 1, AF17–986, FDAAF. しかし、1965年のマイラン社の製品カタログに掲載されている50品目のうち27品目は自社生産だった。また、同社はリスクが高いが儲けも大きい注射剤へと大胆にも進出した。Catalog of Milan Pharmaceutical Co., 11 September 1965, f 1, AF17–986, FDAAF.

(15)　Marvin Seife to Allen Dines, 5 December 1973, folder 4, vol. AF17–986, FDAAF; Paul Bryan to Smith, Kline & French Laboratories, 24 May 1973, folder 4, AF17–986, FDAAF; Mary McEniry to Marvin Seife, December 15, 1976, folder 7, vol. AF17–986, FDAAF.

(16)　「これまで同様に、わが社は最大の投資利益率が見込まれる製品だけを選ぶ。たいていの場合、こうした医薬品の競争はそれほど激しくない。専門知識と質の高い生産が問われるからであり、マイランはそれらの面で高い評判を得ている」とプシュカーは述べた。*FDCR*, 8 October 1979, p. 9; *FDCR*, May 31 1982, p. 6; *FDCR*, May 31 1982, p. 6; James, *Marketing of Generic Drugs*, pp. 60–63.

(17)　Seymour Blackman to Ted Byers, 27 March 1975, AF13–610, vol. 15, FDAAF.

(18)　Paul Hyman and Herman Rosenstein, AF30–841, FDAAF. ただし、保健教育福祉省の弁護士であるウィリアム・ヴォドラは、この提案に乗り気でなく、FDAのマリオン・フィンケルに書簡でその意を伝えた。スイスの製薬会社ロシュが起こした大きな訴訟の決着がつくまで、1962年以降に新薬承認申請によって承認されて販売されている薬のコピー製品は、「ペーパーNDA」による申請か、完全な新薬承認申請が受諾されてから販売されるべきだ、と。William Vodra to Marion Finkel, 11 August 1975, f 14, AF30–841. ゼニス社はすぐに、ジェネリックのジアゼパムの「ペーパーNDA」として、文献審査、生物学的同等性試験の結果と、「医薬品の製造管理及び品質管理規則」の証拠を提出した。Marion Finkel to [dir., Bureau of Drugs], 12 December 1975, f 14, AF30–841, FDAAF.

(19)　「旧薬」という分類をしてほしいという嘆願を、FDAの弁護団は聞き入れなかった。当然ながら彼らは、「新薬」がもう新しくはないとされたら、FDAの監督が及ばなくなるのではないかと危惧したのだ。William Vodra to Marion Finkel, 11 August 1975, f 14, AF 30–841, FDAAF; Marion Finkel to [dir., Bureau of Drugs], 12 December 1975, f 14, AF30–841, FDAAF. FDAは、1962年以降に承認された薬にも後発品申請を適用する意図を表明したが、具体的な規制案は提示しなかった。43 Fed. Reg. 39128 (1 September 1978).

(20)　Kevin Rooney to Theodore E. Byers, 17 March 1978, f 16, AF30–841, FDAAF.

(21)　Richard Chastonay to J. Kevin Rooney, 15 September 1978, f 16, AF30–841, FDAAF.

(22)　ラーセンはこう続けた。「先駆的な薬が安全だと実証された以上、その模倣版について同じ検証作業をする必要はないと、FDAは判断されたのか、それとも、ある薬の安全性が実証されたら、それにつづく薬はもはや新薬ではないと判断されたのか。

（我々はFDAが発行した文書には何千回となく「これは新薬ではない」と書かれていることを知っています）［…］いずれにせよ、これはジェネリック医薬品業界の始まりを促すものです」。Seymour Blackman to Richard Crout, 10 January 1980, vol. 18, FDAAFも参照。

（23） ゼニス社が数少ない「責任ある」ジェネリックメーカーのひとつだったとしても、クラウトは他社のことをそれほど快く思っていなかった。実際、彼のもとへは、ジェネリックメーカーの言い逃れ、欺瞞、お粗末な生産・品質管理の証拠を告発する、膨大な量の手紙が届いていたのだ。それが打ち合わせに招かれなかったメーカーに漏れた。その一社であるボラー社は、のけ者にされたことに強く反発した。Richard Crout to Kenneth Larsen, 13 March 1980, f 20, AF30-841, FDAAF.

（24） Kenneth Larsen to Henry Waxman, 30 June 1980, f 21, AF30-841, FDAAF. ラーセンは共和党の政治家にも手紙を送った。送った相手には、ロナルド・レーガンから保健教育福祉省長官に指名されたリチャード・シュワイカーもいた。Kenneth Larsen to David Winston, 9 January 1981, f 22, AF30-841, FDAAF; quotation from statement of Kenneth Larsen, chair of the GPIA and president of Zenith Laboratories, Inc., "Post-1962 Drug Approval," 10 March 1981, f 22, AF30-841, FDAAF.

（25） William Haddad to GPIA members, 24 January 1984, f 4, AEP; memo to PMA board of directors, 15 July 1984, f 5, AEP.

（26） Statement by William F. Haddad, president and CEO of the Generic Pharmaceutical Industry Association, on the Drug Competition Act of 1984, 12 June 1984, f 4, AEP.

（27） "Bolar under Spotlight as Generics Become New Glamour Stocks on Wall Street," *FDCR*, 8 April 1985, p. 10.

（28） Richard G. Frank, "The Ongoing Regulation of Generic Drugs," *NEJM* 357, no. 20（2007）: 1993-96. Greg Critserはハッチ－ワックスマン法の誕生の裏で交わされた取引について*Generation Rx*（New York: Houghton-Mifflin, 2005）に書いている。ハッチ－ワックスマン法が成立する経緯の詳細は、ほかでも詳しく語られている。Allan M. Fox and Alan R. Bennett, *The Legislative History of the Drug Price Competition and Patent Term Restoration Act of 1984*（Washington, DC: Food and Drug Law Institute, 1987）など。

（29） 業界誌*FDC Report*は、「ジェネリック医薬品業界にとって、法案の後発品申請の部分は新時代の到来を意味した」と報じたが、まさにその通りだった。"ANDA/Patent Restoration Bill Culminates 10-Year Cycle of Profess & Profits Hearings on Hill," *FDCR*, 10 September 1984, p. s2.

（30） International Resource Development, Inc., *Generic Drugs in the 1980s*, p. 10.

（31） Claude Levi-Strauss, *The Raw and the Cooked*（Chicago: University of Chicago Press, 1969）〔クロード・レヴィ＝ストロース『神話論理Ⅲ　食卓作法の起源』渡辺公三・榎本譲・福田素子・小林真紀子訳、みすず書房、2007年〕.

第六章

エピグラフ：Max Sadove, “What Is a Generic Equivalent?,” *American Professional Pharmacist*, February 1965, p. 6.

(1)　ハッチ－ワックスマン法成立に先立つ数年間で、レギュラトリーサイエンスの新しい形として生物学的同等性の基準作りに国が果たした役割については、以下を参照。Daniel Carpenter and Dominique Tobbell, “Bioequivalence: Thee Regulatory Career of a Pharmaceutical Concept,” *Bulletin of the History of Medicine* 85, no. 1 (2011): 93–131.

(2)　*FDCR*, 24 June 1985, p. TG3–4.

(3)　*FDCR*, 23 September 1985, p. TG2.

(4)　*FDCR*, 23 September 1985, p. TG2, 強調は著者による。

(5)　医療を秩序立てる「紙のテクノロジー」については以下に詳しい。Volker Hess and J. Andrew Mendelsohn, “Case and Series: Medical Knowledge and Paper Technology, 1600–1900,” *History of Science* 47 (2010): 287–314。この記事は科学史家の Ursula Klein が *Experiments, Models, Paper Tools: Culture of Organic Chemistry in the Nineteenth Century* (Palo Alto, CA: Stanford University Press, 2002) で紹介した、紙のツールの概念を説明している。イノベーションは、型式でもリストでも表現方法でも、X線の機械と同じくらい医療の歴史と慣行に影響を与える、という考えは、Joel Howells, *Technology in the Hospital: Transforming Patient Care in the Early Twentieth Century* (Baltimore: Johns Hopkins University Press, 1996) にも登場している。エイドリアン・ジョンズが述べたように、初期の英国薬局方は、言葉とモノを強力に結びつけるテクノロジーとして、医学の文献と医薬品をつなげた。Adrian Johns, *Piracy: Intellectual Property Wars from Gutenberg to Gates* (Chicago: University of Chicago Press, 2010).

(6)　United States Pharmacopoeial Convention, *The Pharmacopoeia of the United States*, 8th ed. (Philadelphia: P. Blakiston, 1907), p. 294.

(7)　United States Prescription Drug Task Force, *The Prescribers: Background Papers* (Washington, DC: Government Printing Office, 1968), p. 26.

(8)　Tom Mahoney, *The Merchants of Life: An Account of the American Pharmaceutical Industry* (New York: Harper & Brothers, 1959). Lee Anderson and Greg Higby, *The Spirit of Voluntarism: A Legacy of Commitment and Contribution* (Washington, DC: USPC, 1995).

(9)　Amy Slaton, “As Near as Practicable: Precision, Ambiguity, and the Social Features of Industrial Quality Control,” *Technology and Culture* 42 (2001): 51–80; Andrew Russell, “Industrial Legislatures: The American System of Standardization,” *International Standardization as a Strategic Tool*, 71–79 (Geneva: International Electrotechnical Commission, 2006).

(10)　ニコルスは、米国薬局方のジギタリス参照基準の制定は、米国薬局方が薬理学的同等性の基準を定める権限を持つことを認められた決定的な瞬間だと回想する。それに先立って海外で定められたジギタリス参照基準と適合させるために、米国薬局方の参照基準は「高品質のジギタリス3種類を混ぜて使った。3分の2はアメリカ産、6分の1はイギリス産、6分の1はドイツ産」だった。A. B. Nichols, "U.S.P. Reference Standards for Biologic Assay," *Journal of American Pharmacists Association* 42 (1953): 215–25, quotation p. 218.

(11) A. B. Morrison, D. G. Chapman, and J. A. Campbell, "Further Studies on the Relation between in Vitro Disintegration Time of Tablets and the Urinary Excretion Rates of Riboflavin," *Journal of American Pharmacist Association* 49 (1959): 634. As cited in Gerhard Levy, "Therapeutic Implications of Brand Interchange," *American Journal of Hospital Pharmacy* 17 (1960): 756–59, quotation p. 756. リーヴァイの発言は熱い議論の引き金となった。院内医薬品リストの運動の初期の先駆者であるドナルド・フランケは、このカナダでの実験結果は、20世紀後半の薬剤師が担うべき新たな役割を語っていると主張した。「リーヴァイ博士が指摘するように、効かない薬が市場に出回っているのであれば、それらを排除するのは、病院の薬剤師と医療スタッフの役目だ」

(12) D. G. Chapman, R. Crisafir, and J. A. Campbell, "The Relation between *in Vitro* Disintegration Time of Sugar-Coated Tablets and Physiological Availability of Sodium P-Aminosalicylate," *Journal of American Pharmacists Association* 45 (1956): 374.

(13) D. G. Chapman, L. G. Chatten, and J. A. Campbell, "Physiological Availability of Drugs in Tablets," *Canadian Medical Association Journal* 76 (1957): 102–7.

(14) K. G. Shenoy, D. G. Chapman and J. A. Campbell, "Sustained Release in Pelleted Preparations as Judged by Urinary Excretion and in Vitro Methods," *Drug Standards* 27 (1959): 77; A. B. Morrison, C. B. Perusse, and J. A. Campbell, "Physiologic Availability and in Vitro Release of Riboflavin in Sustained-Release Vitamin Preparations," *NEJM* 253, no. 3 (1960): 115–19, quotation p. 118.

(15) E. Lozinski, "Physiological Availability of Dicumerol," *Canadian Medical Association Journal* 83, no. 4 (1960): 177–78, quotation p. 178.

(16) 腸溶性錠剤とは、吸収を遅らせ、腸で吸収させるために、経口薬の外側に特別なコーティングを施したものを指す。Gerhard Levy, "Therapeutic Implications of Brand Interchange," *American Journal of Hospital Pharmacy* 17 (1960): 756–59, quotation p. 759; John G. Wagner, William Veldkamp and Stuart Long, "Correlation of in Vivo with in Vitro Disintegration Times of Enteric Coated Tablets," *Journal of the American Pharmaceutical Association* 47, no. 9 (1958): 681–85, quotation p. 681.

(17) John G. Wagner, "Biopharmaceutics: Absorption Aspects," *Journal of Pharmaceutical Sciences* 50, no. 5 (1961): 359–87.

(18) Gerhard Levy and Eino Nelson, "Pharmaceutical Formulation and Therapeutic Efficacy," *JAMA* 177, no. 10 (1961): 689–91.

(19) Eino Nelson, "Kinetics of Drug Absorption, Distribution, Metabolism and Excretion," *Journal of Pharmaceutical Sciences* 50 (1961): 181–92; John G. Wagner, "Pharmacokinetics,"

Annual Review of Pharmacology 8 (1968): 67–94. John G. Wagner, "History of Pharmacokinetics," *Pharmaceutical Therapeutics* 12 (1981): 537–62, quotation p. 537. 薬物動態学という言葉はそれ以前の1953年にドイツの薬理学者F・H・ドストが提唱していた。その誕生を導いた疑問のいくつかは、19世紀半ばから薬理学者の論文に散見される。

(20) Wagner, "History of Pharmacokinetics," p. 537.

(21) Wagner, "Biopharmaceutics," p. 376.

(22) Charles M. Mitchell to Edward G. Feldmann, 23 March 1962, box 251, f 25, USPC. "Inter-Tablet Dosage Variation Committee" (memorandum), 22 March 1962, box 251, f 25, USPC, p. 1. 業界の品質管理における許容域の起源についてさらに詳しくは以下を参照。Walter A. Shewhart, *Economic Control of Quality of Manufactured Product* (New York: D. Van Nostrand, 1931).

(23) "Inter-Tablet Dosage Variation Committee," p. 2.

(24) C. M. Mitchell, "Memo, PMA Contact Section Tablet Committee," 22 March 1962, box 43251, f 25, USPC.

(25) "Procedure for Dissolution Rates for Tablets," March 1962, 251, f 25, USPC.

(26) Jerome Bodin to Edward Feldmann, "Memo: PMA Contact Section, Tablet Committee Report," 24 April 1962, b 251, f 25, USPC, p. 2.

(27) Charles M. Mitchell to Edward G. Feldmann, 7 February1963, box 43, f 25, USPC; "Erweka Tester Type AT-3," 11 September 1963, box 251, f 25, USPC, pp. 1–2.

(28) Ibid., pp. 4–5.

(29) Jerome Bodin to Edward Feldmann, "Memo: PMA Contact Section, Tablet Committee Report": "Memo: PMA Contact Section Tablet Committee," 18 October 1962, 2 box 251, f 25, USPC, p. 1.

(30) Edward G. Feldmann to C. Leroy Graham, 27 June 1968, box 251, f 25, USPC; C. Leroy Graham, "Pharmaceutical Manufacturers Association Memo to Representatives on the Quality Control Section," 19 June 1968, box 251, f 25, USPC.

(31) 14品目とは、アセトヘキサミド、ヒドロクロロチアジド、メプロバメート、メタンドロステノロン、インドメタシン、メチルプレドニゾロン、ニトロフラントイン、プレドニゾン、スルファメトキサゾール、スルフィソキサゾール、テオフィリン、エフェドリン、フェノバルビタール、トルブタミドだ。John Colaizzi, "Pharmacy's Responsibility and the Antisubstitution Law Controversy" (memorandum), 27 August 1970; "Correspondence in Favor of Substitution," box 18.11, f 33.46.1.1, APhAA.

(32) Jaime N. Delgado and Frank P. Cosgrove, "Fallacies of Generic Equivalence Thesis," *Texas State Journal of Medicine* 59 (1963): 1008–12.

(33) Dale G. Friend, "Pharmaceutic Preparation and Clinical Efficacy of Drugs," *Clinical Pharmacology and Therapeutics* 3, no. 3 (1962): 417–20, quotations pp. 418–20.

(34) Ibid.

（35） 処方薬業界についてのネルソンの公聴会は34冊以上もの冊子にまとめられ、1968年の選挙で彼の再選に導いた。この年、リンドン・ジョンソン大統領も保健関係の政策について述べる中で、「同じ効能をもつ薬を1.35ドルで買えるのに、その薬に11ドルも納税者が支払うのは理不尽だ」と発言した。Milton Silverman and Philip Lee, *Pills, Profits & Politics*（Berkeley: University of California Press, 1974）, p. 147

（36） Testimony of Edward Feldmann, *Competitive Problems,* vol. l, p. 410; Lloyd C. Miller, *Competitive Problems*, vol. 2, p. 508.

（37） Testimony of Edward Feldmann, *Competitive Problems*, vol. 1, p. 410.

（38） Ibid., pp. 413–14. 完全な引用は以下の通り。「専門的な観点から言えば、完璧な『医薬品の同等性』などあり得ないのです。非専売名、つまり一般名で販売されている2種類の薬を比較しようと、ジェネリックとブランド薬を比較しようと、ブランド薬どうしを比較しようと、さらに言えば、ある会社の同じ製品を2生産単位比較しようと（完璧に同等ということはあり得ません）」

（39） ネルソンは文書をフェルドマンに送った。フェルドマンは、この証拠では、臨床的に重要な差異を示す例が5件に満たないと返事をした。United States Prescription Drug Task Force, *Prescribers*, p. 27.

（40） Harry Wiener, *Generic Drugs: Safety and Effectiveness*（New York: Pfizer, 1973）, p. 42. このような議論は、ゲアハルト・リーヴァイのような薬理学者も行なっていた。リーヴァイは、わずか5件の立証された差異が米国薬局方の基準に疑義を申し立てたとしても、「これらの基準が本当にバイオアヴェイラビリティや効能の同等性を保証するのに適していることを示す研究はひとつとしてない」と述べた。Gerhard Levy, *Drug Intelligence and Clinical Pharmacy* 6（1972）: 18.

（41） Testimony of Henry F. DeBoest, *Competitive Problems*, vol. 3, p. 971.

（42） Thomas Maeder, interview with Benjamin Gordon, 6 May 1991, cited in Maeder, *Adverse Reactions*（New York: William Morrow, 1994）, p. 333.

（43） 業界が資金提供する研究の、有用な論争を作り維持する役割については、以下を参照。Allan Brandt, *The Cigarette Century: The Rise, Fail and Deadly Persistence of the Product That Defined America*（New York: Basic Books, 2007）; Naomi Orsekes and Erik M. Conway, *Merchants of Doubt: How a Handful of Scientists Obscured the Truth on Issues from Tobacco Smoke to Global Warming*（New York: Bloomsbury Press, 2010）.

第七章

エピグラフ：Smith, Kline & French Laboratories, "An Indispensable Book in Perspective ... The United States Pharmacopoeia"（pamphlet）, 1961, group 7, box 52, folder 1, "Industries 5–2: Generics," SOM.

（1） スミスは『米国医師会雑誌』の元編集長で、米国医師会の薬事審議会の事務局長

(Secretary)でもあった。Quotation from Austin Smith to James L Goddard, 23 September 1966, AF12-757, f 28, FDAAF. スミスはこう続けた。「ご希望であれば、我が社の科学者があなたやあなたのところの職員と会って、予想されるどんな質問についても、内密に話し合えるよう喜んで手配しましょう」。"Certification of Chloramphenicol" (position paper), 7 October 1966, f 28; memorandum of meeting, 31 October 1966, f 28; H. Summerson to James L. Goddard, 17 November 1966; Goddard to Smith, 25 November, 1966, f 28; Smith to Goddard, 15 December 1966, f 29; Goddard to Smith, 3 January 1967, f 29, all from AF12-757, FDAAF, all cited in Maeder, *Adverse Reactions*, pp. 320-22. すべての医薬品メーカーは、定期的な抗生物質承認プログラムの対象となった。このプロセスでは、外国の工場で生産された化学製品について、生産単位ごとに中身、強度、品質、純度の証明が必要とされた。その外国の工場のうち4つは、パーク・デービス社が所有し運営していた、とゴダードは指摘する。

(2) 売上高は *FDCR*, 24 October 1966, p. 6 で触れられている。錠剤が水に溶けないというのは、マッケソン社の製品が既存の薬局方の基準に従っていなかったことを示唆している。そのような問題は、米国薬局方の崩壊試験で簡単に指摘できたはずだった。

(3) この実験に続いて、ロートン刑務所に収容されている囚人の「被験者」に500ミリグラム経口投与をするという大がかりな実験が行われた。"Brand, Generic Drugs Differ in Man," *JAMA* 205, no. 9 (1968): 23-36; Ronald T. Ottes and Robert A. Tucker, "History of the U.S. Food and Drug Administration: Herbert Ley," Oral History, 15 December 1999, Food and Drug Administration, White Oak, MD, p. 8; Maeder, *Adverse Reactions*, pp. 326-28 も参照。

(4) *FDCR*, 11 Nov. 1967, p. TG-2.

(5) Maeder, *Adverse Reactions,* p. 328.

(6) Herbert L. Ley to James L. Goddard, 16 November 1967, as cited in 同上。pp. 329-30.

(7) 当時FDAの医薬品部長だったハーバート・リーは1968年にゼニス社に書簡を送った。「最近の研究で、30分で98パーセント以上溶解するクロラムフェニコールのカプセルでは人体の血中濃度が適切になるという証拠が出ましたが、溶出速度がそれより遅いカプセルでは、血中濃度が適切になるかどうかは不明なままでした。我々は引き続き溶出速度とほかの体外テストと血中濃度データとの関係を探っていきたいと思っていますが、さしあたっては、どんな新しい製剤も、証明書を発行するには、当該物質が人体内で適切な血中濃度になることを示すデータが必須となります。その後の生産単位については、ほかの必要条件を満たしている、以前承認された生産単位と同様の溶出速度が確認できれば、承認されます」。Herbert L. Ley to Zenith Laboratories, 11 June 1966, AF30-84L vol. 7, FDAAF.

(8) Comment of Senator Gaylord Nelson, *Competitive Problems*, vol. 11, p. 4527.

(9) PMAの責任者として、ジョゼフ・ステットラーはネルソンに苦言を呈した。「同等ではないと証明することに立証責任が移っている。誰も同等性の証拠を考えつかない「…」問われるのは、立証責任はどこにあるかということだ」。Statement of C.

Joseph Stetler, *Competitive Problems*, vol. 4, p. 1368

（10） Alan B. Varley, "The Generic Inequivalence of Drugs," *JAMA* 206, no. 8（1968）: 1745-46.

（11） なかでも、ヴァーレイが、米国薬局方の仕様ではなく、「薬の有用性」が「現時点ではジェネリックの同等性を立証する最も理にかなって現実的な方法である」ことを、客観的に示したという主張がビーンの失笑を買った。*FDCR*, 16 December 1968, p. 8; Comment of Ben Nelson, *Competitive Problems,* vol. 10, p. 3925.

（12） *FDCR*, 17 March 1969, p. TG-10; *FDCR*, 12 January 1970, p. 18.

（13） William M. Heller to Thomas M. Durant, 7 April 1969, box 250, f 32, USPC; Thomas M. Durant to William M. Heller, April 16 1969, box 250, f 32, USPC.

（14） Quotation from John Adriani to Alan B. Varley, 18 June 1969, box 34, f 5, JAP. アップジョンやほかの企業が企業秘密の「崩壊剤」ヴィーガムのことを「不活性の結合粘剤」と呼んだが、ここで問題となっているのが吸収であれば、それは矛盾しているように思える。おそらく、崩壊剤の吸収への影響は不活性ではない。Dale Friend, "Generic Drugs and Therapeutic Equivalence," *JAMA*. 206, no. 8（1968）: 1785. Thomas M. Durant to William M. Heller, 16 April 1969, box 250, f 32, USPC も参照。

（15） Lloyd C. Miller to Benjamin Gordon, 10 December 1968, reprinted in *Competitive Problems*, vol. 10, p. 3966. Lloyd C. Miller to Alan Varley, 4 March 1969, *Competitive Problems*, vol. 10, p. 3970.

（16） Statement of John Adriani, *Competitive Problems*, vol. 12, p. 5128.

（17） United States Task Force on Prescription Drugs, *The Drug Prescribers: Background Papers*（Washington, DC: Government Printing Office, 1968）.

（18） Milton Silverman and Philip Lee, *Pills, Profits & Politics*（Berkeley: University of California Press, 1974）, p. 152.

（19） United States Task Force on Prescription Drugs, *Drug Prescribers*, p. 24.

（20） 強調は著者。報告書では、溶出や吸収の問題があるとわかっている生死にかかわる薬のジェネリック製品に限って、FDAの承認を受けるには、生物学的利用能が「基本的に同等」という証拠を提出するよう義務づけるべきだ、という結論に至った。United State Task Force on Prescription Drugs, *Drug Prescribers*, 21, 31. テストされた26種の化合物はアミノフィリン（アドレナリン作動薬）、ビスヒドロキシクマリンおよびその主成分のワルファリン（抗凝血剤）、クロラムフェニコール（広域抗生物質）、クロルテトラサイクリン（広域抗生物質）、ジエチルスチルベストロール（エストロゲン補充薬）、ジフェンヒドラミン（抗ヒスタミン剤）、ジフェニルヒダントイン（抗けいれん剤）、エリスロマイシン（抗生物質）、硫酸第一鉄（鉄分）、グリセオフルビン（抗真菌剤）、ヒドロコルチゾン（ステロイド剤）、イソニアジド（抗結核薬）、メペリジン（抗不安薬）、メプロバメート（抗不安薬）、オキシテトラサイクリン（抗生物質）、パラアミノサリチル酸（抗結核薬）、ペニシリンG（抗生物質）、ペニシリンV（抗生物質）、プレドニゾン（ステロイド剤）、キニジン（抗不整脈剤）、レセルピン（抗うつ剤／降圧剤)、セコバルビタール (抗精神病薬)、スルフィソキサゾール (抗生物質)、テトラサイクリン (抗生物質)、サイロイド (ホルモン剤)、トリペレナミン (抗ヒスタミン剤) だ。

(21) 1969年にDES最終報告書が発行されたとき、ジェネリックとブランド薬の効能の同等性の問題について200名近くのパネルメンバーの意見をまとめた文書が添えられた。ジェネリックの同等性は「パネルの作業につねについて回った」問題だった。Duke Trexler to DES panelists, 24 January 1969, in *Drug Efficacy Study: A Report to the Commissioner of Food and Drugs* (Washington, DC: National Academy of Sciences, 1969). 効能がある薬についてのDES審査が完了して規制へと移行すると、審査パネルのメンバーは、効能のDES基準が、一般名の医薬品に付属することになると不快感を表明した。Paul A. Bryan and Lawrence H. Stern, "The Drug Efficacy Study: 1962-1970," *FDA Reports,* September 1970, 14-16, p. 15. ジェネリック医薬品の同等性に関する諮問パネルの間の溝については Daniel Carpenter and Dominique Tobbell, "Bioequivalence: The Regulatory Career of a Pharmaceutical Concept," *Bulletin of the History of Medicine* 85, no. 1 (2011): 93-131.

(22) United States Task Force on Prescription Drugs, *Final Report* (Washington, DC: Government Printing Office, 1969); "Review Committee of the Task Force on Prescription Drugs, 1967-1969; box 36, f 6-8, JAP; Drug Bioequivalence Study Panel, US Office of Technology Assessment, *Drug Bioequivalence* (Washington, DC: Office of Technology Assessment, 1974).

(23) Statement of Robert Berliner before Senate Select Committee on Monopoly, 19 March 1975, *Competitive Problems*, vol. 26, p. 11656.

(24) Remarks by Alexander M. Schmidt, commissioner of Food and Drugs, at the Quinquennial Meeting of the United States Pharmacopoeial Convention, Inc., Washington, DC, 22 March 1975, as published in PDLPA, 383.

(25) *FDCR*, 5 July 1975, p. T&G5.

(26) Jerome Philip Skelly, "Biopharmaceutics in the Food and Drug Administration 1968-1993," FDA Generics File, FDAAF. p. 47.

(27) Ibid., p. 37. カバナは、被験者を使わずに生物学的利用能を調べる生体外試験を発見したと発表した。彼は全米医薬品工業協会に、自分の研究室は「溶解度を生物学的同等性と等式化する重要な公式」を見つけたと言った。だが、ジェネリック業界の人々でさえ、カバナの発言を額面通りに受け取ろうとしなかった。『FDCレポート』は、ある業界コンサルタントが、カバナの発言を「聞いて、ひどく驚いた。溶出試験自体、再現できる段階に達しているとはとても思えない」と言ったと伝えている。*FDCR*, 30 January 1978, p. 32.

(28) Marvin Seife to Jean Callahan and David Langdon, 28 November 1977, box 5, f 56, NYSGDIF, p. 1.

(29) "Bioavailability Game and Bernard Cabana, PhD," Marvin Seife to David Langdon, 19

December 1977, box 5, f 56, NYSGDIF, pp. 3–4.

(30) Skelly, "Biopharmaceutics in the Food and Drug Administration," pp. 47–48; FDA Oral History, John E. Simmons, conducted by John P. Swann and Robert A. Tucker, 6 June 2006, Rockville, MD, p. 17.

(31) 米国製薬工業協会はFDAのこのアプローチを、民間セクターに対するその役割から逸脱しているとして批判した。「これはFDAがとる方法論としては異常だと思われる。自らこのような重要な任務を担い、関係する業界や医学研究者を締め出すとは」。*FDCR*, 19 August 1984, p. 1, 5. Dan Ermann and Mike Millman, "The Role of the Federal Government in Generic Drug Substitution," in *Generic Drug Laws: A Decade of Trial, A Prescription for Progress*, ed. Theodore Goldberg, Carolee A. DeVitto, Ira E. Raskin (Bethesda: National Center for Health Services Research and Health Care Technology Assessment, 1986), pp. 99–115, esp. p. 103; Carpenter and Tobbell, "Bioequivalence" も参照。

(32) Abbott comments on Upjohn Studies, 31 October 1974, *Competitive Problems*, vol. 26, pp. 11815–19, quotation p. 11816.

(33) もしかしたら、動物実験のほうが人間の臨床試験よりも優れた結果になるのではないだろうか、とバロウズは続けた。*FDCR*, 19 August 1984, p. 9.

(34) 特定の医薬品メーカー数社は、生物学的同等性と効能の同等性を同一視する風潮に抵抗しつづけた。M. B. Ross, "Status of Generic Substitution: Problematic Drug Classes Reviewed," *Hospital Formulary* 24, no. 4414 (1989): 447–49; P. H. Rheinstein, "Therapeutic Inequivalence," *Drug Safety* 5 (1990): 114–19; D. H. Rosenbaum, A. J. Rowan, L. Tuchman, and J. A. French, "Comparative Bioavailability of a Generic Phenytoin and Dilantin," *Epilepsia* 35 (1994): 656–80; R. T. Burkhardt, I. E. Leppik, K. Blesi, S. Scott, S. R. Gapany, and J. C. Cloyd, "Lower Phenytoin Serum Levels in Persons Switched from Brand to Generic Phenytoin," *Neurology* 63, no. 8 (2004): 1494–96; Yu-tze Ng, "Value of Specifying Brand Name Antiepileptic Drugs," *Archives of Neurology* 66, no. 11 (2009): 1415–16.

(35) *FDCR*, 4 July 1983, p. 5.

(36) *FDCR*, 13 January 1986, p. T&G-10.

(37) Tamar Lewin, "Drug Makers Fighting Back against Advance of Generics," *NYT*, 28 July 1987, p. Al.

(38) Sharon Anderson and Walter Hauck, "Consideration of Individual Bioequivalence," *Journal of Pharmacokinetics and Biopharmaceutics* 18, no. 3 (1990): 259–73. FDAの疫学・生物学部門のドン・シャーマン (Schuirmann) は委員会にこういった。「それが個人の同等性を意味するかぎり、集団の同等性に興味をもつべきだ。集団の同等性が個人の同等性を意味しないのであれば、集団の同等性はジェネリック製品の承認の基盤にはならない」。すべての引用は(文中のシャロン・アンダーソンのものも含め) *FDCR*, 15 February 1993, pp. 13–14. Mei Ling Chen and Lawrence Lesko, "Individual Bioequivalence Revisited," *Clinical Pharmacokinetics* 40, no. 10 (2001): 701–6; "Individual Bioequivalence Stricter Standards

Suggested by Committee," *FDCR* 63, 17 December 2001, 39 も参照。理論上の問題にたいする理論上の解決策については以下を参照。Iris Pigeot et al., "The Bootstrap in Bioequivalence Studies," *Journal of Biopharmaceutical Statistics* 21（2011）: 1129.

（39） "The One the Patient Takes Is Never Tested," Lilly advertisement, *American Druggist*, September 1977. これらの広告の初期の版については *the Carolina Journal of Pharmacy* 56（June 1976）で見られる。

（40） Eli Lilly advertisement, *American Druggist*, September 1977.

（41） Eli Lilly, *Implications of Drug Substitution Laws: Analysis and Assessment*（staff report to the Indiana Joint Legislative Committee）, June 1978, NYSGDIF, box 4, f 8, p. ii.

（42） John Swann, "The 1941 Sulfathiazole Disaster and the Birth of Good Manufacturing Practices," *Journal of Pharmaceutical Science and Technology* 53, no. 3（1999）: 148–53.

（43） United States Task Force on Prescription Drugs, *Drug Prescribers*, pp. 32–33.

（44） Ibid., 32–34.

（45） Henry E. Simmons, "Brand vs. Generic Drugs: It's Only a Matter of Name"（speech presented before the California Council of Hospital Pharmacists, San Diego, 30 Sept 1972）, reprinted in *FDA Consumer*, March 1973. J. Richard Crout, "The FDA's View of Generic Equivalence," draft of speech given at the 17th Annual Ohio Pharmaceutical Seminar, box 5, f 4, NYSGDIF, p. 6.

（46）「ジゴキシンの例は、大手企業よりも中小企業に関するものだが、これは医薬品全体に当てはまる普遍的なパターンではけっしてない」とクラウトは続けた。Crout, "The FDA's View of Generic Equivalence," p. 6.

（47） Statement by Marvin Seife before the Drug Formulary Commission, Department of Public Health, Boston, MA, 8 September 1977, text of speech in box 5, f 4, NYSGDIF, p. 2.

（48） 一例として "The Generic Scam," *Private Practice*, October 1978, p. 30 参照。イーライリリー社の研究者が、35 社の塩酸プロポキシフェン製品のロットのサンプルを調べたところ、イーライリリー社のダルフォンはすべてのパラメータに合致していたものの、競合他社の製品の 14 パーセント以上が米国薬局方の重量偏差試験や中身の適合性試験に失格、72 パーセントがアセトキシの不純物について米国薬局方の基準を超過、デキストロプロポキシフェン／アスピリンの組み合わせの 80 パーセントが遊離型サリチル酸について米国薬局方の基準を超過していた。Eli Lilly, *Implications of Drug Substitution Laws*, p. 5. 1977 年の簡略版の PMA 調査データをとっても、同年に発生した商品回収（リコール）の 73 パーセント（214 件）は非 PMA 所属企業、27 パーセント（79 件）が PMA 所属企業だった。また、没収全体の 89 パーセント（81 件）が非 PMA 企業、11 パーセント（10 件）が PMA 企業だった。Pharmaceutical Manufacturers Association, "'Real World' Factors That Affect What the Consumer Actually Pays at Retail"（backgrounder）, 21 July 1978, box 12, f 13, NYSGDIF.

（49） Eli Lilly, *Implications of Drug Substitution Laws*, p. 5.

(50) Gregory Bateson, "Form, Substance, and Difference," *Steps to an Ecology of Mind* (New York: Ballantine Books, 1972)

第八章

エピグラフ：Bruce M. Chadwick, "Physician-Controlled Source Selection—a Suggested Approach to Substitution," *Journal of Legal Medicine* 4, no. 3 (1976): 27–32.

(1) Michigan State Board of Pharmacy v. Casden (Wayne Cnty. Ct. 1949) (No. 301,799), as printed in *Administered Prices*, vol. 21, p. 11761.

(2) Ibid., p. 11762.

(3) Joseph H. Stamler, "Some Aspects of the Substitution Problem," *Food Drug and Cosmetics Law Journal* 8 (1953): 643–55, quotation p. 645.

(4) "Michigan Bill Would Permit Using 1 *USP, NF* Item for Another," *American Druggist*, Feb 18, 1952; 125: 16.

(5) Mark Prendergast, *For God, Country, and Coca-Cola: The Definitive History of a Great American Soft Drink and the Company That Makes It* (New York: Basic Books, 2000), p. 182.

(6) アメリカ合衆国憲法は、専門職の規制とライセンスを州に委ねている。例えば、カリフォルニア州で建築許可を得るのに、ニューヨーク州では要求されない耐震認定が必要なのはそのためだ。

(7) ケイスデン判決でシェリング社が事実上敗訴したのは、薬局における化学的に同等な薬の代替の禁止を求めるブランド企業の、一連の法的敗北のひとつだった。Stamler, "Some Aspects of the Substitution Problem," p. 645, 以下も参照。N. J. Facchinetti and W. M. Dickson, "Access to Generic Drugs in the 1950s: The Politics of a Social Problem," *American Journal of Public Health* 72 (1982): 468–75; Statement of Newell Stewart, *Administered Prices*, vol. 21, p. 11692. NPC の起源と初期の活動についてさらに詳しい情報は以下を参照。Dominique Tobbell, *Pills, Power, and Policy: How Drug Companies and Physicians Resisted Federal Reform in Cold War America*, Milbank Series on Health and the Public (Berkeley: University of California Press, 2012).

(8) Facchinetti and Dickson, "Access to Generic Drugs in the 1950s," p. 470–71; Tobbell, *Pills, Politics, and Power*, pp. 105–11.

(9) Jeremy Greene and David Herzfeld, "Hidden in Plain Sight: Marketing Prescription Drugs to Consumers in the 20th Century," *American Journal of Public Health* 100, no. 5 (2010): 793–803.

(10) Statement of Newell Stewart, *Administered Prices*, vol. 21, pp. 11692–95.

(11) John L. Hammer Jr., "Substitution on Prescription," *Food Drug and Cosmetics Law Journal* 6 (1951): 775–79.

(12) Wilbur E. Powers to Secretaries and Members of Boards of Pharmacy, box 7, f 36, WPIB; Facchinetti and Dickson, "Access to Generic Drugs in the 1950s," p. 471. NPC が 1955 年末ま

でに米国の薬業委員会の全てを正式に訪問したことに留意。

(13) Wilbur E. Powers to Secretaries and Members of Boards of Pharmacy. NPCと州の薬業委員会との協力は、全国レベルで薬剤の専門職に影響を及ぼし始めた。同様に、1953年、55年、56年のAPhA（米国薬剤師会）年次総会は、「指示され処方された以外の医薬品やブランドの調剤は倫理に反する、と居丈高に非難した」。Facchinetti and Dickson, “Access to Generic Drugs in the 1950s,” p. 471.

(14) スチュアートは、1897年の*American Journal of Pharmacy*の記事を頻繁に引用した。その記事には、薬剤師には「代替が同じくらい、あるいは、それ以上に良いと確信していても、自分あるいは他者の調剤を代替薬にする権利はない」と述べている。Statement of Newell Stewart, *Administered Prices*, vol. 21, p. 11696; 以下も参照。J. J. Galbally, “Substitution as Gross Immorality,” *Food Drug & Cosmetic Law Journal* 12 (1957): 759-64.

(15) ケイスデン訴訟についての1960年の論評で、コーネル大学のウォルター・モーデルは昔ながらの「代替」の罪と、無害なジェネリック調剤を慎重に分けた。「この行為が倫理に反するとはまったく思っていません」とモーデルはキーフォーヴァーの委員会で語った。「名前が違っても、同じものと提供するのであれば、それを代替とは思わないからです」。Statement of Walter Modell, *Administered Prices*, vol. 21, 11627.

(16) George F. Arcambault, “The Formulary System versus the New Concept of ‘Substitution,’” *Journal of the American Hospital Association (Hospitals)* 34 (1960): 71-73.

(17) トベルは*“Pills, Power, & Politics”*において、製薬業界と薬剤師とのつながりが断たれたのは、1971年のAPhA会長、ウィリアム・アップルの「調剤解放運動」と題されたスピーチと、それに付随するAPhA白書を巡る騒動がきっかけだったと述べているが、両者の断絶は1960年代半ばから進んでいたとする根拠もある。それを裏づけるのはAPhAの文書保管所に保管されているアップルと同僚らの内部通信だ。

(18) Quotation from statement of William Apple, *Competitive Problems*, 1967, vol. 5, p. 1294.

(19) メディケイド法が制定されるとすぐ、例えばニューヨーク州などは、メディケイド対象患者にジェネリックを出せるよう、代替法を修正した。Sidney H. Wilig, “Ethical and Legal Implications of Drug Substituting,” *FDCLJ* 23, no. 6 (1968): 284-305.

(20) Ibid.; Dean Linwood Tice to Joseph V. Swintosky, “Drug Products Selection,” 12 July 1966, f 18.11, APhAAも参照。

(21) Joseph V. Swintosky to Linwood Tice, 3 July 1966, DPS box 3, 18.11, APhAA, p. 1.

(22) William Apple, “Special Committee on Substitution,” and “Survey of Anti-Substitution Laws” (memoranda), 21 September 1966, DPS box 3, 18.11, APhAA; 広告会社Turner & Wolinは社会広告という解決策を提案した。Irwin Wolin to William S. Apple, “Correspondence in Favor of Substitution,” 26 May 1970, box 18.11, f 33.46.1.2, APhAA.

(23) Dean Linwood Tice, “Anti-Substitution Laws,” *American Journal of Pharmacy* 142, no. 3 (1970): 107-8.

(24) A. E. Rothenberger, “He Rocks Our Ivory Tower,” *Drug Topics*, 8 June 1970, 38.

(25) Quotation from Edward W. Brady to William S. Apple, 2 September 1970, "Correspondence against Substitution," box 18.11, f 33.46.1.2. 以下も参照。American Pharmaceutical Association, "A White Paper on the Pharmacist's Role in Product Selection," *JAPhA*, n.s., 11 (1971): 181-99. APhA内部では、じきに代替の話題は、あるメンバーによると「分離派のテーマ」になった。George M. Scattergood to George B. Griffenhagen, 20 May 1970; Mark E. Barmak to William S. Apple, 5 May 1970, both in "Correspondence against Substitution," box 18.11, f 33.46.1.2, APhAA.

(26) Edward O. Leonard to APhA, 21 June 1971, "Correspondence against Substitution," box 18.11, f 33.46.1.2, APhAA.

(27) James D. Hawkins to Edward O. Leonard, 22 July 1971, "Correspondence against Substitution," box 18.11, f 33.46.1.2, APhAA.

(28) Edward O. Leonard to APhA, 26 October 1971, "Correspondence against Substitution," box 18.11, f 33.46.1.1, APhAA.

(29) Albert C. Veid to William S. Apple, 22 May 1970, "Correspondence in Favor of Substitution," box 18.11, f 33.46.1.1, APhAA.

(30) Donald E. Francke, "The Formulary System: Product of the Teaching Hospital," Hospitals 41, no. 22 (1967): 110-16, p. 122.

(31) Statement of August Groeschel, *Administered Prices*, vol. 21, pp. 11566, 11571. Quotation attributed to Robert Hatcher (professor of pharmacy at Cornell and head of the formulary) by Groeschel. 以下も参照。Francke, "Formulary System." 1950年代には続々と新薬が誕生したので、Groeschelは定期刊行物としての処方集の将来を心配した。「この10年間加速する一方の薬物療法の変化が、有益な処方集のハードカバーでの出版を、実質的に不可能にしている」(11571)。

(32) Statement of August Groeschel, *Administered Prices*, vol. 21, p. 11568, quotation p. 11571.

(33) 第二次世界大戦後、処方集の概念と病院薬剤師というシステムが、入院施設に急速に普及した。1959年までにアメリカ病院薬剤師協会は、*American Hospital Formulary Service*(アメリカ病院処方集サービス)を設立した。加入する病院に対する医薬品モノグラフを提供し、病院独自の処方集を作り更新するのを支援するためだ。1965年に(メディケア制定につながる)社会保障改正案が通過した後、病院処方集は、薬剤コストを削減する上で、いっそう重要になった。メディケアには、P&T委員会や他の基準を満たした病院の処方集による調剤のみ払い戻すという規定があったからだ。"Statement on the Pharmacy and Therapeutics Committee," *American Journal of Hospital Pharmacy* 16 (1959).

(34) Edward W. Brady to William S. Apple, 2 September 1970, "Correspondence against Substitution," box 18.11, f 33.46.1.2, APhAA. 以下も参照。Statement of August Groeschel, *Administered Prices*, vol. 21, p. 11573.

(35) T. Donald Rucker, "The Role of Drug Formularies and Their Relationship to Drug Product

Selection," in *Generic Drug Laws: A Decade of Trial—A Prescription for Progress*, ed. Theodore Goldberg, Carolee A. DeVitro, and Ira E. Raskin (Washington, DC: United States Department of Health and Human Services, 1986), pp. 465-86.

(36) United States Task Force on Prescription Drugs, *The Drug Prescribers: Back ground Papers* (Washington DC: Government Printing Office, 1968), p. 43.

(37) Ibid.

(38) 20世紀初期までに北欧諸国は、市民に基本的な医療を提供するために、全国的処方集を策定した。第二次世界大戦後、単一支払者による医療制度（政府あるいは政府機関が保険料を徴収し医療費を負担する）を敷いていた多くの国がそれに続いた。United States Task Force on Prescription Drugs, *Current American and Foreign Programs: Background Papers* (Washington, DC: Government Printing Office, 1968).

(39) Ibid.; United States Task Force on Prescription Drugs, *Drug Prescribers*, p. 48. 以下も参照。Pierre S. Del Prato to William F. Haddad, 31 March 1977, box 7, f 24, NYSGDIF.

(40) 初期の州プログラムのいくつか（イリノイ州やジョージア州など）は、「オープン」な処方集で、処方集に掲載されていない薬の費用は、処方集に同等品がない限り、払い戻された。他のプログラム（カリフォルニア州やテネシー州など）は、「クローズド」な処方集で、掲載されていない薬は、医師が特別な許可を与えた場合のみ払い戻された。近隣の保健センターは、公衆衛生局や退役軍人援護局が制定した処方集に従うことが多かった。United States Task Force on Prescription Drugs, *Current and American Foreign Programs*, pp. 42, 46.

(41) ニューメキシコ州は1967年、the *Physicians' Desk Reference* アメリカ医薬品便覧（PDR）を処方集として用いた。United States Task Force on Prescription Drugs, *Drug Prescribers*, p. 46.

(42) United States Task Force on Prescription Drugs, *Drug Prescribers*, p. 46. 以下も参照のこと。Judith Nelson, "What Ever Happened to the Pharmacy Class of '47?," *Private Practice*, September 1982, 61-66.

(43) "Report of Reference Committee B," *JAPhA* 10, no. 6 (1970): 338-39; "A White Paper on the Pharmacist's Role in Drug Product Selection," *JAPhA* 11, no. 4 (1971): 181-99; American Pharmaceutical Association Academy of Pharmaceutical Sciences and Board of Trustees, *Critique and Response to "A White Paper on the Pharmacist's Role in Drug Product Selection"* (Washington, DC: American Pharmaceutical Association, 1972).

(44) Fred Wegner, "A Consumer's Perspective on the Use and Costs of Prescription Drugs," in Goldberg, DeVitro, and Raskin, *Generic Drug Laws*, pp. 117-24, quotation pp. 117-18.

(45) 1975年に実施された認定薬科大学の内部調査は、回答のあった71校のうち92パーセントが薬剤師の正式な教育の中で、医薬品選択あるいはブランド代替を積極的に指導したことを明らかにした。Edward Feldmann, "Drug Product Selection" (memorandum), 20 June 1975; "Correspondence in Favor of Substitution," both in box 18.11, f

33.46.1.1, APhAA. 以下も参照。Louis M. Sesti, "DPS assessment report," *Michigan Pharmacist* 1 (July 1975): 7–8; 以下も参照。C. Joseph Stetler, "Purchasing Drugs," *Wilmington, Delaware, Evening Journal*, 7 March 1975.

(46) Statement of Robert A. Lewinter, *PDLPA*, pp. 69, 72.

(47) メリーランド州はジェネリック代替に有利な法律を通過させたが、それに医師と薬剤師に対する強制力はなかったので、PMAは「命拾い」した。William C. Cray, *The Pharmaceutical Manufacturers Association: The First 30 Years* (Washington, DC: Pharmaceutical Manufacturers Association, 1989), pp. 219–20; Christopher S. Harrison, *The Politics of the International Pricing of Prescription Drugs* (Westport, CT: Praeger, 2004), p. 54.

(48) Robert C. Johnson, "The Changing Role of the Pharmacist," in Goldberg, DeVitro, and Raskin, *Generic Drug Laws*, pp. 58, 473. 以下も参照のこと。"Positive Formulary," n.d., box 4, f 10, NYSGDIF.

(49) Allen White to William Haddad, 10 June 1977, box 4, f 10, NYSGDIF, p. l; 以下も参照。Rucker, "Role of Drug Formularies and Their Relationship to Drug Product Selection," in Goldberg, DeVitro, and Raskin, *Generic Drug Laws*, p. 475.

(50) Dominique Tobbell, "Eroding the Physician's Control over Therapy," in *Prescribed: Writing, Filling, Using, and Abusing the Prescription in Modern America*, ed. Jeremy Greene and Elizabeth Watkins (Baltimore: Johns Hopkins University Press, 2012).

(51) Weinberger, as quoted in Dan Ermann and Mike Millman, "The Role of the Federal Government in Generic Drug Substitution," in Goldberg, DeVitro, and Raskin, *Generic Drug Laws*, p. 102.

(52) "Report on FDA List of Drugs Presenting Actual or Potential Bioequivalence Problem ('Blue Book')" (undated memorandum), box 5, f 4, NYSGDIF.

(53) Ibid., pp. 2–3.

(54) "Report on FDA List of Drugs Presenting Actual or Potential Bioequivalence Problem ('Blue Book')," p. 5.

(55) Statement by Marvin Seife before the Drug Formulary Commission, Department of Public Health, Boston, MA, 8 September 1977, text of speech in box 5, f 4, NYSGDIF, p. 2; Fred Wegner to Donald Kennedy, 3 April 1978, box 5, f 4, NYSGDIF, p. l ; Marvin Seife to William Haddad (memorandum), "Therapeutic Equivalence Categories for Approved New Drug Products," 22 September 1978, box 5, f 4, NYSGDIF.

(56) Fred Wegner to Donald Kennedy, 3 April 1978, box 5, f 4, NYSGDIF, pp. 2–3.

第九章

エピグラフ：Felton Davis Jr. to William F. Haddad, 16 June 1977, box 13, f 4, NYSGDIF.

(1) T. Donald Rucker, "The Role of Drug Formularies and Their Relationship to Drug Product

Selection," in *Generic Drug Laws: A Decade of Trial—A Prescription for Progress*, ed. Theodore Goldberg, Carolee A. DeVitro, and Ira E. Raskin, pp. 465–86 (Washington, DC: United States Department of Health and Human Services, 1986), p. 475.

(2) William C. Cray, *The Pharmaceutical Manufacturers Association: The First 30 Years* (Washington, DC: Pharmaceutical Manufacturers Association, 1989), p. 224; Morton Kondracke, "Long Pursuit of the Drug Price-Fixing Rebates," *Chicago Sun-Times*, 9 February 1969, pp. 7–9.

(3) Kondracke, "Long Pursuit of the Drug Price-Fixing Rebates."

(4) キーフォーヴァーとの比較は以下を参照。"Battle of the Bulge," *Newsweek*, 29 May 1967, 103; memo to Bill Haddad, 17 March 1967, box 7, f 21, NYSGDIF; George Glotzer, "How Generic Drug Dispensing Can Be Accomplished," 19 January 1968, box 7, f 21, NYSGDIF; William F. Haddad to Mayor John V. Lindsay, 14 June 1967, box 7, f 21, NYSGDIF; Governor Nelson A. Rockefeller to William F. Haddad, 18 April 1967, box 7, f 21, NYSGDIF.

(5) 1969年から70年の立法期間に、「ブランド薬と同等なジェネリックの公式なリストを確立し維持し」、ジェネリック代替を促すためにS. 3954議案が提出された。これに失敗すると、Strelzinは1971年から1972年にかけてジェネリック代替新法（A.11428/S. 9605）を再提出した。Lloyd Stewart to William F. Haddad, 5 June 1975, "Memo: Analysis of Pending Drug / Pharmaceutical Legislation," box 12, f 8, NYSGDIF.

(6) "NY State Law: Green Book" (MS), n.d., box 13, f 4, NYSGDIF. シュトレルチンは、ニューヨーク州で代替法を通すためのこれまでの試みは全て生物学的同等性への疑問に基づくと確信していた。Statement of Harvey L. Strelzin, *PDLPA*, 249

(7) 1977年から78年の立法期間に入って、5法が既に進行していたが、それらは、その問題に対する3つの非常に異なるアプローチを体現していた。下院での2法（A. 6489 / A. 6512, Grannis / Harenberg）はジェネリック処方を推奨していた。下院と上院で対になった法案（S. 1623 / A. 1502, McFarland / Fremming）は、許可代替を提案した。もうひと組の法案（S. 2659 / A. 6130; Pisani / Passannante, and A. 5884, Harenberg）は、薬局でのジェネリック代替を命じるものだった。"Generic Drug Substitution for Prescriptions," *Senate Research Service Issues in Focus* (Albany: n. p., 1977), vol. 35, p. 1.

(8) William F. Haddad to Don Hewitt, 18 April 1977, box 7, f 24, NYSGDIF, p. 5.

(9) William F. Haddad to Don Hewitt, 18 April 1977, box 7, f 24, NYSGDIF, p. 3.

(10) 例えば、ヒドロクロロチアジド50mg錠剤では、FDAはメルク社のブランド薬Diurilと治療上同等なジェネリックのメーカーとしてボラー社、ゼニス社、コード社を承認していた。NYGDIFのファイルには、5件のソースファイルが保管されている。(a) ANDAs 1970–1975 (1200), (b) approved ANDAs 1976–1977 (250), (c) DESI project report 1938–1962 (1550), (d) computer printout 1962–1969, and (e) pre-1938 drugs (100). "FDA Drug Formulary" (MS), n.d.; "Record of the New York State Formulary for Safe, Effective, and Interchangeable Drugs," n.d., all in box 12, f 8, NYSGDIF.

(11) William F. Haddad to Harvey Strelzin, 21 April 1977, box 7, f 24, NYSGDIF.

(12) William F. Haddad to Don Hewitt, 18 April 1977, box 7, f 24, NYSGDIF, p. 2.

(13) William F. Haddad to Representative Lester L. Wolff, 29 April 1977, box 7, f 24, NYSGDIF.

(14) 電話による会話のメモ：Paul DeMarco and Gene Knapp; memorandum of a telephone conversation: David Langdon and Gene Knapp, both 17 May 1977, box 12, f 8, NYSGDIF.

(15) Felton Davis Jr. to William F. Haddad, 16 June 1977, box 13, f 4, NYSGDIF.

(16) 遅れた理由の一部は、医療上、きわめて必要とされているものの、DESI（薬効再評価）でまだ効能が証明されていない薬について、有効性を証明する方法がなかなか決まらなかったからだ。William Haddad, David Langdon, Donald Kennedy, J. Paul Hile, Carl M. Leventhal, Gene Knapp, Marvin Seife, and Allan Shurr（memorandum of meeting）, 5 May 1977, box 12, f 8, NYSGDIF. Quotation from Gene Knapp to William F. Haddad, 23 May 1977, box 12, f 8, NYSGDIF. 例えば、プレモ社は、自社版のトルブタミドがニューヨーク州で代替薬として認められなかったことを受けて、1979 年初めに FDA に手紙を書いた。Premo の手紙は「拝啓」から始まる。

> お客様からこのようなお手紙をいただきました。『安全、有効かつ治療的に同等な薬品リスト』と呼ばれる、ニューヨーク州保健部が刊行し、FDA の認可を受けた医薬品リストである小さな緑色の本に、プレモ社のトルブタミド 0.5g 錠剤が載っていないので、アップジョン社のオリナーゼの代替薬として調剤してもらえなかった、というのです。加えて、プレモ社の重要な製品のいくつかが、このリストには載っていません。それらが除外された根拠を教えていただきたく存じます。

FDA の返答は素っ気なかった。グリーンブック編集の段階では、プレモ社製品の生物学的同等性についてのデータは揃っておらず、「FDA は、貴社の研究が評価され承認されるまで、先行薬に対する貴社の製品の治療的同等性を、保証する立場にありません」。Steven T. Blackman to Gene Knapp, 26 April 1979; Paul A. Bryan to Steven T. Blackman, 7 May 1979, both in AF13-610, vol. 18.

(17) "Record of the New York State Formulary for Safe, Effective, and Interchangeable Drugs."

(18) William E. Haddad memo to editors, "FDA Certifies List of Interchangeable Drug," 27 May 1977, box 12, f 8, NYSGIF.

(19) William F. Haddad to Edward Kosner, 3 June 1977; William F. Haddad to Robert Laird, 3 June 1977, both in box 7, f 24, NYSGDIF.

(20) "New York State Backs Generics Bill," *Chain Store Age*, September 1977, p. 111.

(21) Gene Knapp to Harriet Morse, 6 July 1977, box 12, f 8, NYGDIF. 以下も参照。Mary Doug Tyson, "Drug Monographs — Bureau Director Staff Meeting of June 23, 1977"（memorandum）, 28 June 1977, box 12, f 8, NYSGDIF.

(22) *Safe, Effective and Therapeutically Equivalent* Prescription Drugs*（Albany: New York State Department of Health）, 1 October 1977, box 5, f 3, NYSGDIF, quotation p. 2; 以下も参照。"New York Drug List Expected to Have Major National Impact," Hospital Formulary, August

1977, p. 498.

(23) Op-ed, *NYT* 9, 15 June 1977.

(24) C. Joseph Stetler to Donald Kennedy, 5 July 1977, box 12, f 5, NYSGDIF, p. 2. PMAは後にグリーンブックを「市場の承認を保証されていた会社を、行政上寄せ集めたもの」として退けた。William F. Haddad, 10 August 1978, box 12, f 4, NYSGDIF. ステットラーはFDAに、マーヴィン・サイフェがニューヨーク州議会で「無理矢理」代替法を通そうとしたのは、連邦法（5 U.S.C.7322）違反だと申し立てた。ケネディは、馬鹿げている、とそれを相手にしなかった。C. Joseph Stetler to Donald Kennedy, 9 November 1977, box 12, f 4, NYSGDIF; Donald Kennedy to C. Joseph Stetler, 14 March 1978, box 12, f 4, NYSGDIF. 1977年8月にステットラーがハダッドに書き送ったように「FDAがどうやって、存在もしない生物学的同等性の基準によって、臨床比較を示せたのかは、未だに謎である。臨床比較とは臨床上の比較可能性を示すものだ」。C. Joseph Stetler to William F. Haddad, 18 August 1977, box 12, f 4, NYSGDIF, p. 4. それ以前の手紙でステットラーはケネディに、(1) 言及された全会社のFDA監査記録、(2) 個々の製品について臨床上の効果が比較可能である証拠、(3) 生物学的同等性の全データの記録、(4) 基準に適合しているという証拠を求めた。Joseph Stetler to Donald Kennedy, 5 July 1977, box 12, f 5, NYSGDIF, p. 2. ハダッドはその後の1977年12月、ステットラーに手紙を書き、PMAはニューヨーク州リストに53ヶ所のエラーを発見したと主張したが、一つも具体的に指摘していない、と責めた。「このメールグラム（電報）の目的はその情報をあなたが提供し損ねたことを記録に残し、有言実行、できないなら黙っていろ、と謹んでお願いしたいからです」とハダッドは結んだ。William F. Haddad to C. Joseph Stetler, 2 December 1977, box 12, f 4, NYSGDIF.

(25) Marvin Seife to Jean Callahan and David Langdon, 16 December 1977, box 5, f 56, NYSGDIF, pp. 4–5.

(26) Marvin Seife to David Langdon, "Bioavailability Game and Bernard Cabana, PhD," 19 December 1977, box 5, f 56, NYSGDIF, p. 2.

(27) Marvin Seife to Jean Callahan and David Langdon, 16 December 1977, box 5, f 56, NYSGDIF, pp 5–6, 強調は著者。

(28) Donald Kennedy to Robert P. Whelan, 23 January 1978, p. 1; Kennedy to State Health Officers, State Boards of Pharmacy, and State Drug Program Officials, 31 May 1978, p. 1, both in box 4, f 15, NYSGDIF.

(29) *FDCR*, 30 January 1978, quotation pp. 33–36; "FDA to Become Distributor for New York Drug List," PMA Newsletter2, no. 5 (1978), quotation p. 1.

(30) Statement of Donald Kennedy, *SPDA*, 191; 以下も参照。"Out of Its Bioequivalence Depth?," *Pharmaceutical Technology*, October 1978, p. 72.

(31) *What Is a Generic Drug?* (Montpelier, VT; Vermont Public Interest Research Group, 1969, box 4, f 5, NYSGDIF.

(32) Kennedy to State Health Officers, State Boards of Pharmacy, and State Drug Program Officials, p. 1.

(33) "Policy Statement: National Consumer Alliance on Prescription Drugs," 8 June 1978, box 9, f 8, NYSGDIF, p. 2. 初期の文書では、支援団体はエドワード・ケネディ上院議員（民主党、マサチューセッツ州）が提起した医薬品改革法が「ジェネリック対商標論争に口をつぐんでいる」ことを懸念していた。"Second Draft-National Consumer Alliance on Prescription Drugs," 12 May 1978, box 9, f 8, NYSGDIF, pp. 8–9.

(34) Patricia S. Coyle, "Fear and Loathing and Generic Drugs," *Private Practice*, September 1978, 18–45, quotation p. 18.

(35) C. Joseph Stetler, "New York State and Drug Lists: A History of Confusion," *Medical Marketing and Media*, September 1978, 36–43.

(36) Box7, f "Drugs: Latin America," NYSGDIF.

(37) FDCR, 18 November 1978, p. 11 ; 以下も参照。"Industry Sues State of New York," *PMA Bulletin*, September 1978, p. 1. ニューヨーク州薬剤師会も、同様の提訴を行い、同週、それは第 2 巡回控訴裁判所によって審問された。

(38) "Out of Its Bioequivalence Depth?," p. 16.

(39) Ibid.

(40) ラッカー（樹脂）の薄膜で覆われたアボット・ラボラトリーズ社のエリスロマイシン・フィルムタブと、そのジェネリック 8 種が、治療上同等だとして掲載されたが、それは間違いだった。フィルムタブは食事と一緒にとることができるが、コーティングされていないジェネリックのエリスロマイシンはそうではなかった（吸収の問題による。食事と一緒にとればエリスロマイシンはその生物学的利用能の 90 パーセントを失うことが当時、広く知られていた）。FDA は速やかにエリスロマイシンの内容表示を変えるよう助言したが、この動きはグリーンブックの信頼性を損ねた。"Out of Its Bioequivalence Depth?," p. 16; "New Substitution Risk: Rx Labeling Differences," *Drug Topics*, 1 August 1978, p. 17.

(41) Richard M. Cooper to HEW commissioner, "Model Generic Drug Substitution Bill," 2 May 1978, box 4, f 15, NYSGDIF. FTC は 1970 年代後期、数年間にわたって処方薬価格開示の問題を調査しており、ジェネリック医薬品法の独自案を準備していた。以下も参照。Federal Trade Commission, *Drug Product Selection*（staff report）（Washington, DC: Government Printing Office）, 1978.

(42) Statement of John Murphy, *SPDA*, pp. 1, 3, 4, 13–14.

(43) Statement of Fred Wegner, *SPDA*, p. 70.

(44) Statement of John H. Budd, *PDLPA*, p. 288.

(45) Statement of Nicholas Ruggieri, *SPDA*, p. 82.

(46) 政府内の他のジェネリック支持者はその法律を、行き過ぎ、あるいは力不足と見ていた。ネルソンは、下院の法案は「商標の使い過ぎによる弊害を軽減する」には到底及ばないと批判し、廃案にすべきだと強く思っていた。HEW と FDA はいずれも、連邦政府には、専門職の実践を規制する権利はないと異議を唱えた。代替を支持する HEW の取り組みは、明らかに州レベルでのものだった。FTC は国レベルで施行できるジェネリック代替法を提案してはいたが、連邦法を利用可能な解決策とは見ていなかった。Statement of Sen. Gaylord Nelson, *PDLPA*, p. 84; statement of Gene R. Haislipp, *PDLPA*, p. 154; statement of Michael Perschuck, *SPDA*, pp. 167–68.

(47) Statement of Theodore Goldberg, *SPDA*, p. 14.

(48) この新しい分野においてゴールドバークと仲間の関心を特に引いたのは、対象となった州の大半で、薬剤師によるジェネリック代替率がきわめて低く、1978 年までの利用可能なサンプルにおいて、全調剤の 3 パーセント以下だったことだ。Statement of Theodore Goldberg, *SPDA*, p. 17.

(49) Carolee A. Devito and Theodore Goldberg, "Methods of Drug Product Substitution Analysis"; and "Prospects for a Second Generation of State Generic Drugs Substitution Laws," in *Generic Drug Laws: A Decade of Trial—A Prescription for Progress*, ed. Theodore Goldberg, Carolee, A. DeVitro, and Ira E. Raskin (Washington, DC: United States Department of Health and Human Services), 1986, quotations pp. 199, 527.

(50) W. H. Shrank, T. Hoang, S. L. Ettner, P. A. Glassman, K. Nair, D. DeLapp, J. Dirstine, J. Avorn, and S. M. Aschi, "The Implications of Choice: Prescribing Generic or Preferred Pharmaceuticals Improves Medication Adherence for Chronic Conditions," *Archives of Internal Medicine* 166, no. 3 (13 February 2006): 332–37; W. H. Shrank, M. Stedman, S. L. Ettner, D. DeLapp, J. Dirstine, M. A. Brookhart, M. A. Fischer, J. Avorn, and S. M. Asch, "Patient, Physician, Pharmacy, and Pharmacy Benefit Design Factors Related to Generic Medication Use" *Journal of General Internal Medicine* 22, no. 9 (September 2007): 12988–304, e-pub 24 July 2007; W. H. Shrank, S. L. Ettner, P. Glassman, and S. M. Asch, "A Bitter Pill: Formulary Variability and the Challenge to Prescribing Physicians," *Journal of the American Board of Family Medicine* 17, no. 6 (November-December 2004): 401–7; W. H. Shrank, "Effect of Incentive-Based Formularies on Drug Utilization and Spending," *NEJM* 350, no. 10 (4 March 2004): 1057; W. H. Shrank, A. K. Choudhry, J. Agnew-Blais, A. D. Federman, J. N. Liberman, J. Liu, A. S. Kesselheim, M. A. Brookhart, and M. A. Fischer, "State Generic Substitution Laws Can Lower Drug Outlays under Medicaid," *Health Affairs* 29, no. 7 (July 2010): 1383–90.

(51) National Conference of State Legislatures, *Condition-Specific Drug Substitution Legislation: Epilepsy*, print publication (Washington, DC: National Conference of State Legislatures, May 2009), online update March 2013, www.ncsl.org/issues-research/health/rx-substituttion-by-pharmacists-state-legislation.aspx. 抗てんかん薬のブランド薬をジェネリックに変えることについての薬剤疫学に関しては以下を参照。Paul Crawford et al., "Are There Potential Problems with Generic Substitution of Antiepileptic drugs? A Review of Issues," Seizure 15, no. 3 (2006): 165–76 も参照。Joshua J. Gagne, Jerry Avorn, William H. Shraink, and Sebastian

Schneeweiss, "Refilling and Switching of Antiepileptic Drugs and Sieizure-Related Events," *Clinical Pharmacology & Therapeutics* 88, no. 3 (2010): 347-53; Aaron S. Kesselheim, Margaret R. Stedman, Ellen J. Bubrick, Joshua J. Gagne, Alexander S. Misono, Joy L. Lee, M. Alan Brookhart, Jerry Avorn, William Shrank, "Seizure Outcomes Following Use of Generic vs. Brand-Name Antiepileptic Drugs: A Systematic Review and Meta-analysis," *Drugs* 70, no. 5 (2010): 605-21. ジェネリック医薬品ユーザー・フィー法の近年の歴史については以下を参照。www.fda.gov/ForIndustry/UserFees/GenericDrugUserFees/defaulthtm.

(52) Troyen A. Brennan and Thomas H. Lee, "Allergic to Generics," *Annals of Internal Medicine* 141 (2004): 126-30; Michael A. Steinman, Mary-Margaret Chren, and C. Seth Landefeld, "What's in a Name? Use of Brand versus Generic Drug Names in United States Outpatient Practice," *Journal of General Internal Medicine* 22, no. 5 (2007): 645-48; W. H. Shrank, J. N. Liberman, M. A. Fischer, J. Avorn, E. Kilabuk, A. Chang, A. S. Kesselheim, T. A. Brennan, and N. K. Choudhry, "The Consequences of Requesting 'Dispense as Written,'" *American Journal of Medicine* 124, no. 4 (April 2011): 309-17; W. H. Shrank, J. N. Liberman, M. A. Fischer, C. Girdish, T. A. Brennan, and N. K. Choudhry, "Physician Perceptions about Generic Drugs; W. H. Shrank, E. R. Cox, M. A. Fischer, J. Mehta, and N. K. Choudhry, "Patients' Perceptions of Generic Medications," both in *Health Affairs* (Millwood) 28, no. 2 (March-April 2009): 546-56; Keri Sewell et al., "Perceptions of and Barriers to Use of Generic Medications in a Rural African-American Population, Alabama, 2011," *Preventing Chronic Disease* 9 (2012): E142; Katie Thomas, "Why the Bad Rap on Generic Drugs?," NYT, 5 October 2013.

(53) Edwin A. Coen to William F. Haddad, 7 August 1978, box 6, f 16, NYSGDIF.

第十章

エピグラフ：*Consumer Reports, The New Medicine Show. Consumers Union's New Practical Guide to Some Everyday Health Problems and Health Products* (Mount Vernon, NY: Consumers Union, 1989), p. 264.

(1) 健康消費者運動は20世紀初め——実際にはもっと早期に——政治的勢力として出現したが、患者が消費者として公に語られるようになったのは、1960年代以降のことだ。この点は、Nancy Tomes "Merchants of Health: Medicine and Consumer Culture in the United States, 1900-1940," *Journal of American History* 88, no. 2 (2001): 519-47; および近刊書 *Impatient Consumers: Consumer Culture and the Making of Modern American Medicine* でも主張されている。

(2) E. F. Trapp to John Gardner, 9 August 1967; E. F. Trapp to John Goddard, 15 August 1967; E. F. Trapp to John Goddard, 30 August 1967; Jeanne M. Mangels to E. F. Trapp, 31 August 1967; all from FDAR, accession 1938-1974, box 1967, 500. 62.

(3) Edna M. Lovering to E. F. Trapp, 17 August 1967, FDAR, accession 1938-1974, box 1967,

500. 62.

(4)　E. F. Trapp to Edna M. Lovering, 20 November 1967, FDAR, accession 1938–1974, box 1967, 500. 62.

(5)　リザベス・コーエンは *A Consumers' Republic: The Politics of Mass Consumption in Postwar America*（New York: Vintage Books, 2003）において消費者運動の歴史における3つの「波」について語り、消費者運動を公民権運動や女性解放運動など、20世紀に展開された他の運動と比較している。他の歴史学者で有名なのは *Buying Power: A History of Consumer Activism in America*（University of Chicago Press: 2009）を著したローレンス・グリックマンだが、彼はこの波のある消費者運動を、消費者活動のよりダイナミックな年代史における単一の振れと見なした。医療史学者が実証したように、ヘルスケア分野における消費者活動は、健康フェミニズムからブラックパンサー（黒人民族主義運動）の健康派に至るまでいくつもの社会的運動の中心となってきた。以下を参照。Wendy Kline, *Bodies of Knowledge: Sexuality, Reproduction, and Women's Health in the Second Wave*（Chicago: University of Chicago Press, 2010）; Alondra Nelson, *Body and Soul: The Black Panther Party and the Fight against Medical Discrimination*（Minneapolis: University of Minnesota Press, 2011）. 1970年代の世界的な消費者運動に医薬品消費者主義が果たした役割について近年の報告は Matthew Hilton, *Prosperity for All: Consumer Activism in an Era of Globalization*（Ithaca, NY: Cornell University Press, 2009）。

(6)　Statement of Mildred E. Brady, 11 May 1960, *Administered Prices* vol. 21, p. 11532.

(7)　*Administered Prices*, vol. 14, p. 7839. この論争の政治的起源は、以下に最もよく述べられている。Richard McFadyen, "Estes Kefauver and the Drug Industry"（PhD diss., Emory University, 1973）. より初期の記録としては、Estes Kefauver with Irene Till, *In a Few Hands: Monopoly Power in America*（New York: Pantheon Books, 1965）; Richard Harris, *The Real Voice: The First Fully Documented Account of Congress at Work*（New York: Macmillan, 1964）. より近年の扱いについては、Daniel Carpenter, *Reputation and Power: Organizational Image and Drug Regulation at the FDA*（Princeton, NJ: Princeton University Press, 2010）; and Dominique Tobbell, *Pills, Power, and Policy: The Struggle for Drug Reform in Cold War America*, Milbank Series on Health and the Public（Berkeley: University of California Press, 2012）を参照。

(8)　キーフォーヴァーのチームが実証したように、コルチゾールから抗生物質、安定剤、抗糖尿病薬に至るまで、当時の「特効薬」に消費者が支払う金額は、20倍も違うことがあった。以下を参照。Richard McFadyen, "Estes Kefauver and the Drug Industry"（Ph. D. diss., Emory University, 1973）; 合わせて以下も参照。*Administered Prices*, vols. 4, 15–17, and 20.

(9)　Statement of Mildred E. Brady, 11 May 1960, *Administered Prices*, vol. 21, p. 11532.

(10)　ブレイディは次のように続けた。

電化製品の所有者の立場はさらに複雑だが、不便ではあっても、薪オーブンや、氷で冷やす冷蔵庫という選択肢がある。さらに、電気料金は政府の規制によって調整されているので、高すぎると思ったら、消費者は抗議できる。そしてその抗議が、正当な理由のあるもので、根気強くなされれば、わずかではあっても、ガス料金や電気料金が下がることを期待できる。納税への抵抗は、さらに道が厳しいが、わたしたちは皆、ヘンリー・デイヴィッド・ソローの逸話〔奴隷制度やメキシコ戦争に反対して国への納税を拒み、投獄された〕を知っている。もっとも、消費者同盟は、脱税戦略をお勧めするわけではない。ここでソローの件に触れたのは、ソローは税金を不当だと感じて支払いを拒んだものの、単に投獄されただけだったことを皆さんに思い出してほしいからだ。もしソローが高熱に苦しんでいたら、処方薬の値段が不当に高いと思っても、何ができただろう。

Statement of Mildred E. Brady, 11 May 1960, *Administered Prices*, vol. 21, p. 11532. 病人役割の社会学については、Talcott Parsons, *The Social System*（Glencoe, IL: Free Press, 1951）; Samuel William Bloom, *The Word as Scalpel: A History of Medical Sociology*（Oxford: Oxford University Press, 2002）; John C. Burnham, "The Death of the Sick Role," *Social History of Medicine* 25, no. 4（2012）: 761-76 を参照。

（11） *Consumer Reports, The Medicine Show: Some Plain Truths about Popular Remedies for Common Ailments*（New York: Simon & Schuster, 1961）, p. 181, 以下にも引用。Nancy Tomes, "The Great American Medicine Show Revisited," *Bulletin of the History of Medicine* 79, no. 4（2005）: 627-63, p. 651. Arthur Kallett と Harold Aaron を含む消費者同盟を創設した数人の活動にいくらか刺激されて、キーフォーヴァーの調査は始まった。

（12） Arthur Kallet and F. J. Schlink, *100,000,000 Guinea Pigs: Dangers in Everyday Foods, Drugs, and Cosmetics*（New York: Vanguard Press, 1932）. この書が、1938 年の連邦食品・医薬品・化粧品法になる法律を制定するために利用されたのは、少々皮肉な成り行きだ。間接的にではあるが、その法律によって、「処方箋がないと買えない薬」が生まれ、医療消費者はますます「囚われ」の状況に追い込まれた。

（13） Harold Aaron, *Good Health and Bad Medicine*（New York: Robert McBride, 1940）, p. viii.

（14） 最初の引用は、Joan Cook, "Harried Shoppers Rely on a Research Group," *NYT*, 30 Nov. 1959, 25, 以下に掲載してある。Glickman, *Buying Power*, p. 258. Remaining quotations from *Consumer Reports, Medicine Show*, p. 3. その巻には「口臭についての誤謬」（第 27 章）や「ふけ、シャンプー、禿げ」（第 28 章）に関する医療化とマーケティングに対する多くの批評が収められている。特別な消費材の宣伝の文化的歴史については、Roland Marchand, *Advertising the American Dream: Making Way for Modernity, 1900-1940*（Berkeley: University of California Press, 1986）を参照。

（15） *Consumer Reports, Medicine Show*, p. 181. 以下にも引用されている。Tomes, "Great American Medicine Show Revisited," p. 651.

（16） Jeremy Greene and David Herzberg, "Hidden in Plain Sight: The Popular Promotion of Prescription Drugs in the 20th Century," *American Journal of Public Health* 100, no. 5（2010）: 793-803; 以下も参照。David Herzberg, *Happy Pills in America from Miltown to Prozac*

(Baltimore: Johns Hopkins University Press, 2010).

(17) 1961年には、ジェネリック医薬品あるいはジェネリックメーカーはまだ生まれていなかったが、一般《ジェネリック》名で医薬品を購入することで可能になるコスト削減が注目されていたことに留意。*Consumer Reports, Medicine Show*, p. 221.

(18) 1963年版は次のように警告した。「医師が一般名で処方しても、特許で保護された薬の価格は、特許権者によって固定されているので、消費者はそれを安く買うことはできない」。*Consumer Reports, The Medicine Show: Some Plain Truths about Popular Remedies for Common Ailments*, 2nd ed. (New York: Simon & Schuster, 1963), p. 195.

(19) Byrd, Cong. Rec., April 26, 1967, p. 10894.

(20) Statement of Durward Hall, "A Bad Prescription for Drugs," Cong. Rec., 9 August 1967, p. 21980; "Has Drug Industry Met Its Nader?," *BusinessWeek*, 10 June 1967, pp. 104–110. 他のすぐれたレビューは、Carl M. Cobb, "How to Save Money ... when Buying Drugs," *Boston Globe*, 25 April 1967, A1; "Get Well Cheaper the Hard-Name Way," *New Republic*, 6 May 1967, p. 7を参照。

(21) Interview with Richard Burack, NTT, 8 May 1967.「患者（囚われの身の消費者）には自分が支払うサービスが何であるかを知る権利がある」。Richard Burack, *Handbook of Prescription Drugs*, 1st ed. (New York: Pantheon Books, 1967), p. 33.

(22) 1964年になって初めてAMAの医薬品協議会が薬の内容を消費者に表示するよう勧告したが、多くの場合、これらの勧告は1970年代まで州法に記載されなかった。*JAMA* (Journal of American Medical Association) に掲載された、同協議会の医薬品についての提案を含む論説は、アヘン剤とバルビツール酸系催眠薬は、患者に名前を知らせるべきではなく、内科医は皆、「服用している薬が何であるかを知らないほうがよい患者もいること」を知っていたと指摘した。J. H. Hoch, "Labeling Prescriptions with Names of Ingredients," *Journal of the South Carolina Medical Association* 60 (1964): 231–32, quotation p. 232.

(23) Burack, *Handbook of Prescription Drugs*, p. 7, 強調は著者。1970年に第2版が刊行されたときにはまだ、投薬瓶への一般名（あるいはどんな医薬品名も）の表示を求める全国的な動きはなかった。

(24) ケンブリッジ病院でビュラックの主任だったGeorge Nicholsが初版の序文で紹介したように、「本書の医薬品リストは、疑わしいほど短いが、多くの目的を果たせるであろう。医学生にとっては、臨床薬理学の知識を構築する土台となり、臨床の医師にとっては、よりシンプルでより有効な治療のための、待望されていた指針を提供となる。患者には、医師が何をしようとしているかを教えてくれる。最後に、コストについての情報を提供し、加速する一方の医療ケアコストの増大を終わらせたいと思うすべての人に、コストをコントロールする方法を教えてくれる」。Burack, *Handbook of Prescription Drugs*, pp. xiii-xiv.

(25) 「わたしがジェネリックに相当する医薬品を用いて治療してきた患者の中に、予想外の作用を経験した者はいない。また有効性に関して、ジェネリックとブランド薬の間に違いは認められず、ジェネリックが予期しない副作用を生じさせやすいという兆候もなかった」。Burack, *Handbook of Prescription Drugs*, p. 72.

(26) Wesley R. Wells to John R. Graham, 17 May, 1968, f "Consumer Response," RBP.

(27) CU, review of *The Handbook of Prescription Drugs*, by Richard Burack, *Consumer Reports*, January 1968, pp. 47–48.

(28) Ibid., p. 418.

(29) Ibid., pp. 47–48.

(30) Alfred Gillman to Sen. Gaylord Nelson, 11 July 1967, in *The New Handbook of Prescription Drugs*, by Richard Burack (New York: Pantheon Books, 1970), p. 63. ネルソンの側近であるベン・ゴードンは後に、次のようにビュラックに書き送った。

> わたしたちは時機を見て、ギルマンに対処するつもりです。一方、わたしたちは成果を挙げています。スクイブ社を徹底的に叩きのめし、多数の文書を記録しました。それはあなたを驚かせ、またあなたの役に立つものです。前にお話ししたでしょうか、わたしはギルマンに電話しました。彼は、ステットラーから手紙を書くよう求められ、上院議員の名前を挙げたことなどを認めました。また、自分が3つの会社のコンサルタントであり、報酬を得ているとも語りました。わたしは彼に、それらについて小委員会で証言してもらうことになる、と告げました。彼は躊躇しましたが、納得したようです。わたしは彼に、2、3ヶ月のうちに、小委員会は開かれるだろうと伝えました。また、彼の言う「合法的な特許侵害」の意味についても尋ねました。こちらは彼の弱みを握っています。時機を見て締め上げるつもりですから、焦らず冷静でいてください。

Ben Gordon to Richard Burack, 26 October, 1967, RBP.

(31) "Book Club Selection Boosts Generic Drugs," *Drug News Weekly*, 13 March 1967, clipping found in f 5, News Clippings & Letters about the "Handbook," RBP.

(32) 第4版も売上は好調で、最初の数ヶ月で25万部近くを売った。Phyllis Benjamin to Richard Burack, 12 January 1977, f 4, "Handbook Rx Drugs," RBP.

(33) Richard Burack and Fred J. Fox, *New Handbook of Prescription Drugs* (New York: Ballantine, 1976), quotations pp. xviii, xx-xxi, respectively.

(34) Ibid., p. xxi, 強調は著者。

(35) Jeremy Greene and Scott Podolsky, "Keeping Modern in Medicine: Pharmaceutical Promotion and Physician Education in Postwar America," *Bulletin of the History of Medicine* 83, no. 2 (2009): 331–77.

(36) Testimony of Mildred Brady, *Administered Prices*, vol. 21, p. 11536.

(37) Chauncy Leake, *Administered Prices*, part 18, p. 10430, 以下に引用されている。Greene and Podolsky, "Keeping Modern in Medicine."

(38) Paul Rand Dixon, *Administered Prices*, part 14, p. 8144, 以下に引用されている。Greene

and Podolsky, "Keeping Modern in Medicine."

(39) "The Fond du Lac Study," in United States Senate, Select Committee on Small Business, Subcommittee on Monopoly, *DIAA*, part 1, 1961, pp. 698–806, quotation p. 700. それに続く観察研究では、この「アメリカ医療のステレオタイプと個々の医師の人間としての認知力の限界との小さからぬ隔たり」に目を留めることになる。以下を参照。Robert R. Rehder, "Communication and Opinion Formation in a Medical Community: The Significance of the Detail Man," *Journal of the Academy of Management* 8 (1965): 282–89, 以下に引用されている。Greene and Podolsky, "Keeping Modern in Medicine."

(40) Institute for Motivational Research, *Research Study on Pharmaceutical Advertising* (Croton-on-Hudson, NY: Pharmaceutical Advertising Club, 1955), p. 39, 以下に引用されている。Greene and Podolsky, "Keeping Modern in Medicine."

(41) Statement of Seymour Blackman, executive secretary of Premo Pharmaceutical Laboratories, *Administered Prices*, vol. 18, p. 8241.

(42) E.g., Morton Mintz, *The Therapeutic Nightmare*, 5th ed. (New York: Houghton Mifflin: 1965).

(43) James Long, *Essential Guide to Prescription Drugs* (New York: Harper and Row, 1977), p. xiii.

(44) Ibid., p. xi.

(45) Ibid., p. xiv. 現在第 15 版となった *Pill Book* についてさらなる情報は、以下を参照。Lewis Grossman, "FDA and the Rise of the Empowered Consumer" (paper presented at the "FDA in the Twenty-First Century," Petrie Flom Center, Cambridge, MA, 3–4 May 2013).

(46) M. Laurence Lieberman, *The Essential Guide to Generic Drugs* (Harper & Row, 1986). リーバーマンはニューヨーク・タイムズ紙の論説で次のように結論づけた。「ジェネリックとブランド名医薬品の価値を総括するのは難しい」。M. Laurence Lieberman, "Elusive Equivalence," *NYT*, 17 December 1985, A26.

(47) Lieberman, *The Essential Guide to Generic Drugs*, p. 154, 強調は原著者。以下も参照。p. 126 on dicyclomine.

(48) Ibid., p. 141.

(49) *Consumer Reports, New Medicine Show*, p. 264.

第十一章

エピグラフ："Generic Groceries: Cheaper, but What's in Them?," *Changing Times* 32, no. 12 (1978): 36–39, quotation pp. 36–37.

(1) Ibid.

(2) 例えば以下を参照。Sergio Sismondo, "Ghosts in the Machine: Publication Planning in the Medical Sciences," *Social Studies of Science* 39 (2009): 949–52; Kalman Applebaum, "Getting to

Yes: Corporate Power and the Creation of a Psychopharmaceutical Blockbuster," *Culture, Medicine and Psychiatry* 33 (2009): 185-21. Robert Proctor, *Golden Holocaust: Origins of the Cigarette Catastrophe and the Case for Abolition* (Berkeley: University of California Press, 2012); Marion Nestle, *Food Politics: How the Food Industry Influences Nutrition and Health* (Berkeley: University of California Press, 2002).

(3) Estelle Brodman, "The Physician As Consumer of Medical Literature," *Bulletin of the New York Academy of Medicine* 61, no. 3 (1985): 266-74, quotation p. 272. 一連の研究により、医師(およびその妻)は「不必要な」虫垂切除や子宮摘出をする可能性が一般市民よりはるかに高いことが判明した。John P. Bunker and Byorn William Brown Jr., "The Physician-Patient As an Informed Consumer of Surgical Services," *NEJM* 290, no. 19 (1974): 1051-55.

(4) Nancy Tomes, "The Great American Medicine Show Revisited," *Bulletin of the History of Medicine* 79, no. 4 (2005): 627-63, p. 634; 処方箋の医師と患者を結びつける役割については以下を参照。Jeremy Greene and Elizabeth Watkins, eds., *Prescribed: Writing, Filling, Using, and Abusing the Prescription in Modern America* (Baltimore: Johns Hopkins University Press, 2012).

(5) 消費者歴史学者 Lawrence Glickman が指摘したように、「『消費者主義』という言葉は 1920 年代に生まれたが、1960 年代に再度作られた。作ったのは、消費者運動支持者ではなく、消費者運動に対抗するビジネス界の人々だった。彼らは、主たる敵である現代リベラリズムの下に消費者主義を位置づけ、軽視しようとした」。Lawrence Glickman, *Buying Power: A History of Consumer Activism in America* (Chicago: University of Chicago Press: 2009), p. 16. 上院商業委員会委員長(後に FTC 会長)、Michael Pertschik は、1969 年 4 月に、連邦政府における消費者主義は「リンドン・ジョンソン政権下より、ニクソン政権下でさらに栄えるだろう」と予測した。Weinberger quotation from *FDCR*, 19 January 1970, p. T&G5. 以下も参照。*FDCR*, 7 April 1969, p. 6; *FDCR*, 20 October 1969, pp. 11-12.

(6) *FDCR*, 20 October 1969, p. 12, 強調は著者。

(7) *FDCR*, 2 November 1970, p. 5.

(8) *FDCR*, 18 May 1970, p. 7; *FDCR*, 23 Nov 1970, p. 11; *FDCR*, 14 Dec 1970, p. 4. 保守系グループや自由市場支持者は、美辞麗句を並べて、消費者を消費者保護活動家から引き離そうとした。Glickman, *Buying Power*, 特に pp. 277-95 を参照。

(9) "Medical Consumerism," *Archives of Internal Medicine* 128 (1971): 469-71, quotation pp. 469-70.

(10) *FDCR*, 4 Oct 1971, p. 15.

(11) *FDCR*, 15 April 1974, p. A-1; *FDCR*, 26 April 1971, p. 25.

(12) Edward G. Feldmann to William S. Apple, 27 August 1975, "Correspondence in Favor of Substitution," box 18.11, f 33.46.1.1, APhAA.

(13) Minutes, Drug Research Board, exploratory meeting on anti-substitution problems in drugs,

21 June 1974, box 5, f 9, NYSGDIF, p. 8.

(14) William C. Cray, *The Pharmaceutical Manufacturers Association: The First 30 Years* (Washington, DC: Pharmaceutical Manufacturers Association, 1989), p. 221.

(15) Dominique Tobbell, *Pills, Policy, and Policy: The Struggle for Drug Reform in Cold War America*, Milbank Series on Health and the Public (Berkeley: University of California Press, 2012), 以下も参照。Tobbell, "Eroding the Physicians Control over Therapy," 以下に収められている。Greene and Watkins, *Prescribed*, pp. 66–90.

(16) Robert C. Drizen, "*Oksenholt v. Lederle Laboratories*: The Physician As Consumer," *Northwestern University Law Review* 79, no. 1 (1984): 460–83, quotation p. 470. オクセンフルトに対する判決が後の医療機器をめぐる裁判に及ぼした影響については以下を参照。Phelps v. Sherwood Medical Industries, 836 F.2d 296 (7th Cir. 1987), http://law.justia.com/cases/federal/appellate-courts/F2/836/296/420080/.

(17) *FDCR*, 15 February 1971, p. T&G6. 以下も参照。*FDCR*, 15 March 1971, p. 6; *FDCR*, 11 June 1973, p. 12.

(18) Nelson Rockefeller quotation from *FDCR*, 15 March 1971, p. 6; 以下も参照。*FDCR*, 15 February 1971, p. T&G6.

(19) *FDCR*, 21 January 1974, p. T&G1. 1 年前に、消費者に医薬品の価格を宣伝したという理由で APhA がレブコ社の薬剤師免許取り消しを検討したとき、司法省は APhA に対して、反トラスト法違反で起訴すると警告した。*FDCR*, 1 January 1973, p. 15.

(20) *FDCR*, 7 February 1977, p. T&G2.

(21) Ibid. ジャイアント社はそれまでの 2 年間で、独自の品質管理研究所を設立し、公的基準を満たすべく、全ジェネリック製品のクロマトグラフィー、粉末化、溶出の試験を行う用意を整えた。

(22) Ibid.

(23) *FDCR*, 14 February 1977, p. A–1 は次のように続く。「当局は民間部門のこのイノベーションを支援し、それが競争を促進し消費者を教育することによってヘルスケアコストの削減に役立つことを確信している」。以下も参照。*FDCR*, 7 February 1977, pp. T&G2–3; *Wood-Gundy Progress Report*, 7 April 1977, box 7, f 24, NYSGDIF.

(24) Fantle quotations from *FDCR*, 7 February 1977, p. T&G3; *FDCR*, 14 February 1977, p. A–1. ジャイアント社が 1970 年代に作成したジェネリックリストは、ウォルマートが 21 世紀に作成した 4 ドルで買えるジェネリックのリストに反映されている。Niteesh K. Choudhry and William H. Shrank, "Four-Dollar Generics — Increased Accessibility, Impaired Quality Assurance," *NEJM* 363, no. 20 (2010): 1885–87.

(25) ステットラーは、混乱を避けるためにも薬局チェーンに医薬品メーカーの開示を求めた。Quotation from *FDCR*, 21 February 1977; *Wood-Gundy Progress Report*, quotation p. 4.

(26) Barrie G. James, *The Marketing of Generic Drugs: A Guide to Counterstrategies for the Technology Intensive Pharmaceutical Companies* (London: Associated Business Press, 1980), p. 1.

大戦後のマーケティングと市場研究における segmentation（分離化）の人気については以下を参照。Lizabeth Cohen, *The Politics of Mass Consumption in Postwar America*（New York: Vintage, 2003）, ch. 7.

(27) Lester A. Neidell, Louis E. Boone, and James W. Cagley, "Consumer Responses to Generic Products," *Journal of the Academy of Marketing Science* 12, no. 4（1985）: 161–76, quotation p. 162; D. Cudabeck, "French Chain's Unbranded Products — Loved by Consumers, Hated by Admen," *Advertising Age*, June 28, 1976; C. G. Burck, "Plain Labels Challenge the Supermarket Establishments," *Fortune*, 26 March 1979, pp. 70–76.

(28) Robert O. Aders and Roger L. Jenkins, "Outlook for the Retail Food Industry," *Survey of Business* 16（1980）: 23–26, 以下に引用。Martha R. McEnally and Jon M. Hawes, "The Market for Generic Brand Grocery Products: A Review and Extension," *Journal of Marketing* 48（1984）: 75–83, p. 75. 1982 年までに 400 件以上の記事（大半は業界誌）がジェネリック食品のマーケティングについて論じた。McEnally と Hawes が主張したように、1984 年までにジェネリック食品の導入とそれに続くマーケティングは、マーケティング思考と実践に重要かつ持続する印象を残した。以下も参照のこと。Neidell et al., "Consumer Responses to Generic Products."

(29) *FDCR*, 5 March 1979, p. T&G5.

(30) J. Barry Mason and William O. Bearden, "Generic Drugs: Consumer, Pharmacist, and Physician Perceptions of the Issue," *Journal of Consumer Affairs*14, no. 1（1980）: 193–205, quotation p. 194. 以下も参照。*What Is a Generic Drug?*（Montpelier, VT: Vermont Public Interest Research Group, 1969）, box 4, f 5, NYSGDIF; "Patents on 117 of Top 200 Rx Items to Lapse by '84," *American Drug Merchandising* 167（1973）: 19.

(31) Neidell et al., "Consumer Responses to Generic Products," p. 174. Other studies include A. J. Faria, "Generics, the New Marketing Revolution," *Akron Business and Economic Review*, Winter 1979, pp. 33–38; P. E. Murphy and G. R. Laczniak, "Generic Supermarket Items: A Product and Consumer Analysis," *Journal of Retailing*, Summer 1979, pp. 3–14; J. Zbniewski and W. H. Heller, "Rich Shopper, Poor Shopper, They're All Trying Generics," *Progressive Grocer*, March 1979, pp. 92–106. 1984 年に、ジェネリック消費者の人口統計学的特徴を調べたそれまでの調査を総覧した結果、ジェネリック消費者は主に、若者や高齢者より中年、小家族より大家族出身の、中間所得層（低所得でも高所得でもなく）で、教育レベルが高いという結果が出た。McEnally and Hawes, "Market for Generic Brand Grocery Products."

(32) McEnally and Hawes, "Market for Generic Brand Grocery Products," p. 75.

(33) Harold Hopkins, "Food Marketing without Frills," *FDA Consumer* 12, no. 9（1978）: 6–9, p. 8.

(34) "Generic Groceries," pp. 36–37.

(35) C. G. Burck, "Plain Labels Challenge the Supermarket Establishments," *Fortune*, 26 March 1979, pp. 70–76.

(36) Hopkins, "Food Marketing without Frills," p. 8. 以下も参照。McEnally and Haws, "Market for Generic Brand Grocery Products," p. 75.

(37) "Generic Groceries," p. 37. 以下も参照。Isadore Barmash, "Inflation Puts the Squeeze on Supermarkets, Too," *NYT*, 4 June 1978, pp. Fl and F9. On the broader problem of "imitation food," 以下も参照。Suzanne White Junod, "Chemistry and Controversy: Regulating the Use of Chemicals in Foods, 1883-1959" (PhD diss., Emory University, 1994).

(38) ジャイアント・フード社を離れて公職に戻り、ジミー・カーター政権で消費者庁の特別顧問になったエスター・ピーターソンは、ジェネリック品の人気は「経費のかかる過剰サービスを避けたいという人々の強い思い」から生じたと示唆した。"Generic Groceries," p. 38.

(39) Hopkins, "Food Marketing without Frills," pp. 6-7.

(40) *Food & Drug Letter* 59 (1978): 4.

(41) Hopkins, "Food Marketing without Frills," pp. 6-7.

(42) *FDCR*, January 7 1985, quotation p. 9.

(43) 1986年、大手ジェネリックメーカーのLederleは、近年の「教養ある消費者」がジェネリック製品の品質に対してどのような姿勢でいるかを調べるために、世論調査会社、Hill & Knowlton及びGallup polling corporationと契約した。*FDCR*, 18 December 1989, p. TG13. 1990年代の反グローバリゼーション政治とつながった「ノー・ロゴ」運動は、ジェネリック消費者主義が復活した理由について、一つの可能性を示唆する。Naomi Klein, *No Logo: No Space, No Choice, No Jobs* (New York: Picador, 2000).

(44) Kenneth J. Arrow, "Uncertainty and the Welfare Economics of Health Care," *American Economic Review* 53, no. 2 (1963): 1-9; William D. Savedoff, "Kenneth Arrow and the Birth of Health Economics," *Bulletin of the World Health Organization* 82, no. 2 (2004): 139-40; Peter Temin, *Taking Your Medicine: Drug Regulation in the United States* (Cambridge: Harvard University Press, 1980); Paul Starr, *The Social Transformation of American Medicine* (New York: Basic Books, 1983).

第十二章

エピグラフ：Statement of Walter Modell, *DIAA*, v. 1, p. 320.

(1) Joshua Gagne and Niteesh Choudhry, "How Many Me-Too Drugs Is Too Many?," *JAMA* 305, no. 7 (2011): 711-12; P. C. Austin, M. M. Mamdani, and D. N. Juurlink, "How Many "Me-Too" Drugs Are Enough? The Case of Physician Preferences for Specific Statins," *Annals of Pharmacotherapy* 40, no. 6 (June 2006): 1047-51.

(2) ことを複雑にしているのは、1960年代と70年代、さらには80年代になっても、多くの当事者が、ジェネリックメーカーが作った化学的に同一なジェネリック薬を「模倣薬（me-too drug）」と呼んだことだ。「模倣（me-too）というフレーズは」NAS-NRC

DESの1968年の報告書で「すでに使われている。同一のあるいは類似の製品を、一社以上の先駆的なメーカーがFDAの手続を製造販売していることに基づいて［…］市販された医薬品」である。*FDCR*, 5 February 1968, p. 12.

（3） United States Task Force on Prescription Drugs, *The Drug Makers*（Washington, DC: Government Printing Office, 1968）, p21, 強調は著者。

（4） Edith A. Nutescu, Hayley Y. Park, Surrey M. Walton, Juan C. Blackburn, Jamie M. Finley, Richard K. Lewis, and Glen T. Schumock, "Factors That Influence Prescribing within a Therapeutic Drug Class," *Journal of Evaluation in Clinical Practice* 119, no. 4（2005）: 357–65.

（5） Marcia Angell, "Excess in the Pharmaceutical Industry," *Canadian Medical Association Journal* 171, no. 12（2004）: 1451; Marcia Angell, *The Truth about the Drug Companies: How They Deceive Us and What to Do about It*（New York: Random House, 2004）; "New Drugs, Big Dollars," *Consumer Reports*, November 2007, www.consumerreports.org/health/doctors-hospitals/medical-ripoffs/new-drugs-big-dollars/medical-ripoffs-ov3_l.htm. より最近の模倣薬についての批評、特に、革新的な研究と新たに生まれた比較有効性研究の観点からの批評は以下を参照。J. DiMasi and C. Paquette, "The Economics of Follow-on Drug Research and Development Trends in Entry Rates and the Timing of Development," supplement, *PharmacoEconomics* 22（2004）: 1–14; B. Pekarsky, "Should Financial Incentives Be Used to Differentially Reward 'Me-Too' and Innovative Drugs?," *PharmacoEconomics* 28, no. 1（2010）: 1–17; F. M. Clement, A. Harris, J. J. Li, K. Yong, K. M. Lee, and B. J. Manns, "Using Effectiveness and Cost-Effectiveness to Make Drug Coverage Decisions: A Comparison of Britain, Australia, and Canada," *JAMA* 302, no. 13（7 October 2009）: 1437–43.

（6） Estes Kefauver, introduction to *DIAA*, vol. 1, p. 29. キーフォーヴァーは模倣薬という用語を考案したわけでもなければ、最初に医薬品の世界に持ち込んだわけでもなかった（この用語の初期の使用については以下を参照。Arthur A. Cottew, "Mycolysine," *Medical World*, 28, no. 6（1910）: 262）。しかし、S.1552公聴会は、それまでに専門誌に限定されていたこの問題を、一般大衆の面前や政治の場にさらした。

（7） Statement of Estes Kefauver, *DIAA*, vol. 1, p. 29.

（8） Statement of Louis Lasagna, *DIAA*, vol. 1, quotation p. 302; Statement of Walter Modell, *DIAA*, vol. 1, quotation p. 320. 医師が獰猛な製薬マーケティングの餌食になっているという懸念が、1870年代からあったことに留意。Joseph M. Gabriel, "Restricting the Sale of 'Deadly Poisons': Drug Regulation and Narratives of Suffering in the Gilded Age," *Journal of the Gilded Age and Progressive Era* 9, no. 3（2010）: 145–69.

（9） 時として、そのような分子操作は、治療効果を変えなかったとしても、安全性や副作用が異なる薬をもたらしうることを、モーデルは認識していた。「状況に応じてではあるが、そのような場合、分子操作から生まれた薬が第一選択薬になる可能性がある」。Statement of Walter Modell, *DIAA*, vol. 1, quotation p. 321. Statement of Louis Goodman, *DIAA*, vol. 1, quotation p. 219.

(10) Statement of Louis Goodman, *DIAA*, vol. 1, quotations pp. 221–22. グッドマンは集団間の差異について詳しく述べた。

(既存の薬と)同種の化合物が、ごく少数の患者だけに効果がある場合、それは審査を通っただろうか。例を挙げよう。トリメタジオンは、癲癇を持つ子どもにきわめてよく効く抗けいれん薬だ。1940年代半ばにその薬が市場に出た直後、化学組成が非常によく似た薬、パラメタジオンが発表された。トリメタジオンのメチル基がエチル基に換わっただけだ。この二つの薬は作用、使用法、毒性に関してほぼ同一だった。パラメタジオンは特許を認められたが、現在提案されている法律が当時もあったら、認められたかどうかは疑わしい。もし認められず、メーカーがパラメタジオンの市販をあきらめていたら、医療専門職と、癲癇を持つ数百人の子どもたちは、きわめて有益な薬を失うことになっていただろう。理由はよくわからないが、トリメタジオンが効かない患者に、パラメタジオンが効く場合があるのだ。また、トリメタジオンに対して重篤な毒性反応を示すものの、パラメタジオンには耐性を持つ人もいる。

(11) Statement of Vannevar Bush, *DIAA*, vol. 4, quotation p. 2202.

(12) Statement of John Christian Krantz, *DIAA*, vol. 4, p. 2370.「薬で患者を治療するのは、高度に個人的な作業である」。クランツは詳述した。「薬は患者ひとりひとりに合わせなければならない。効果を最大にし、予想外の副作用は最小にしなければならない。わたしの胃腸痛はアトロピンで和らいでも、あなたには効かないかもしれない。分子操作によって、メチルホプマトロピンが生じる。これはあなたにとって理想的な薬かもしれない。そうであれば、あなたはそれを使うべきだ。他にも多くの抗コリン作用薬(副交感神経抑制薬)が、あなたの生化学的個性に対して使用されるべきであり、使用できる」。

(13) John C. Krantz, ed., *Fighting Disease with Drugs: The Story of Pharmacy, a Symposium* (Baltimore: Williams & Wilkins, 1931); John C. Krantz, *Recollections: A Medical Scientist Remembers* (Baltimore: Schneidereth & Sons, 1978).

(14) Statement of William Apple, *DIAA*, vol. 5, quotation p. 2760; Statement of Abraham Ribicoff, *DIAA*, vol. 5, quotation p. 2581; Statement of Eugene Beesley, *DIAA*, vol. 4, quotation p. 2003. 以下も参照。G. F. Roll, "Molecular Modification: A Classic Research Method," 17 July 1961; John Blair to E. Winslow Turner, "Patent and Antitrust Part of Drug Hearings," box 6, f "Patent hearings: memoranda, etc., Aug 1961," SOAM.

(15) Statement of Estes Kefauver, *DIAA*, vol. 4, p. 2317. キーフォーヴァーは、「第二次世界大戦直前にアメリカの鉄鋼業界が示して以来、最もすぐれた、業界によるプレゼンテーションだ」とPMAを称賛し、PMAがS.1552の多数の規定(製品の有効性についての申し立てを行う権限をFDAに付与すること、FDAの検査力を拡大すること、製品に使用可能な一般名をつける権限をHEWに付与すること)に同意したことに言及した。

(16) *FDCR*, 16 October 1967, quotation p. 7.

(17) *FDCR*, 3 March 1969, p. 11.

(18) *FDCR*, 1 September 1969, quotation p. 12; *FDCR*, 31 March 1969, quotation p. 8.

(19) Testimony of Walter Modell, *Competitive Problems*, vol. 1, pp. 295–96.

(20) Statement of Leonard Scheele, *Competitive Problems*, vol. 6, p. 2291.

(21) Benoit Majerus, "Magic Bullet to the Head?," in *Histories of the Therapeutic Revolution*, ed. Jeremy Greene, Elizabeth Watkins, and Flurin Condreau (forthcoming).

(22) 「言うまでもなく根本的な問題は、元の薬より特にすぐれているわけではないコピー薬でも、強力に宣伝すれば、市場での流通が可能であり、実際、流通していることです」。Richard Burack to Robert E. Jones, 21 February 1968, f "Consumer Response," RBP.

(23) *FDCR*, 30 July l973, p. 7.

(24) *FDCR*, 9 July 1979, p. T&G4.

(25) *FDCR*, 4 August 1969, p. 10.

(26) Hans G. Engel, "Is There a Place for Me Too Drugs?," *Private Practice*, October 1976, pp. D1–D2, quotation p. Dl.

(27) 臨床薬剤師だった Frank Ascinoe は、治療上の互換性という概念は、病院、管理医療団体、第三者である支払者がコストを削減するために重ねた「ジェネリックを選択する以上の」努力に起因すると考えている。Frank J. Ascinoe, Duane M. Kirking, Caroline A. Gaither, and Lynda S. Welage, "Historical Overview of Generic Medication Policy," *JAPhA* (2001): 567–77.

(28) Paul L. Doering, William C. McCormick, Deborah L. Klapp, and Wayne L. Russell, "Therapeutic Substitution and the Hospital Formulary System," *American Journal of Hospital Pharmacy* 38 (1981): 1949–51, quotation pp. 1949–50.

(29) E. P. Abraham, "A Glimpse at the Early History of the Cephalosporins," *Reviews of Infectious Diseases* 1, no. 1 (1979): 99–105, quotation p. 105; J. M. T. Hamilton-Miller and W. Brumfitt, "Whither the Cephalosporins?," *Journal of Infectious Diseases* 130, no. 1 (1974): 81–84; Walter Sneader, *Drug Prototypes and Their Exploitation* (New York: John Wiley & Sons, 1996), p. 388.

(30) Sneader, *Drug Prototypes and Their Exploitation*, p. 388.

(31) T. H. Maugh, "A New Wave of Antibiotics Builds," *Science* 214, no. 4526 (1981): 1225–28; Michael W. Noel and James Paxinos, "Cephalosporins: Use Review and Cost Analysis," *American Journal of Hospital Pharmacy* 35 (1978): 933–35; P. N. Johnson and L. P. Jeffrey, "Restricted Cephalosporin Use in Teaching Hospitals," *American Journal of Hospital Pharmacy* 38, no. 4 (1981): 513–17.

(32) P. L. Doering, W. C. McCormick, D. K. Klapp, and W. L. Russell, "State Regulatory Positions concerning Therapeutic Substitution in Hospitals," *American Journal of Hospital Pharmacy* 38 (1981): 1900–1903; Paul L. Doering, Deborah L. Klapp, William C. McCormick, and Wayne L. Russell, "Therapeutic Substitution Practices in Short-Term Hospitals," *American*

Journal of Hospital Pharmacy 39 (1982): 1028–32. William W. McCloskey, Philip N. Johnson, and Louis P. Jeffrey, "Cephalosporin-Use Restrictions in Teaching Hospitals," *American Journal of Hospital Pharmacy* 41 (1984): 2359–52; Norman T. Suzuki and William B. Breuninger, "Automatic Interchange Policy for Cefotetan and Cefoxitin," *American Journal of Hospital Pharmacy* 45 (1988): 1864; N. T. Suzuki, "Automatic Interchange Policy for First-Generation I.V. Cephalosporins," *American Journal of Hospital Pharmacy* 44 (1987): 505. 以下も参照。Richard Segal, Lorelei L. Grines, and Dev S. Pahak, "Opinions of Pharmacy, Medicine, and Pharmaceutical Industry Leaders about Hypothetical Therapeutic-Interchange Legislation," *American Journal of Hospital Pharmacy* 45 (1988): 570–77.

(33) Paul L. Doering, Wayne L. Russell, Deborah L. Klapp, and William C. McCormick, Therapeutic Substitution: Has Its Time Arrived?, *Hospital Formulary* 19 (1984): 36–40, quotation p. 38.

(34) Harry Schwartz, "American Substitution Scene: Bitter Turf Battle," *Private Practice*, September 1982, pp. 54–60, quotation p. 60; *FDCR*, 16 December 1985, quotation p. 16.

(35) Schwartz, "American Substitution Scene," p. 60. 以下も参照。Julie Fairman, "The Right to Write," in *Prescribed: Writing, Filling, Using, and Abusing the Prescription in Modern America*, ed. Elizabeth Watkins and Jeremy Greene (Baltimore: Johns Hopkins University Press, 2012).

(36) Judith Nelson, "What Ever Happened to the Pharmacy Class of '47?" *Private Practice*, September 1982, pp. 61–66, quotation p. 66.

(37) *FDCR*, 14 April 1986, quotation p. 10. 1985年12月、代替調剤及び処方薬サンプル抽出について検討するためのAPhAとPMAの合同委員会は、その問題が薬局と業界の関係を脅かすことにならないよう、今後もそれについて対話を続けると発表した。*FDCR*, 16 December 1985, pp. 15–16. その問題は1985年、アイオワ州において州議会が代替調剤を認める法案を通したときに顕在化したが、知事はPMAのロビー活動を受けて、拒否権を発動した。1986年6月、APhAとPMAの合同委員会は「患者のために薬剤師と医師が連携しての代替調剤は適切であるが［…］薬剤師が医師に無断で行う代替調剤は適切でない」という控えめな声明を発表した。*FDCR*, 14 July 1986, p. TG6.

(38) *FDCR*, 14 December 1987, p. TG6.

(39) David S. Jones and Jeremy A. Greene, "The Contributions of Prevention and Treatment to the Decline in Cardiovascular Mortality: Lessons from a Forty-Year Debate," *Health Affairs* 31, no. 10 (2012): 2250–58.

(40) Brian B. Hoffman, *Adrenaline* (Cambridge, MA: Harvard University Press), 2013. Joseph Gabriel, *Medical Monopoly* (Chicago: University of Chicago Press, 2014).

(41) R. P. Ahlquist, "A Study of the Adrenotropic Receptors," *American Journal of Physics* 153 (1948): 586–600; Vivian Quirke, "Putting Theory into Practice: James Black, Receptor Theory, and the Development of Beta-Blockers at ICI, 1958–1978," *Medical History* 50, no. 1 (2006):

69–92; C. E. Powell and I. H. Slater, "Blocking of Inhibitory Adrenergic Receptors by a Dichloro Analog of Isoproterenol," *Journal of Pharmacology and Experimental Therapeutics* 122 (1958): 480–88; N. C. Moran and M. E. Perkins, "Adrenergic Blockade of the Mammalian Heart by a Dichloro Analogue of Isoproterenol," *Journal of Pharmacology and Experimental Therapeutics* 124 (1958): 223–37.

(42) β遮断薬の増加については以下を参照。Rein Vos, *Drugs Looking for Diseases: Innovative Drug Research and the Development of Beta Blockers and the Calcium Antagonists* (Dordrecht: Kluwer Academic, 1991); William H. Frishman, "Beta-Adrenoreceptor Antagonists: New Drugs and New Indications," *NEJM* 305, no. 9 (1981): 500–506.

(43) Frishman, "Beta-Adrenoreceptor Antagonists," p. 501.

(44) A. M. Lands, A. Arnold, J. P. McAuliff, F. P. Luduena, and T. G. Brown Jr., "Differentiation of Receptor Systems Activated by Sympathomimetic Amines," *Nature* 214 (1967): 597–98. BlackはSKFの他のプロジェクトでもきわめて詳細な研究を行い、ヒスタミン2（H2）受容体とヒスタミン1（H1）受容体の識別に成功した。それは、世界初のH2拮抗薬である、強力な抗潰瘍薬タガメット（シメチジン）の開発につながった。Quirke, "Putting Theory into Practice," pp. 88–90.

(45) William H. Frishman, "Clinical Differences between Beta-Adrenergic Blocking Agents: Implications for Therapeutic Substitution," *Journal of the American Heart Association*, May 1987, 1190–98, quotation p. 1190.

(46) Ibid.

(47) Richard A. Levy and Dorothy L. Smith, "Clinical Differences among Nonsteroidal Antiinflammatory Drugs: Implications for Therapeutic Substitution in Ambulatory Patients," *Annals of Pharmacotherapy* 23 (1989): 76–85. Richard A. Levy, "Clinical Aspects of Therapeutic Substitution," *PharmacoEconomics*, 1st ser., 1 (1992): 41–44.

(48) John G. Ballin, "Therapeutic Substitution Usurpation of the Physician's Prerogative," *JAMA* 257, no. 4 (1987): 528–29, quotation p. 528. Gerald J. Mossinghoff, "Opposition to Therapeutic Interchange," *American Journal of Hospital Pharmacy* 45 (1988): 1065. "State Chapters React to Drug Companies' Positions on Therapeutic Interchange," *American Journal of Hospital Pharmacy* 44 (1987): 2665, 2669.

(49) Donald C. McLeod, "Therapeutic Drug Interchange: The Battle Heats Up," *Drug Intelligence and Clinical Pharmacy* 22 (1988): 716–18, quotation p. 716.

(50) Ibid., p. 717.

(51) Adam Hedgecoe and Paul Martin, "The Drugs Don't Work: Expectations and the Shaping of Pharmacogenetics," *Social Studies of Science* 33, no. 3 (2003): 327–64.

(52) Darryl Rich, "Experience with a Two-Tiered Therapeutic Interchange Policy," *American Journal of Hospital Pharmacy* 46 (1989): 1792–98.

(53) A. Zoloth, J. L. Yon, and R. Woolf, "Effective Decision-Making in a Changing Healthcare

Environment: A P&T Committee Interview," *Hospital Formulary* 24, no. 2 (1989): 85-87, 90, 93, 96, 98, quotation p. 93.

(54) 1980年代半ばから末までに、ワシントン州とウィスコンシン州を含む多くの州が、代替調剤を推進するための法的根拠を探したが、代替調剤によるコスト削減を狙う民間保険会社は、より積極的に動いた。1980年代末、代替の新たな分野、管理医療処方集が現れたため、州が代替調剤を後押しするのは法的に難しくなった。だが、この分野における州の実行力は、州議会においても、また連邦レベルでも、たちまち壁に突き当たった。1980年代の終わりに、上院議員David Pryor(民主党、アリゾナ州選出)は、交換可能な薬剤分類についてコンセンサスを形成するために、全米P&T委員会を設立することを提唱した。Pryorが提起した「薬剤利用と慎重な購入法」は、薬学的に言うと、国が提供すべき最小限の「基本的な恩恵」の裁定を意図していたが、業界から強く反対された。1990年の包括的予算調整法の下、全国的なP&Tを目指すPryorの計画は、反発を招くことになるが、Pryorはメディケイドの払い戻しプログラムと引き換えにメディケイド処方集を禁止することでアメリカの大手製薬企業と合意に達していた。William J. Moore and Robert J. Newman, "Drug Formulary Restrictions as a Cost-Containment Policy in Medicaid Programs," *Journal of Law and Economics* 36, no. 1 (1992): 71-97; Bryan L. Wasler, Dennis Ross-Degnan, and Stephen B. Soumerai, "Do Open Formularies Increase Access to Clinically Useful Drugs?," *Health Affairs* 15, no. 3 (1996): 95-109.

第十三章

エピグラフ:Lawrence W. Abrams, "The Role of Pharmacy Benefit Managers in Formulary Design: Service Providers or Fiduciaries?," *Journal of Managed Care Pharmacy* 10, no. 4 (2004): 359-60.

(1) 管理医療構造に対するこれらの変化は、プログラムが急増した1980年代に、急速に起きた。1980年代の営利目的の管理医療の出現については以下を参照。Beatrix Hoffmann, *Health Care for Some: Rights and Rationing in the United States since 1930* (Chicago: University of Chicago Press, 2012). 1985年にはHMOに属する保険組織のうち営利目的のものは3分の1だけだったが、1年後には、非営利のものより営利目的のものの方が多くなり、1990年代の末になると、HMOは完全に営利目的のセクターになった。この段落は以下の分析に依拠する。Bradford H. Gray, "The Rise and Decline of the HMO: A Chapter in US Health Policy History," in *History and Health Policy: Putting the Past Back In*, ed. Rosemary A. Stevens, Charles E. Rosenberg, and Lawton R. Burns (New Brunswick: Rutgers University Press, 2006), pp. 309-37.

(2) William C. Cray, *The Pharmaceutical Manufacturers Association: The First 30 Years* (Washington, DC: PMA, 1989), p. 337.

(3) Gerald J. Mossinghoff, "Opposition to Therapeutic Interchange," *American Journal of Hospital*

Pharmacy 45 (1988): 1065.

(4) 管理医療に対する反発の重要な焦点のひとつは、「言論統制」(医師が患者と報奨/代替構造について話し合うのを禁止する) である。Thomas Bodenheimer, "The HMO Backlash-Righteous or Reactionary?," *NEJM* 335, no. 21 (1996): 1601-4; Robin Toner, "Rx Redux: Fevered Issue, Second Opinion," *NYT*, 10 October 1999.

(5) David S. Hilzenrath, "Art Imitates Life when It Comes to Frustration with HMOs," *Washington Post*, 10 February, 1998, p. C01; Nancy-Ann DeParle, "As Good As It Gets? The Future of Medicare+Choice," *Journal of Health Politics, Policy and Law* 27, no. 3 (2002): 495-512; National Health Policy Forum, *Managed Care: As Good As It Gets?* (site visit report, George Washington University, Washington, DC, January 8-11, 2002).

(6) 3 社とは、PCS Health Systems, Inc.、Merck-Medco Managed Care、Diversified Pharmaceutical Servicesである。Sheila R. Shulman, "Pharmacy Benefit Management Companies (PBMs): Why Should We Be Interested?", *Pharmaco Economics*, 1st ser., 14 (1998): 49-56.

(7) Robert F. Atlas, "Wrangling Prescription Drug Benefits: A Conversation with Express Scripts' Barrett Toan," *Health Affairs* W5 (2005): 191-98; James G. Dickinson, "Pharmacy Turmoil Follows Merck-Medco News," *Medical Marketing and Media* 28, no. 11 (1993): 66-68.

(8) 「精密な (分類の数が多い) 処方集は」と、彼は続けた。「ジェネリック代替と治療上の互換の可能性を制限する。そうして薬効のコストをつり上げるのだ」。Abrams, "The Role of Pharmacy Benefit Managers in Formulary Design: Service Providers or Fiduciaries?"

(9) Michael Gray, "PBMs: Can't Live with 'Em, Can't Live without 'Em," *Medical Marketing and Media* 30, no. 9 (1995): 48-52, quotation pp. 50-51.

(10) Ibid., p. 52.

(11) Shulman, "Pharmacy Benefit Management Companies"; 以下も参照。Fed. Reg. 236 (5 January 1998).

(12) Federal Trade Commission, "Merck Settles FTC Charges That Its Acquisition of Medco Could Cause Higher Prices and Reduced Quality for Prescription Drugs," 27 August 1998 (press release), www.ftc.gov/opa/1998/08/merck.htm.

(13) "PBMs Switch Brand Name Drugs for Deals," *Medical Marketing and Media* 36, no. 10 (2001): 18-29; Milt Freudenheim, "With Ties Lingering, Medco Leaves Merck," *NYT*, 20 August 2003, p. C2; Abrams, "The Role of Pharmacy Benefit Managers in Formulary Design," 359-60; Milt Freudenheim, "Documents Detail Big Payments by Drug Makers to Sway Sales," *NYT*, 13 March 2003, p. C1; Allison Dabbs Garrett and Robert Garis, "PBMs: Leveling the Playing Field," *Valparaiso University Law Review* 42, no. 1 (2007): 33-80. Mark Lowry, "Pharmacy Coalition Endorses PBM Reform Legislation," *Drug Topics*, 18 September 2013. http://drugtopics.modernmedicine.com/drug-topics/news/pharmacy-coalition-endorses-pbm-reform-legislation.

(14) この段落は、ダン・フォックスが提供する以下の分析に依拠する。*The Convergence*

of Science and Governance: Research, Health Policy, and American States (Berkeley: University of California Press, 2010), quotation p. 76; 以下も参照。Daniel M. Fox, "Evidence of Evidence-Based Health Policy: The Politics of Systematic Reviews in Coverage Decisions," *Health Affairs* 24, no. 1 (2005): 114-22; Reforming States Group, "State Initiatives on Prescription Drugs: Creating a More Functional Market," *Health Affairs* 22, no. 4 (2003): 128-36, quotation cited in Fox, *Convergence of Science and Governance*, p. 76; Michele Mello, David M. Studdert, and Troyen A. Brennan, "The Pharmaceutical Industry versus Medicaid-Limits on State Initiatives to Control Prescription-Drug Costs," NEJM 350, no. 6 (2004): 208-13.

(15) Jeremy A. Greene, "Swimming Upstream: Comparative Effectiveness Research in the US," *PharmacoEconomics* 27, no. 12 (2009): 979-82.

(16) 初期に利用された、根拠に基づく政策策定の系統的な評価については以下を参照。Andrew Oxman and Daniel Fox, eds., *Informing Judgment: Case Studies of Health Policy and Research in Six Countries* (New York: Milbank Memorial Fund, 2001).

(17) Fox, *Convergence of Science and Governance*, pp. 78-83; Robert Pear and James Dao, "States' Tactics Aim to Reduce Drug Spending," *NYT*, 21 November 2004.

(18) Fox, *Convergence of Science and Governance*, pp. 81-82.

(19) Mark Gibson, "Making the Best Use of Limited Resources for Drug Evaluations" (paper presented at a Cochrane Collaborative Colloquium, Sao Paolo, 26 October 2007), as cited in Fox, *Convergence of Science and Governance*, p. 88-89. "Major Black Groups Call OMB Medicaid Drug Plan Dangerous," *New Pittsburgh Courier*, 11 August 1990; Richard A. Levy, "Ethnic and Racial Differences in Responses to Medicines: Preserving Individualized Therapy in Managed Pharmaceutical Programmes," *Pharmaceutical Medicine* 7 (1993): 139-65, p. 139; Steven Epstein, *Inclusion: The Politics of Difference in Medical Research* (Chicago: University of Chicago Press, 2007), esp. pp. 71-73, 138; Adam Hedgecoe, *The Politics of Personalised Medicine: Pharmacogenetics in the Clinic* (Cambridge: Cambridge University Press, 2004); David S. Jones, "How Personalized Medicine Became Genetic, and Racial: Werner Kalow and the Formation of Pharmacogenetics," *Journal of the History of Medicine and Allied Sciences* 68, no. 1 (2013): 1-48.

(20) Valentine J. Burroughs, Randall W. Maxey, and Richard A Levy, "Racial and Ethnic Differences in Response to Medicines: Toward Individualized Pharmaceutical Treatment" *Journal of the National Medical Association* 94 (2002): 1-26, quotation p. 2; 以下も参照。George Curry, "Guarding against Generic Racism in Medicine," *Los Angeles Sentinel*, 3 October 2002; Valentine Burroughs, Randall Maxey, Lavera Crawley, and Richard Levy, *Cultural and Genetic Diversity in America: The Need for Individualized Pharmaceutical Treatment* (Washington, DC: NPC and NMA, 2004). アフリカ系米国人の医師グループによるジェネリック薬に対するより広範な懸念については以下を参照。Anne Pollock, *Medicating Race: Heart Disease and Durable Preoccupations with Difference* (Durham, NC: Duke University Press, 2012).

(21) 治療上の同等性に関する批判は、AMA（米国医師会）の他に、National Alliance of

Mental Illness（全国精神医学連盟）、American Psychiatric Association（アメリカ精神医学協会）といったメンタルヘルス関連団体から寄せられた。Tom Toolen, "States Misuse Evidence-Based Medicine," *Medical Herald*, April 2005, p. 1, as cited in Fox, *Convergence of Science and Governance*, pp. 92, 94.

（22） スミスクライン・ビーチャム社は、即座に全ての取引をやめるようメイン州の卸売業者たちを脅した。Carl J. Seiden, "Caution: Politics Ahead," *Medical Marketing and Media* 35, no. 10（2000）: 114–24. Shawna Lydon Woodward, "Will Price Control Legislation Satisfactorily Address the Issue of High Prescription Drug Prices? Several States Are Waiting in the Balance for *PhRMA v. Concannon" Seattle University Law Review* 26（2002）: 169–95. J. Robert Pear, "Justices Voice Skepticism on Taking Drug-Cost Case," NYT, 23 January 2003, A18; Bill Wechsler, "Maine Court Victory Major Setback for Pharma," *Pharmaceutical Executive* 23, no. 7（2003）: 20.

（23） 例えば、アイダホ州のメディケイドは、DERP（薬効評価計画）の抗けいれん薬に関するレビュー（肯定的な結果ばかりで、悪い結果は出なかった）が出てからの6カ月間で、経費を34万ドル削減した。Fox, *Convergence of Science and Governance*, pp. 102–3.

（24） Kalipso Chalkidou, Sean Tunis, Ruth Lopert, Lise Rochaix, Peter T. Sawicki, Mona Nasser, and Bertrand Xerri, "Comparative Effectiveness Research and Evidence-Based Health Policy: Experience from Four Countries," Milbank Quarterly 87, no. 2（2009）: 339–67. Andrew Oxman and Daniel Fox, eds., *Informing Judgment: Case Studies of Health Policy and Research in Six Countries*（New York: Milbank Memorial Fund, 2001）. Institute of Medicine, *Initial National Priorities for Comparative Effectiveness Research*（Washington, DC: National Academies Press, 2009）. Jerry Avorn, "Debate about Funding Comparative-Effectiveness Research," *NEJM* 360, no. 19（2009）: 1927–29; Gail R. Wilensky, "The Policies and Politics of Creating a Comparative Clinical Effectiveness Research Center"（online only）, *Health Affairs* 28 no. 4（2009）: w719–29.

（25） 冷戦の科学における論理と合理性への批判については以下を参照。Paul Erickson, Judy L. Kein, Lorraine Daston, Rebecca Lemov, Thomas Stern, and Michael D. Gordin, *How Reason Almost Lost Its Mind*（Chicago: University of Chicago Press, 2013）

第十四章

エピグラフ：IMS Health, *Brand Renewal: Maximizing Lifecycle Value in an Ever More Generic World*, 2007, www.imshealth.com/deployedfiles/ims/Global/Content/Solutions/Healthcare%20Measurement/Pharmaceutical%20Measurement/Brand_Renewal.pdf.

（1） IMS Health, *The Global Use of Medicines: Outlook through 2016*, 2012, www.imshealth.com/deployedfiles/ims/GIobal/Content/Insights/IMS%20Institute%20for%20Healthcare%20Informatics/Global%20Use%20of%20Meds%202011/Medicines_Outlook_Through_2016_

Report.pdf.

(2) IMS Health, *Brand Renewal.*

(3) Núria Homedes and Antonio Ugalde, "Multisource Drug Policies in Latin America," *Bulletin of the World Health Organization* 64 (2005): 66-67; On the historical relevance of counterfeit drug markets in sub-Saharan Africa; 以下も参照。Kristin Peterson, *Speculative Markets: Drug Circuits and Derivative Life in Nigeria* (Durham, NC: Duke University Press, 2014).

(4) メキシコ、ブラジル、アルゼンチンを含むラテンアメリカのジェネリック医薬品に関する比較民俗学については、以下を参照。Cori Hayden, "A Generic Solution? Pharmaceuticals and the Politics of the Similar in Mexico," *Current Anthropology* 48, no. 4 (2007): 475-95; and Hayden, "No Patent, No Generic: Pharmaceutical Access and the Politics of the Copy," in *Making and Unmaking Intellectual Property: Creative Production in Legal and Cultural Perspective*, ed. Mario Biagioli, Peter Jaszi, and Martha Woodmansee (Chicago: University of Chicago Press, 2011), pp. 285-304. インドのジェネリック医薬品の民俗学的記事については以下を参照。Stefan Ecks and Soumita Basu, "The Unlicensed Lives of Antidepressants in India: Generic Drugs, Unqualified Practitioners, and Floating Prescriptions," *Transcultural Psychiatry* 46, no. 1 (2009): 86-106; also Kaushik Sunder Rajan, "Pharmaceutical Crises and Questions of Value: Terrains and Logics of Global Therapeutic Politics," *South Atlantic Quarterly* 111, no. 2 (2012): 321-46. より一般的に発展途上国における技術移転の異種性については以下を参照。Sanjaya Lall, *Developing Countries as Exporters of Technology* (London: Macmillan, 1982).

(5) Halfdan Mahler, address to the Twenty-Eighth World Health Assembly, Geneva, 15 May 1975, A28/11, 1975, WHOA. 1970年の世界保健機関総会における植民地独立後の政策の変化については以下を参照。Nitsan Chorev, *The World Health Organization between North and South* (Ithaca, NY: Cornell University Press, 2012).

(6) この段落の一部は以下から翻案した。Jeremy A. Greene, "Making Medicines Essential: The Emergent Centrality of Pharmaceuticals in Global Health," *BioSocieties* 6, no. 1 (2011): 10-33.

(7) Daniel Azarnoff to Expert Committee on the Selection of Essential Drugs, 19 July 1977, E19 81 1, f 1, Geneva, CH, WHOA, p. 2.

(8) *SCRIP World Pharmaceutical News* 259 (1977): 23.

(9) S. Michael Peretz, "An Industry View of Restricted Drug Formularies," *Journal of Social and Administrative Pharmacy* 1, no. 3 (1983): 130-33.

(10) Egli to Mahler, untitled letter, 1 December 1977, E19 81 1, f 1, WHOA.

(11) Ibid.

(12) 1970年代に技術移転に疑問が投げかけられたことは、多国籍企業に対する、UNCTC (United Nations Commission on Transnational Corporations) といった国連機関を介した、広い層から成る批判を煽ったが、この領域における国連勧告の大半は、結局のところ、多国籍企業の協力に依存していた。以下を参照。UNCTC, *Transnational Corporations in the Pharmaceutical Industry of Developing Countries* (New York: United Nations, 1984). 以下を参照。the LCPFP 以下も参照。M. Stork, W. B. Wanandi, A. S. Arambulo, *Guidelines and Recommendations for the Establishment of a Low Cost Pharmaceutical Formulation Plant (LCPFP) in Developing Countries* (Geneva: WHO, 1980); Rosalyn King, *The Provision of Pharmaceuticals in Selected Primary Health Care Projects in Africa: Report of a Survey*, USAID, contract no. Afr/0135-C-1092, November 1981, p. 73, http://pdf.usaid.gov/pdf_docs/PNAAY435.pdf; "Drug Formulation in Developing Countries," *Bulletin of the World Health Organization* 59, no. 4 (1981): 531; Najmi Kanji et al., Drugs Policies in Developing Countries (London: Zed Books, 1992).

(13) Barrie G. James, *The Marketing of Generic Drugs: A Guide to Counterstrategies for the Technology-Intensive Pharmaceutical Companies* (London: Associated Business Press, 1980), p. 84. Servipharm AG は WHO の必須薬プログラムとは直接関係なかったが、「生産ラインは WHO の一般名医薬品選択に従い、ジェネリックの競争相手と価格で競り合う抗生物質、抗寄生虫薬、鎮痛剤が含まれている。チバ・ガイギー社は第3世界でブランドジェネリック市場へ参入する一方で、アメリカではブランド薬とジェネリックの製造販売会社 Tutag を買収した。

(14) *FDCR*, 21 September 1987, pp. 6–7.

(15) William C. Cray, *The Pharmaceutical Manufacturers Association: The First 30 Years* (Washington, DC: PMA, 1989), p. 292.

(16) Meir Perez Pugatch, *The International Political Economy of Intellectual Property Rights* (Edward Elgar, 2004), pp. 66–69. 数年後、PMA はタイのジェネリックメーカーについて同様の懸念を表明する。「品質にばらつきのあるタイのジェネリックが、近辺の国々に輸出されたら」どうなるだろう、と PMA は問いかけた。こうした製品が偽造者によって迅速に包装し直され、「米国製を装って、米国内で販売されると」米国の消費者はどんな目に遭うのか、と PMA は警告した。Quotations from *FDCR*, 11 February 1991, p. T&G3.

(17) Cray, *Pharmaceutical Manufacturers Association*, p. 311.

(18) Quotation from Cray, *Pharmaceutical Manufacturers Association*, p. 312.

(19) Maurice Cassier and Marilena Correa, "Patents, Innovation and Public Health: Brazilian Public-Sector Laboratories' Experience in Copying AIDS Drugs," *RECIIS*1, no. 1 (2003): 83–90; Jean-Paul Gaudilliere, "How Pharmaceuticals Became Patentable in the Twentieth Century," *History and Technology*, 24, no. 2 (2008): 208.

(20) United Nations Centre on Transnational Corporations, *Transnational Corporations in the Pharmaceutical Industry of Developing Countries*, p. 90. PMA がブラジルで推進したような、薬剤に関する知的所有権を巡る二国間の協定は、1980 年代後期から 90 年代にかけてますます普及した。最もよく知られるのは、南アフリカで HIV / AIDS の流行が危

機的レベルに達した1998年、米副大統領のアル・ゴアが南アフリカ共和国に赴き、アメリカの特許を得た抗レトロウィルス薬のジェネリックの輸入を阻止しようとしたことだ。以下を参照。"Ethics and HIV Treatments: Al Gore under Fire," *Annals of Oncology* 10 (1999): 1261–67; Cassier and Correa, "Patents, Innovation and Public Health"; Pugatch, *International Political Economy of Intellectual Property Rights*, p. 68.

(21) *FDCR*, 6 March 1989, p. 6.

(22) *FDCR*, 19 October 1992, pp. 8–10. メキシコの医薬品業界でジェネリック部門が成長したことによるNAFTAへの影響については、以下を参照。Cori Hayden, "A Generic Solution? Pharmaceuticals and the Politics of the Similar in Mexico," *Current Anthropology* 48, no. 4 (2007): 475–95; 1990年代と2000年代のメキシコ・ブラジル間の医薬品の知的財産権に関する偏った表現に見られるNAFTAとWTOの関係については以下を参照。Kenneth C. Shadlen, "The Politics of Patents and Drugs in Brazil and Mexico: The Industrial Bases of Health Policies," *Comparative Politics* 10 (2009): 41–58.

(23) João Biehl, *Will to Live: AIDS Therapies and the Politics of Survival* (Princeton, NJ: Princeton University Press, 2009); Cassier and Correa, "Patents, Innovation and Public Health."

(24) Cassier and Correa, "Patents, Innovation and Public Health."

(25) アンピシリン、ランチジン、ケトコナゾール、フロセミド、新しい抗ぜんそく薬のアルブテロールなどは、全て特許の制約がなく、広く市販されていた。Andréa D. Bertoldi, Aluisio J. D. Barros, and Pedro C. Hallal, "Generic Drugs in Brazil: Known by Many, Used by Few," *Cas: Saúde pública, Rio de Janeiro* 21, no. 6 (2005): 1808–15; Hayden "No Patent, No Generic," in Biagioli, Jaszi, and Woodmansee, *Making and Unmaking Intellectual Property*, pp. 285–304.

(26) それに続くインドのジェネリック薬剤についてのアメリカ国際貿易委員会報告は、「簡素なジェネリック」という用語の意味を、「統制された市場（先行品に革新性ゆえの価値をほとんど、あるいは全く認めない市場）において特許の制約を受けないジェネリック製品」と定義した。William Greene, "The Emergence of India's Pharmaceutical Industry and Implications for the U.S. Generic Drug Market," United States International Trade Commission, Office of Economics working paper 2007–05–A, p. iii.

(27) Ibid., p. 1.

(28) インドでのより一般的なジェネリック部門の成長については以下を参照。Kaushik Sunder Rajan, *Biocapital: The Constitution of Postgenomic Life* (Durham, NC: Duke University Press, 2008); Kaushik Sunder Rajan, "Pharmaceutical Crises and Questions of Value: Terrains and Logics of Global Therapeutic Politics," *South Atlantic Quarterly* 111, no. 2 (2012): 321–46; Stefan Ecks and Soumita Basu, "The Unlicensed Lives of Antidepressants in India: Generic Drugs, Unqualified Practitioners, and Floating Prescriptions," *Transcultural Psychiatry* 46, no. 1 (2009): 86–106.

(29) 1970年の医薬品価格管理令と対になる特許法は、逆行分析イノベーションを促すために市場を独占する権利を認めた。Greene, "The Emergence of India's Pharmaceutical Industry," p. 3.

(30) ここに挙げた国のリストと、1985年にモッシンホフが「特許海賊」と名指しした国のリストが似ていることに留意。Sanjaya Lall, "Developing Countries as Exporters of Technology: A Preliminary Assessment," in *International Resource Allocation and Economic Development*, ed. H. Giersch (Tubingen: J. C. B. Mohr, 1979); Sanjaya Lall, *Developing Countries as Exporters of Technology: A First Look at the Indian Experience* (London: Macmillan, 1982). ラルはしばしば、ジョセフ・シュンペーターの躍進的な技術的進歩モデルをひいて、南の発展途上国におけるテクノロジーを基盤とする産業の不均一性を説明している。インドとアメリカの医薬品生産と消費に関する比較統計については、以下を参照。UNCTC, *Transnational Corporations in the Pharmaceutical Industry of Developing Countries*, p. 100; Greene "Emergence of India's Pharmaceutical Industry," pp. 4-5, 16-17; Nitin Shukla and Tanushree Sangal, "Generic Drug Industry in India: The Counterfeit Spin," *Journal of Intellectual Property Rights* 14 (2009): 236-40.

(31) Greene, "Emergence of India's Pharmaceutical Industry," pp. 4-5.

(32) Germán Velásquez, "The Access to Drugs between the New Rules of International Trade and the Right to Health" (paper presented at the "Drugs, Standards, and the Practices of Globalization" conference, Paris, 9 December 2010).

(33) Ibid., p. 19. 以下も参照。Vikas Bajaj, "In India, a Developing Case of Innovation Envy," *NYT*, 9 December 2009. Rachel Zimmerman and Jesse Pesta, "Drug Industry, AIDS Community is Jolted by Cipla AIDS-Drug Offer," *WSJ*, 8 February 2001. Donald G. McNeil, "India Alters Law on Drug Patents," *NYT*, 24 March 2005. Divya Rajagopal, "Cipla Launches Four in One Drug for HIV Patients," *Economic Times*, 14 August 2012, http://articles.economictimes.indiatimes.com/2012-08-14/news/33201146_1_line-treatment-cipla-tenofovir-and-emtricitabine.

(34) UNCTC, *Transnational Corporations in the Pharmaceutical Industry*, pp. 99, 101.

(35) Greene, "The Emergence of India's Pharmaceutical Industry", pp. 6-7.

(36) Shukla and Sangal, "Generic Drug Industry in India," p. 238. 二種類の海賊行為の関係については以下を参照。Adrian Johns, *Piracy: Intellectual Property Wars from Gutenberg to Gates* (Chicago: University of Chicago Press, 2010).

(37) *FDCR*, 20 August 1990, p. 12. 以下も参照。Joanna Breitstein, "I Pray for the Welfare of Your Company," *Pharmaceutical Executive* 26, no. 10 (2006): 49-57. ランバクシー社やドクター・レディーズ社といったインドのジェネリック企業も、ヨーロッパや南米のジェネリックメーカーの買収に忙しかった。ドクター・レディーズ社は、ドイツのBetapharm Arzneimittelを5億7200万ドルで買収し、一晩のうちにドイツで4番目に大きいジェネリックメーカーになった。一方、ランバクシー社は、ローマのTerapiaとフランスのRPG Aventisを買収して、ヨーロッパでの製造能力を高めた。

(38) Jennifer Bayot, "Teva to Acquire Ivax, Another Maker of Generic Drugs," *NYT*, 26 July

2005, C5.

(39) Robert Koenig, "Giant Merger Creates Biotech Power," *Science* 271, no. 5255 (1996): 1490; "When Giants Unite," *Pharmaceutical Executive* 17, no. 2 (1997): 46–62. 以下も参照。Walter Armstrong, "The Book on Daniel Vasella," *Pharmaceutical Executive* 29, no. 10 (2009): 46–58; Breitstein, "I Pray for the Welfare of Your Company," p. 57; Natasha Singer, "That Pill You Took? It May Be Teva's," *NYT*, 8 May 2010; Yoram Gabison, "The Rise and Fall of Teva: How Israel's Global Pharma Star Lost Its Vitality," *Ha'aretz*, 26 October 2013, p. 1; Dror Reich, "CEO of Teva, Israel's Largest Company, Steps Down in Shock Resignation," *Ha'aretz*, 30 October 2013, p. 1; Eytan Avriel, "Teva's Woes Extend beyond CEO's Sudden Departure," *Ha'aretz*, 31 October 2013, p. 3.

(40) Breitstein, "I Pray for the Welfare of Your Company," p. 52.

(41) Singer, "That Pill You Took?"

(42) Breitstein, "I Pray for the Welfare of Your Company," pp. 57–58.

(43) Armstrong, "The Book on Daniel Vasella," quotation p. 54. 以下も参照。Stan Bernard, "Big Pharma's Most Feared Competitor," *Pharmaceutical Executive* 6 (2010): 30–31.

結論

エピグラフ：Ludwik Fleck, *Genesis and Development of a Scientific Fact*, ed. Fred Bradley and Robert K. Merton (Chicago: University of Chicago Press, 1979), p. 20.

(1) 2012年2月、FDAはバイオシミラーの承認方法について指針を公表したが、その時点でも、承認方法はまだ十分に解明あるいは理解されていなかった。"Teva Receives EU Marketing Authorization for TevaGrastim," *Bloomberg News*, 16 September 2008; "Teva Announces FDA Grants Approval for Tbo-filgrastim for the Treatment of Chemotherapy-Induced Neutropenia" (press release), 30 August 2012, www.tevapharm.com/Media/News/Pages/2012/1730014.aspx.

(2) "Biosimilars," *Health Affairs*, 10 October 2013, http://healthaffairs.org/blog/2013/10/10/health-policy-brief-biosimilars/.

(3) Angela Creager, "Biotechnology and Blood: Edwin Cohn's Plasma Fractionation Project, 1940–1953," in *Private Science: Biotechnology and the Rise of the Molecular Sciences*, ed. Arnold Thackray (Philadelphia: University of Pennsylvania Press, 1998), pp. 39–62; Alexander von Schwering, Heiko Stoff, and Betina Wahrig, *Biologies: A History of Therapeutic Agents Made from Living Organisms in the Twentieth Century* (London: Pickering & Chatto, 2013). For alternate histories of biotech avant la lettre outside the realm of therapeutics, see Jack Ralph Kloppenberg Jr., *First the Seed: The Political Economy of Plant Biotechnology* (Madison: University of Wisconsin Press, 2005). For more recent histories of biotech therapeutics see Sally Hughes, *Genentech: The Beginnings of Biotech* (Chicago: University of Chicago Press, 2011); Nicholas Rasmussen, *Gene*

Jockeys: Life Science and the Rise of Biotech Enterprise (Baltimore: Johns Hopkins University Press, 2014).

(4) 2013年の時点で、アメリカのインスリン市場は、イーライリリー社、ノボ・ノルディスク社、サノフィ・アベンティス社の3社が独占している。いずれも、同じ基準では比較できない独自のインスリンを商標で販売している。リリー社は商標「ヒューマログ」でインスリンリスプロ、商標「ヒューマリン」で遺伝子組換えインスリンを販売し、サノフィ・アベンティス社は商標「アピドラ」でインスリングルリジン、商標「ランタス」でインスリングラルギンを販売している。ノボ・ノルディスク社は商標「ノボログ」でインスリンアスパルトを販売している。いずれもジェネリックとは見なせない。*FDA Orange Book of Approved Drug Products with Therapeutic Equivalence Evaluations*, accessed 1 November 2013, www.accessdata.fda.gov/scripts/Cder/ob/default.cfm; David M. Dudzinski, "Reflections on Historical, Scientific, and Legal Issues Relevant to Designing Approval Pathways for Generic Versions of Recombinant Protein-Based Therapeutics and Monoclonal Antibodies," *Food & Drug Law Journal* 60 (2005): 143–260; Michael Bliss, *The Discovery of Insulin* (Chicago: University of Chicago Press, 1982).

(5) 異なるインスリン組成の標準化との兼ね合いがあるインスリン特許の管理については以下を参照。Bliss, *Discovery of Insulin*; Christiane Sindig, "Making the Unit of Insulin: Standards, Clinical Work and Industry," *Bulletin of the History of Medicine* 76 (2002): 231–70; Maurice Cassier and Christiane Sindig, "'Patenting in the Public Interest': Administration of Insulin Patents by the University of Toronto," *History and Technology* 24, no. 2 (2008): 153–72; Ulrike Thorns, "The German Pharmaceutical Industry and the Standardization of Insulin Before the Second World War," in von Schwering, Stoff, and Wahrig, *Biologics*, pp. 151–72.

(6) 特許と商標法の長期的な相互作用については以下を参照。*Ex Parte Latimer to Parke, Davis & Co. v. H. K Mulford Co. to Diamond v. Chakrabarty to Association for Molecular Pathology v. Myriad Genetics*, see Daniel J. Kevles, "New Blood, New Fruits: Protections for Breeders and Originators," in *Making and Unmaking Intellectual Property: Creative Production in Legal and Cultural Perspective*, ed. Mario Biagioli, Peter Jaszi, and Martha Woodmansee (Chicago: University of Chicago Press, 2011); Christopher Beauchamp, "Patenting Nature: A Problem of History," 16, no. 257 (2013): 257–312.

(7) Dudzinski, "Issues Relevant to Designing Approval Pathways"; Rasmussen, *Gene Jockeys*, esp. ch. 2.

(8) *FDCR*, 14 May 1990, p. T&G10.

(9) Brian Reid, "US Biotech Prepares to Fight Generic Biologicals," *Nature Biotechnology* 20 (2002): 322. Huub Schellekens and Jean-Charles Ryff, "'Biogenerics': The Off-Patent Biotech Products," *Trends in Pharmacological Sciences* 23, no, 3 (2002): 119–21.

(10) Schellekens and Ryff, "'Biogenerics,'" p. 120. 以下も参照。Jeffrey Fox, "Lawsuits Anticipated on Generic Biologicals Front," *Nature Biotechnology* 21, no. 7 (2003): 721–22; Valerie

Junod, "Drug Marketing Exclusivity under United States and European Union Law," *Food & Drug Law Journal* 59 (2004): 1-56.

(11) Bruce Manheim Jr., Patricia Granahan, and Kenneth Dow, "'Follow-on Biologics': Ensuring Continued Innovation in the Biotechnology Industry," *Health Affairs* 25, no. 2 (2006): 394-404; Rasmussen, *Gene jockies*, esp. ch. 5.

(12) John Yoo, "Taking Issues in the Approval of Generic Biologics," *Food & Drug Law Journal* 60 (2005): 33-43.

(13) Jeffrey Fox, "Democrats Prioritize Pricing, Generics and Drug Safety," *Nature Biotechnology* 25, no. 2 (2007): 150-51; Gregory Davis et al., "Recommendations regarding Technical Standards for Follow-on Biologics: Comparability, Similarity, Interchangeability," *Current Medical Research and Opinion* 25, no. 7 (2009): 1655-61; Robert Pear, "In House, Many Spoke with One Voice: Lobbyists," *NYT*, 14 November 2009. 英国の調査ジャーナリストは同様に、バイオシミラー承認に反対する包括的 2008 議会報告は、アムガンの広範なロビー活動の結果であることを明らかにした。Nigel Hawkes, "There's No Biological Alternative, Says Parliament," *BMJ* 336 (15 March 2008): 588.

(14) A. B. Engelberg, A. S. Kesselheim, and J. A. Avorn, "Balancing Innovation, Access, and Profits for Biologics," *NEJM* 361, no. 20 (2009): 1917-19; H. Grabowski, G. Loing, and R. Mortimer, "Implementation of the Biosimilar Pathway: Economic and Policy Issues," *Seton Hall Law Review* 41, no. 2 (2011): 511-57.

(15) Henry Miller, "Why an Abbreviated FDA Pathway for Biosimilars Is Over-hyped," *Nature Biotechnology* 29, no. 9 (2011): 794-95. Megerlin et al. 同書はヨーロッパのデータについていくらか楽観的に解釈している。以下を参照。Francis Megerlin, Ruth Lopert, Ken Taymor, and Jean-Hughues Trouvin, *Health Affairs* 32, no. 10 (2013): 1803-10.

(16) ファイザー・アメリカ社の国際開発業務担当上級副社長ジョン・ハバードはバイオベターを、ファイザー社が将来、発展するための「市場機会」と呼んだ。Generics and Biosimilars Initiative, "Biobetters Rather than Biosimilars," http://gabionline.net/Biosimilars/General/Biobetters-rather-than-biosimilars; for more discussion of biobetters and "supergenerics,"; 以下を参照。Cori Hayden, "Distinctively Similar: A Generic Problem," *UC Davis Law Journal* 47, no. 2 (2013): 601-32.

(17) Mark McCamish and Gillian Woollett, "The State of the Art in the Development of Biosimilars," *Clinical Pharmacology and Therapeutics* 91, no. 3 (2012): 405-16; Federal Trade Commission, *Authorized Generic Drugs: Short-Term Effects and Long-Term Impact* (Washington, DC: FTC).

(18) Jessica DeMartino, "Biosimilars: Approval and Acceptance?," supplement, *Journal of the National Comprehensive Cancer Network* 9, no. 3 (2011): S-6-S-9. BIO (バイオテクノロジー産業協会) と PhRMA (米国研究製薬工業協会) は医師と患者の混乱を緩和し、医薬品安全監視の取り組みを支援するため、生物製剤を市場に登録する折りには独自の名

前をつけることを推奨した。“BIO and PhRMA insist on unique names for biosimilars,” *Biosimilar News*, 4 July 2012.

（19） Robert Ulin, *Vintages and Traditions: An Ethnohistory of Southwest French Wine Cooperatives*（Washington, DC, Smithsonian Institute Press, 1996）. 呼称システムがどのようにしてワインについての理解を、歴史的側面やテーブルワインが生まれるまでの共同作業には目を向けず、グラン・クリュメーカーにばかり注目するように歪めたのか、というウリンの分析は、本書の分析と複数のレベルで共鳴する。ウリンの研究を紹介してくれたソフィア・ルースに感謝する。

（20） All cites from Duff Wilson, “Drug Firms Face Billions in Losses in ’11 as Patents End.” *NYT*, 6 March 2011.

（21） Jack W. Scannell, Alex Blanckley, Helen Boldon, and Brian Warrington, “Diagnosing the Decline in Pharmaceutical R&D Efficiency,” *Nature Reviews: Drug Discovery* 11, no 3（2012）: 191–200, p. 193.

（22） 他にも、ムーアの法則をバイオテクノロジーにあてはめた例がある。例えばカールソンの法則は、タンパク質とゲノムの DNA シーケンシングにかかる費用の急速な低下について述べている。Chris Kelty はこれらの曲線を、テクノロジー発展のスピードが人間にコントロールしきれなくなった状況への恐れという文脈の中で論じている。*Two Bits: The Cultural Significance of Free Software*（Durham, NC: Duke University Press, 2008）を参照。

（23） Ibid. This paragraph based on Scannell et al., “Diagnosing the Decline in Pharmaceutical R&D Efficiency.”

（24） Scannell et al., “Diagnosing the Decline in Pharmaceutical R&D Efficiency.”

（25） IMS Health, *Generic Medicines: Essential Contributors to the Long-Term Health of Society*, 2010, www.imshealth.com/imshealth/Global/Content/Document/Market_Measurement_TL/Generic_Medicines_GA.pdf.

（26） 何人もの学者が、生物医学施設の将来の役割について研究している。以下を参照。Mike Fortun, “Medicated Speculations in the Genomics Futures Markets,” *New Genetics and Society* 20（2001）: 139–56; Nik Brown, “Hope against Hype: Accountability in Biopasts, Presents and Futures,” *Science Studies* 16, no. 2（2003）: 3–21; Charis Thompson, *Making Parents: The Ontological Choreography of Reproductive Technologies*（Cambridge: MIT Press, 2005）; Michael Morrison, “Promissory Futures and Possible Pasts: The Dynamic of Contemporary Expectations in Regenerative Medicine,” *BioSocieties* 7, no. 1（2012）: 3–22.

（27） William Apple, address at PMA Annual Meeting, Boca Raton, FL, April 1960. 以下にも引用されている。*Pills, Power, and Policy: The Struggle for Drug Reform in Cold War America and Its Consequences*, Milbank Series on Health and the Public（University of California Press, 2012）.

（28） こうした例は、現行の保健政策下のジェネリックメーカーにとって、インセンティブ構造の予期されない結果をいくつかもたらした。10 年に及ぶ訴訟の後、2013 年になってようやくFTC（連邦取引委員会）は、「ペイ・フォー・ディレイ」取引を阻止する権限を認められた。ペイ・フォー・ディレイは、先発品メーカーが後発のジェネリックメーカーに和解金を支払って、ジェネリックの市場参入を遅らせ、市場の独占を維持するというものだ。逆に2012年、最高裁判所は患者が未分類の副作用の害を受けても、ブランド薬メーカーと違ってジェネリックメーカーには法的責任はないという判決を下した。これは、ジェネリックメーカーは製品の長期的な安全性を監視しなくてもよいことを意味する。最終的に、過去10年間でアメリカの病院に供給するにははるかに過剰なジェネリックの生産が増え続け、2012年と2013年の間に200倍から300倍以上に跳ね上がった。Aaron S. Kesselheim and Nathan Shiu, "*FTC v. Actavis*: The Supreme Court Issues a Reversal on Reverse Payments," *Health Affairs*, 21 June 2013, http://healthaffairs.org/blog/2013/06/21/ftc-v-actavis-the-supreme-court-issues-a-reversal-on-reverse-payments/; Aaron S. Kesselheim, Jerry Avorn, and Jeremy A. Greene, "Risk, Responsibility, and Generic Drugs," *NEJM* 367, no. 18（2012）: 1679–81; Margaret Clapp, Michael A. Rie, and Phillip L. Zweig, "How a Cabal Keeps Generic Scarce," *NYT*, 2 September 2013.

標準的なジェネリック代替法を成立させる見込みがあると踏んだ。どの州にいるにしても、「今日の流動社会が意味するのは、多くの旅行者が他の都市で処方箋を満たす薬を求めるということだ」と彼は言った。[42] マーフィの提案は、即座に消費者保護団体の支持を得た。全米退職者協会（ＡＡＲＰ）の広報担当者は、「全ての州で、代替薬について最低限必要な統一性」が保証されるべきだと証言した。[43]

マーフィの法案は、医療組織と薬業組織の強い反対に遭った。ＡＭＡのジョン・Ｈ・バドは、「もしこの法案が成立すれば、連邦議会が健康管理に直接関与するようになり、患者の治療に関して、最も望ましい医薬品を決めるようになるはずだ」と不満を漏らした。[44] ＰＭＡは、「普遍的な処方集は州にとって節約になるどころか、それを作成し維持するために、さらに多くの負担を課すだろう」と示唆した。一九七八年にＰＭＡの顧問弁護士、ウィリアム・パットンはこう証言した。「この重要な責任を議会や官僚に委ねる理由は一つも思いつかない」。[45] ＡＰｈＡのウィリアム・アップルも法案に反対する証言を行った。これまでＡＰｈＡは州の代替法制定を牽引して来たが、ニューヨーク州の例に基づく全国的な法律には反対した。臨床での薬剤師の判断より官僚的なグリーンブックを頼みとする「ニューヨークの州法は悪法だ」と、アップルは言い切った。

結局、マーフィが提案した普遍的な代替法は、支持を求めた相手、すなわち、医師、薬剤師、製薬業界、ＦＤＡ、保健教育福祉省、ホワイトハウス、さらにはゲイロード・ネルソンやエドワード・ケネディのようなジェネリック派の卓越した上院議員にいたる、ほぼ全員に背を向けられ、委員会で廃案になった。[46] 結果として、全米のジェネリック代替は、肯定的処方集と否定的処方集、代替の強制と代替の許可、一面か二面に医師がサインした処方箋のパッチワーク状態のままだった。

ジェネリックはどこでも手に入るが、代替のルールは相変わらず場所によって異なっていたのだ。

代替の地形

普遍的なジェネリック代替法を政治的死にいたらせた利害関係を理解するには、マーフィの法案を批評し、少しも関心がないと主張した専門家――健康調査研究者、セオドア・ゴールドバーク――の証言について再考する必要がある。ゴールドバークは、一九七五年にミシガン州が代替法を通した後、医薬品代替法の影響を研究する学術センターをウェイン州立大学に設立した。彼は「わたしたち学界の人間に特別な思惑はなく、守るべき既得権益もありません。ゆえにわたしたちは可能な限り偏見のない観点でデータを考察できるし、考察してきました(47)」と繰り返し述べた。

ゴールドバークら公共医療サービスの研究者は、処方薬法の変化が公衆衛生にもたらす影響の地域的な違いを調べる科学の構築を目指した。具体的には、肯定的処方集と否定的処方集の違いやジェネリック代替を許可するか強制するかの違いに注目し、こうした代替の形態が法律で定められた際の、経費削減の可能性と実際の削減額との差の定量化に取り組んだのだ(48)。

公共医療サービスの研究者にとって、一九七八年にジェネリック代替の普遍的な原則を作ろうとした取り組みが一方では成功し、もう一方では失敗したことは、「自然実験」の機会をもたらした。とりわけ、治療上の同等性を保証する単一の基準(FDAオレンジブック)が存在することと、治療の現場での代替が驚くほどばらばらである(五〇州、ワシントンDC、プエルトリコ、グアムのそれぞれで法律が異なる)ことは、ゴールドバークと弟子たちに、代替の科学を発展させるための強力な道具

を提供した。ゴールドバークは一九八六年に一つの堅牢な研究分野について説明し、こう述べた。「業界、医師、薬剤師、そして消費者の有りようが医薬品の合理的な処方と調剤に及ぼす影響を分析する手法を開発しなければなりません」(49)

このように州法の不均衡は、二〇世紀末の公共医療サービス研究者に、格好の研究材料を提供したが、二一世紀初頭になってもそれは、医療サービスの給付と安価なジェネリックの利用を妨げ続けている。ウィリアム・シュランク、マイケル・フィッシャー、アーロン・ケッセルハイム、ナイティーシュ・チュドリーといった公共医療サービスの研究者が先ごろ記録したように、現在、ジェネリックによる代替がもたらした経費削減の恩恵に浴しているのは、むしろ経済的に余裕のある層であるらしい(50)。ジェネリック利用の現在の地図は、初期の州ごとの不均衡を引きずっており、「互換性」ではなく「同等性」という連邦の構造を今もよしとしているのだ。

近年、疾病に基づく利益団体——最もよく知られるのは、米国てんかん基金——は、特定のジェネリックの互換性に対して無益な抵抗をつづけ、この不均衡を助長してきた。抗てんかん薬のフェニトイン（もとはパーク・デービス社がジランチンという名で売っていた）が一九七〇年代に、生物学的同等性に問題のある医薬品としてブルーブックに記載されて以来、神経科医とてんかん患者は、ブランド医薬品とジェネリック薬との、予想される非同等性について懸念してきた。てんかんの場合、非同等性が患者にもたらす負担はきわめて大きいため——重い発作が一度でも起きれば、運転免許、仕事、あるいは生命さえ失いかねない——、擁護団体は、この種の薬には、普通より厳しい同等性の基準を設けるべきだと主張した。生物薬剤学的実験および薬剤疫学的実験を何度も繰り返し、それでもブラ

ンド薬とジェネリック版との間に差異が見つからなかったとしても、である。

この主張は当初、ＦＤＡにはほとんど無視されていたが、いくつかの州議会に賛同者を見つけた。二〇〇七年までに、ハワイ州とテネシー州は、抗てんかん薬のジェネリック代替を規制する法律を通過させた。二〇〇七年から二〇一一年までの間に、二四州で提議された四〇の法案は、代替法を縮小し、抗てんかん薬のジェネリック代替を禁じることを求めるものだった。また、二〇〇七年と二〇〇八年に出された別の二九の法案は、臓器移植後の患者に用いる免疫抑制剤について同様にジェネリック代替を縮小しようとした。いくらかは、このように州レベルでジェネリック代替に新たな異議が唱えられたことへの反応として、ＦＤＡは二〇一二年のジェネリック医薬品ユーザー・フィー法修正条項によって新たな基金を作り、これらの製品の同等性と互換性について政府が確かな回答を出せるようにするには、どのような規制の科学が必要とされるかを、その基金を利用して調べている。(51)

代替を巡る法廷闘争では、昔も今も、二種以上の薬の比較よりはるかに多くのことが問われてきた。ある薬が他の薬の代替になるかどうかという論争は、より大きな問い、すなわち、健康管理システムを互換性のある要素のつながりと見なすか、それとも統一の基準を持たない一塊のシステムと見なすかという問いと、密接につながっている。それを互換性のある要素に分解できるのであれば、系統的に分析し、うまく動かない機械を調整するようにして、是正することができる。しかしそれが統一の基準を持たないシステムであれば、正しい扱いは個々の医者にまかせるしかない。州法の文言がジェネリック代替を幅広く推奨したにもかかわらず、医者と消費者の購買行動や、薬剤師にジェネリック調剤を促す経済的報奨は、すぐには生まれなかった。患者と医師の中には、一九八〇年代からジェネ

リック代替品を利用する人もいたが、まったく受け入れようとしない人もいた。医師は、処方箋に「代替不可」あるいは「記載どおりに調剤のこと」と記すようになった。患者はブランド薬の調剤を維持するために、医師に「ジェネリックにアレルギーを示す」という偽りの文書を書いてもらうようになった。[52]

一九七八年の、法制定失敗の余波のなか、新興の優れたジェネリックメーカー、バー・ファーマスーティカル社の創業者は、ハダッドにこう書き送った。「戦いに勝ってはいませんが、ジェネリックという概念は、消費者保護にとって不可欠な部分になり、やがて市民に普及することでしょう」[53]。だが後に、こうした言葉は、事実の説明というよりは、希望まじりの予測であったことが判明した。一九七八年当時、消費者全てがジェネリックの概念を受け入れたわけではなかった。ジェネリックによる代替が、国の法律で認められた後もずっと反対され続けた理由を理解するには、ジェネリック消費者の逆説的な姿を理解する必要がある。

V

ジェネリック消費のパラドックス

第十章　囚われの身の消費者を解放する

ゆえに医者は、あなたがジェネリックを得る上での障害を語るだろう。
［…］そのため、改めて言うが、あなたが主導権を握らなければならない。
消費者同盟（CU）、『ザ・ニュー・メディスン・ショー』、一九八九年

二〇世紀半ばのどこかの時点で、米国の患者は健康管理の消費者として再認識された。とはいえ、医療の専門職、製薬会社の役員、規制者あるいは政策立案者、もしくは新たに健康管理の消費者に分類された患者たちのいずれも、この変化が何を意味するか、あるいはこの新しい体制の中でどのような行動をとるべきかを判断しかねていたようだ(1)。

新たな医療消費者を理解することの難しさは、新たに誕生したジェネリック市場でひときわ目につく。一九六七年に、アスピリンのジェネリックを強く求める消費者E・F・トラップが政府の役人に書き送った興味深い一連の手紙について考えてみよう。FDA長官に宛てたトラップの最初の手紙は、「ジェネリックはどこで入手できるのですか、ブランド薬との比較で、より安いジェネリックはどれですか、同一性の保証はどうすれば得られるのですか」と、情報提供を求めるものだった。続く二通目の手紙では、「価格は安いが、品質は同じ薬」を早急に見つけたい、と強く訴えた。返信として届

いたのは、かかりつけの医師に相談することを示唆する、謄写版印刷の手紙だった。立腹したトラップは、今度は保健教育福祉省（ＨＥＷ）長官ジョン・ガードナーと上院議員ゲイロード・ネルソンに手紙攻勢をしかけ、「ジェネリックについて医師に尋ねよというのは全く無駄です。医師はわたしと同様に、ジェネリックの確保については何も知りません」と不満を述べた。トラップはこう言い立てた。「ジェネリックは連邦病院でごく一般的に使われているようですが、どこでどうすれば確保できるのですか」。政府にはそれを教える責任があるというわけだ。(2)

これらの手紙はすべて、ＦＤＡの消費者問い合わせ部門の、エドナ・Ｍ・ラブリングのデスクに届けられた。トラップのような、ジェネリックについてもっとよく知りたいという人からの手紙が続々と届くようになり、その部門は対応に苦戦していた。ラブリングは、政府が密かにジェネリックを調達しているというトラップの誤解を解こうとした。彼女は根気よく、ジェネリック部門の複雑さについて説明した。全ての医薬品には一般名（ジェネリック名）があり、多くは商標（ブランド名）を持っている。一般名を持つ薬の、全てではないがいくつかは、「ジェネリック」として複数の製薬会社が売っている。ジェネリック処方は、薬局でより安いジェネリック版を調剤することにつながるが、それは、そうした廉価版が存在し、薬局にその在庫があり、薬剤師がそれによる調剤を選択し、しかも州がジェネリック代替を許可している場合に限られる。ラブリングは、「一般に使われている安い薬だとあなたが思っているジェネリックをどのようにして入手するか」について、あなたの誤解を解消できれば幸いだ、とその手紙を結んだ。(3)

だが、そうはならなかった。

トラップは、わけのわかっていない子どもっぽい消費者のように扱われたことに怒って、ラブリングに食ってかかった。

わたしの問い合わせの意図をよくご承知だと思いますが、わたしが知りたいのは、現在そして少し前にリリー、パーク・デービス、ロシュのような有名ブランドではない企業によって生産された、最も安くしかし同等の効能がある薬の価格です。

少し前、入院中の大統領が、安価だが同質の薬で治療されたことが公表されました。合衆国政府が承認したそのような薬の名前と、どこに行けばそれを買えるかを知りたいのです。

政府に情報を求めて手紙を書いたのに、ありきたりな責任転嫁の返事をもらうというのは理不尽のきわみです。もし、お答えになれないなら、ふさわしい方に、この問い合わせをお送りください。迅速な対応に感謝します。Rspt　E・F・トラップ(4)

トラップは納得しなかった。後にわかったことだが、彼のリストにあった薬は、ジェネリックが入手できないものばかりで、大半はまだ特許で保護されていた。しかし、トラップは、闇の市場で、安いジェネリックが連邦職員だけに売られており、自分のような勤勉な米国市民は締め出されているのだろうと疑っていた。ラブリングからの説明の手紙は、トラップの疑念を解消するどころか、むしろ煽ったようだ。

トラップがまだ存在しないジェネリックを求めたことは、一九六〇年代末の、患者が消費者として再認識されたことに潜在するパラドックスを語っている。「より安価だが同等な医薬品」の消費に関

心がある人でさえ、ジェネリックとは何か、そしてジェネリックを使うことでどのような経費削減につながるのかについては、誤解や戸惑いがあった。トラップと同じく、多くの人が、国や州の当局者にジェネリックの情報を求めつつ、その市場における政府の役割に強い疑念を表明した。その一方で健康分野での消費者保護を訴える活動家は、政策として安いジェネリックの使用が推進されればその恩恵を最も受けるはずの消費者が、ジェネリックに抵抗していることを知って驚いた。

ジェネリックの利用に頭を悩ませた消費者は、患者だけではなかった。医師もまた、自分が専門職にある消費者として患者のためになる薬を選択し購入する力を持っていることを、次第に自覚するようになった。医療の専門職につく人の多くはジェネリックを、医師と患者の関係を蝕む力として非難したが、この分野での彼らの主張は、消費者運動のまた別の様相を体現するようになった。その流れの中で医師は、医療領域における専門職の消費者としての役割を主張するようになった。

一九六〇年代及び一九七〇年代の消費者運動は、当時の他の運動――公民権運動から第二波フェミニズムまで――の言い回しと戦略を借用したが、ジェネリック消費者運動の歴史は、一連の明確な逆説を提示した。(5) ジェネリックという選択肢は、患者たちに消費者としての見識と自らの治療を管理する力を与えたのだろうか。それとも、患者と医師との私的な領域に、州があいまいでおぞましい力を介入させることを可能にしたのだろうか。こうした疑問が生まれたのは、トラップが問い合わせた一九六〇年代後半だったが、その後、一九七〇年代から一九八〇年代にかけて、ジェネリックの安全性に関する公的な論争において消費者運動の役割を巡る対立が深まるにつれ、より顕著になっていった。

囚われた薬剤消費者

一九六〇年五月、上院議員エステス・キーフォーヴァーの調査公聴会で証言したミルドレッド・ブレイディは、証言を終える前にしばし沈黙し、健康管理部門における消費者部門について考えを巡らせた。ブレイディと彼女が設立を助けた消費者同盟（CU）は、情報によって消費者を支援できると強く信じていたが、その主要な定期刊行物『コンシューマー・リポート』は、「ブランドあるいは処方薬を調査したことも報告したこともありませんでした。そうしなかったのは、それらに関する報告は消費者の役に立たないという、きわめて正当な理由からです」と彼女は語った。処方薬は、消費者活動の足がかりになるものをまったく提供しないという点で、独特な商品だった。「実のところ、生命維持に必要な製品やサービスのなかで、今日売られている処方薬ほど、消費者としての主権の行使を免れているものはありません」と、彼女は締めくくった(6)。

その日、ブレイディが連邦議会の公聴会に召喚されたこと自体が、消費者歴史学者のリザベス・コーエンが「第三波消費者運動」と名づけた一九六〇年代から七〇年代にかけて米国の政治的文化と大衆文化が遂げた大いなる発展の産物だった。一九六〇年のジョン・F・ケネディによる消費者メッセージから、二〇年後のロナルド・レーガン政権下での守護国家の縮小に至るまで、消費者主義は、米国の政治のあらゆる部門を普遍的にカバーするキーワードになってきた。そして、連邦議会のメンバーの中で、消費者主義の台頭にいち早く気づき、あるいはそれを正しく把握していたのは、テネシー州選出の民主党のベテラン上院議員、エステス・キーフォーヴァーだった。

先に見たように、キーフォーヴァーは優れた広報スキルを発揮して、自らが開いた反トラスト・独

占小委員会の公聴会の経緯を、新聞の第一面や夜のテレビニュース番組で報道させることに成功した。キーフォーヴァーは医薬品消費者の状況を、「買う者は注文せず、注文する者は買わない」という簡潔な言葉で言い表し、医薬品市場を例として、二〇世紀末の市場の独占というより広い問題を説明した。(7) 医薬品消費は例外ではなく、典型だったのだ。一九六〇年に『ライフ』に載った、「飲み込むには大きすぎる薬の請求書」と題した特集記事のような、大衆向けの公聴会の記事は、キーフォーヴァーが医薬品消費者に与えた「囚われの消費者」という呼称を大げさに反復した。重大な決断をすべき時に主権を奪われてしまった消費者、という意味だ。

キーフォーヴァーは、囚われの身の消費者の中でも、処方薬の消費者は最も囚われていると実感していた。(8) ブレイディの証言はそれを反映するものだった。ブレイディが医薬品消費者運動を「消費者の主権の行使からの逸脱」と呼んだのは、ニヒリズムからではなく、現状改革主義ゆえであった。キーフォーヴァーと同じくブレイディは、まったく自由度のないその分野で、消費者を擁護したいと考えていたのだ。(9)

「囚われの身の消費者」という表現は、一九六〇年代を通して医薬品市場をめぐる議論を活気づけた（図11）が、ブレイディから見れば、処方薬を消費する際の患者の無力さを表現するには不十分だった。消費者が、処方薬について「より多くの情報を得た」としても、それで「囚われていない」わけではない。自動車を買う消費者は、「競合するブランド、商品の価格、車を走らせるのに欠かせないサービスの中から選択できる」が、医薬品購入者は、医師が選んだ製品を受け入れるしかなかった。ブレイディの主張は、今日の医療社会に流布する「病人役割」説に依拠していた。「病人役割」説と

は、患者の行動は医療上の助言に従うよう制限されている、という見方だ。[10]

一九六〇年代、キーフォーヴァーの公聴会が勢いを増していたとき、CUのメンバーは病人役割の受動性を覆すべく、水面下で活動していた。一九六一年、CUは『ザ・メディスン・ショー――一般的な病気の治療法についての明らかな真実』を刊行し、これは最初の「一般市民のための、処方箋の向こうに見え隠れする世界の案内書」だと主張した。同書と、続く多くの著作物は、囚われの身の消費者を社会問題として描き、その救済には一連の教育的な本が必要だと訴えた。曰く――受動的な患者はジェネリックの購入法を学ぶことで、より活動的な消費者になることができる。ジェネリックを購入するのは、情報に通じた消費者で、明晰かつ堅実な目で、謎めいた医薬品業界を見通す人々だ。[11] その視線は批判的であるべきだが、あまりに批判的であってはならない。

図11 消費者寄りの信用組合全国協会のイラスト。医薬品購入者が囚われの身であることを批判する。
"Drug Buying : The Captive Consumer," Everybody's Money, Autumn 1968, p18. Copyright Credit Union National Association. Reprinted with permission ; all rights reserved.

ジェネリックのユーザーズガイド

一九六〇年代の医薬品消費におけるCUの立場を理解するには、その土台となる一九三〇年代の消費者運動において、医薬品がどのような役割を果たしたかを振り返る必要がある。アーサー・カレットとF・J・シュリンクの著作『一億匹のモルモット』は、食料品店、肉屋、

パン屋の欺瞞を暴き、薬剤師のカウンターの向こうに潜む危険も暴露した。[12] だが、この本では、スクイブ社、リリー社、アップジョン社、スミスクライン&フレンチ社などの製薬会社は、倫理的な企業として描かれ、危険な特許薬が並ぶ薄暗い棚との対比が強調された。一九四〇年、CUは『よい健康と悪い薬』を刊行し、初めてヘルスケアの分野を攻撃した。主にその著作がきっかけとなって、AMA（米国医師会）薬学化学審議会の専門家による勧告という道筋が開かれた。一九三〇年代から四〇年代にかけて、CUは医薬品市場を攻撃し、特許薬と個人用衛生用品市場では詐欺と策略が横行している、と声高に批判した。ちょうど同じ時期に、AMAとブランド薬メーカーは、インチキ薬とインチキ商法に反対するプロパガンダを繰り広げ、その活動が後にPMA（米国製薬工業協会）の誕生を導いた。『よい健康と悪い薬』の前書きが語るように、その本の主な目的は、「医師のアドバイスに干渉せず、それを補足し、（消費者に）家庭薬を賢明に選択させる」[13] ことだった。

一九五九年に『ニューヨーク・タイムズ』は、「CUが無知な主婦にやっていることは、スポック博士が新米の親にやっていることと同じだ」と批判した。その二年後にCUは『ザ・メディスン・ショー』を刊行したが、同書にも、父親が教え諭すような姿勢が見て取れた。この時のCUの批判は主に、インチキ薬、すなわち、『ザ・メディスン・ショー』の編集者デクスター・マスターズが、「新聞や雑誌にでかでかと広告が載り、テレビ画面からも買いなさいと消費者を誘い、ドラッグストアの棚を占領している大ヒット商品」と称したものに向けられた。一九三〇年代から四〇年代にかけてのCUの活動がそうであったように、『ザ・メディスン・ショー』の大半は、病気かどうかはっきりしない症状のための一般的な医薬品——のどの痛みのためのうがい薬、風邪のための万能薬、制酸剤と便

秘薬、ビタミンサプリメント、やせ薬と器具、毛生え薬――への批判に充てられた。(14)

とはいえ、注意深い読者なら、『ザ・メディスン・ショー』のトーンの変化に気づいたはずだ。キーフォーヴァー公聴会の影響で一般市民の間に、(一方では)処方薬企業、(もう一方では)医療の専門職への批判が広がるにつれて、ブレイディらは、こうしたガイドブックが、医師のアドバイスの単なる補足を超えるべき時が来た、と主張した。「一般市民のための、処方箋の向こうに見え隠れする世界の案内書」を提供するというCUの野心は、実現しなかったとしても、あくまで真剣なものだった。(15)

その本の結びの章でマスターズは、主要マスコミの記事に見られる新たな『特効薬』への饒舌な賞賛を、批判的に見るすべを消費者に教えたい、と記した。そうした記事については、キーフォーヴァーの調査により、ブランド薬業界のゴーストライターや宣伝活動とのつながりが暴かれていた。(16) CUは、そのような宣伝が、安いジェネリックがあるにもかかわらず、高価なブランド薬を支援することを特に懸念した。医薬品の買い方の章では、ジェネリック購入の重要性が強調されている。

医師から処方箋をもらったら、薬局への指示として、薬の名前、濃度、有効期限を書き添えることを医師に求めましょう。[…]必要以上に支払うのは無意味です。このような薬は通常、商標登録されたブランド薬と、一般名だけが記されたジェネリック薬という二つの形態で売られています。いずれも『米国薬局方』か全国処方集の基準に従っています。ノーブランド医薬品はほぼすべてがブランド医薬品より安く売られています。したがって購入に際して、ジェネリック、あるいは、入手可能な最安値の薬を指定すれば、たいていはいくらか倹約できるでしょう。(17)

『ザ・メディスン・ショー』はジェネリック購入の原理を通して、患者としてのささやかな主体性を得るすべを消費者に教えようとする初期の試みだったが、その口調はためらいがちで、積極的な活動を促すというよりは、人々を啓発するのが目的だった。一九六〇年代と七〇年代を通じて、この路線は何度か見直されたが、メッセージの本質はほとんど変わらなかった。[18] しかし、第三章で見たように、CUのためらいがちな口調は、医療の消費者のためのセルフヘルプの本として、より過激な姿勢をとるリチャード・ビュラック『処方薬ハンドブック』に迎撃された。

ジェネリック利用のためのハンドブック

一九六七年春の刊行前から、ビュラックの『処方薬ハンドブック』は激しい論争を巻き起こした。一九六七年四月、上院議員のロバート・バード（民主党・ウェストバージニア州）は上院で出版前の『処方薬ハンドブック』を取り上げ、「米国の出版界と大衆が本書の内容を真に受けたら、ラルフ・ネーダーの著書（『どんなスピードでも自動車は危険』）が自動車業界を揺るがしたように、製薬業界とAMAを揺るがすことになるでしょう[19]」と述べ、出版差し止め命令を求めた。議会読書会に所属する他の議員は、『処方薬ハンドブック』をレイチェル・カーソンの『沈黙の春』と比較した。エドワード・ケネディやゲイロード・ネルソンといった消費者運動と強く結びついた人々は『処方薬ハンドブック』を賞賛したが、医師でもある保守的な下院議員、ダーワード・ホール（共和党・モンタナ州）はその本を激しく攻撃し、医療における消費者活動拡大の予兆であり、保健システムにとって「間違った処方箋」だと断じた。『ビジネス・ウィーク』の編集者はやや皮肉っぽく、「製薬業界のラルフ・

ネーダー登場か」と読者に問いかけた。[20]

一九六七年春『ザ・ハーバード・クリムゾン』〔ハーバード大学の学生新聞〕はビュラックに二度インタビューした。ビュラックは「自分はネーダーなどではない」と言い切った。むしろ、その学生新聞が正しく報じたように、ビュラックはケンブリッジ病院の温和な総合医師で、ハーバードメディカルスクールのオットー・クライヤー教授とともに薬学を学び、教えてきた。扇動家などではなく、著書が刊行された頃の彼は、早々にケンブリッジを去って、オクスフォードのサバティカルを経た後に、

図12　「製薬業界のネーダー登場か」
Business Week, June 20, 1967, pp. 104-10. Used with permission of Bloomberg L.P. Copyright©2014. All rights reserved.

のどかなニューハンプシャー州で開業するつもりだった。しかし『ザ・ハーバード・クリムゾン』はそう書きながらも、ビュラックを「かかりつけの医師とはまったく異なる」、ハーバード教授としては最も「反逆的な人物」と見なしてもいた。

ビュラックの最も反逆的なところは、医師は知っているが患者は知らない治療上の同等性の秘密を暴き、医師に「問い返す」ことを読者に推奨したことだ。

『処方薬ハンドブック』刊行直後の一九六七年五月、ビュラックは『ニューヨーク・タイムズ』のインタビューに応じて、「患者は薬を探し回るべきです」と主張した。「患者は囚われの身の消費者になっていますが、自

分が何を買おうとしていて、それにいくらかかるかを知る権利があります」[21]

このシンプルな発言がなぜビュラックを、議論の的にしたのだろう。ここで思い出してほしいのは、一九六七年には、医薬品の消費者は、医師の処方箋に従うしかなかっただけでなく、往々にして、自分が購入しようとしている薬が何であるかも知らなかったということだ。一九六〇年代後半になっても、処方薬の内容表示に一般名を記すことは求められず、むしろ多くの州では禁じられていた。[22] 自分の使っている薬のカテゴリーさえわからないのであれば、患者は消費者としてどうすれば合理的な判断ができるのか、とビュラックは問いかけた。彼は読者に、少なくとも自分が服用している薬が何であるかがわかるよう、医師に要求することを促した。そうすれば、後で彼の『処方薬ハンドブック』で調べられるからだ。

医師である読者へ：個々の処方箋に薬の一般名を記すよう、薬剤師に指導するためのヒント［…］

患者である読者へ：医師から処方箋を渡されたら、薬剤師に一般名を記すよう指示しているかどうかを確かめ、そうしていなければ、指示してくれるよう、医師に頼もう。そうすることで、より良い安全な処方ができるのであれば、医師はほとんどの場合、喜んでそうするだろう。そして一般名を記すことが当たり前になれば、薬の費用は下がり始める。［…］薬局の人がその考えを好まなかったら、協力的な人のところへ持って行こう。自由企業制において、競争は奇跡をもたらす。[23]

ビュラックは患者に対して、医師の選択においても、患者はより賢明な消費者になることができると説き、一般名による処方を拒否する医師には、仕事を失う可能性があると警告するよう勧めた。同

様に、意識の高い医師は「患者の福利の全側面——ふところ事情も含めて——に責任がある」ことを知るべきだと主張した。(24)

『ザ・メディスン・ショー』同様、『処方薬ハンドブック』は、父親が教え諭すような口調で書かれていた。読者を医師に対峙させ、「平等」な立場に立たせるには、ビュラックを信頼させる必要があったからだ。もっとも、ジェネリックが同等だという彼の主張には説得力があったが、その大半は伝聞に基づくものだった。(25) 奇妙なことに、読者はビュラックのわかりやすい文章と頼りがいのある語り口に反応して、その著作の内容を超えた、医療上の助言を彼に求めた。ビュラックの私信には、処方箋、病気、医者との関わり方についてアドバイスを求める何百名もの読者との熱心なやりとりが残されている。読者への返信で彼は、『処方薬ハンドブック』はあなたの医者の判断の代わりにはならないと言う一方で、この本は、患者が医者と接する時の拠り所になる、と示唆していた。ある患者は、医師に予約を入れた日のことを書いてきた。「今日の午後、妻が予約をとっていた医者のところへ行きますが、その時に妻に持っていかせるために、先生の本を取り出しました。この本はとても値打ちがあると思います。もっとも、わたしたちの医師は、この本を読んでいないそうです」(26)

『処方薬ハンドブック』は、患者を積極的なジェネリックの消費者にしたという点では、『ザ・メディスン・ショー』をはるかに超えた。CUは『コンシューマー・リポート』に『処方薬ハンドブック』の書評を載せ、「この本は、消費者が処方薬に支払う費用の節約に役立つかもしれないが、本書のように患者と医師の両方に向けて書かれた本には、落とし穴がある」と警告した。(27) 本書の第六章、第七章で詳しく検討したように、CUは特に、ジェネリックの治療上の同等性に関する活発な議論に

おいて、「ジェネリックをひとまとめに推奨する傾向」が見られることを批判した。[28]「残念なことに消費者は、どの症状にどの治療がどれほど効果的かについて、医師の間で意見が衝突した時に、どちらかに肩入れすることはできない。素人向けの本で武装して、医師の判断に異議を唱えたり、その本に同意する医師を探し回ったりするよりも、かかりつけ医とうまくやっていく方がいいというのが、CUの医療コンサルタントの意見だ」[29]

医学界で『処方薬ハンドブック』を批判した人の中には、古典的教科書『薬学の原理と実践』の共著者で薬学者のアルフレッド・ギルマンもいた。ギルマンは、ゲイロード・ネルソンへの公開書簡で、『処方薬ハンドブック』が刊行後早々に、医学界や政界で広範に持ち上げられたことに異議を唱えた。ギルマンは、消費者に力を持たせようとする『処方薬ハンドブック』のモデルは行き過ぎだというCUの主張に同調し、ジェネリック消費者運動は「医師と患者の関係を脅かす無限のトラブルをもたらすだろう」と暗い予測を述べ、きわめて率直に、「素人の手に持たせる類いの本ではない」と断じた。ビュラックはこの批判にたじろぎながらも、ギルマンは潔く負けを認めない人間だと反撃した。それは『処方薬ハンドブック』がギルマンの無味乾燥な『薬学の原理と実践』より明らかによく売れていたからだった。数ヶ月後、ギルマンとのさらに深い対立が表面化した。ギルマンの書簡が、PMAの事務局長C・ジョゼフ・ステットラーによって「書くようにと示唆され」[30]（さらには部分的に下書きされた）ことを、上院議員ゲイロード・ネルソンの側近が発見したのだ。

ギルマンは気難しく、また私心があったのかもしれないが、彼が述べた不満が無意味だったわけではない。『処方薬ハンドブック』は実際、刊行のかなり前から出版界を騒がせた。刊行の数ヶ月前か

ら月例図書推薦クラブに推奨され、いざ刊行されると、売れに売れた。ペーパーバック版は、人気のある低俗な本と並んで、薬局や食料品店のレジのそばに置かれた。このように多様なマーケティング・ツールを組み合わせた結果、『処方薬ハンドブック』は医療専門職や医学生から、懸念する消費者や懐疑的な大衆まで、幅広い層を惹き付けた。(31)

一九七六年に『処方薬ハンドブック』第四版（最終版）が出版された頃には、ビュラックはジェネリックが広く受け入れられたことを、誇らしく語れるようになっていた。(32) 一九六六年から一九七四年までの間に薬の一般名を記した処方箋は、六・四パーセントから一〇・七パーセントに増えた。彼はそれを相対的にはよいニュース（八年間でほぼ倍増）だが、絶対的には悪いニュース（一般名を記した処方箋は、依然として全体の一〇分の一）だと解釈した。「数多くの影響力のある人々が、ブランド薬メーカーが最後の悪徳資本家であることを理解しはじめ、医薬品と製薬業とのつながりから生じた無秩序と混沌にいくらかの秩序をもたらすための行動を始めたようです」と彼は主張し、こう付け加えた。「一九五〇年代後半、キーフォーヴァー上院議員が精査したときに始まり、ネルソン公聴会の数年間に白熱した「ジェネリック大論争」が、偏見のない専門家のほぼ全員が満足できる結論に至ったのです」(33)

では、なぜ、ジェネリックのハンドブックが今も必要とされるのか。残る九割の処方箋をジェネリックで埋めるには何が必要なのか。ビュラックは言う。問題は、医師が依然としてブランドの力を信じ、「基本的な問題や合理的な処方について時間を割いて考えたり議論したりするのを望まない製薬業界によって、世間の注意をそらす煙幕」(34) として利用されているからだ。

非合理的な処方者

ビュラックが、不合理なことに医師の処方箋にはブランド薬が根づいている、と主張する根拠は、キーフォーヴァー調査の記録にあった。一九六〇年代初期、キーフォーヴァーの上院小委員会に召喚された人々は、医師は「未熟な」消費者で、論理性をむやみに信奉するあまり医薬品市場の甘言に惑わされやすいと、次々に証言した。[35] ミルドレッド・ブレイディもその証言のなかでこう指摘した。教養のある仲介者としての医師の役割は、「もう一つの非現実的な「第二の仮定」によって混乱している。その仮定とは、情報に通じた消費者にプレッシャーをかけられても、医師自身は価格について十分な情報を得ているので、「より細かい区別」ができるというものだ」。ブレイディは続けた。

製品の販売促進の発展を間近で見て、また、呪術者から今日のテレビ番組に至るまで薬を宣伝する媒体に慣れ親しんできたわたしたちにとって、一つの非常に不幸な進展は、第二次世界大戦以来、医師が、きわめて攻撃的で盛んな販売促進戦略に晒されていることです。わたしたちは日に何時間も、テレビなどのコマーシャルを通じて、体臭防止剤、風邪薬、練り歯磨き、白髪染め、頭痛薬、便秘薬を製造するさまざまな会社が、相反する主張をするのを聞いています。それらの会社は、医療用のブランド薬も作っています。ゆえに、テレビの視聴者でラジオの聴取者であるわたしたちは、医師に対して同情と不安を感じずにはいられません。なぜなら医師たちも、わたしたちと同様に、集中的で強引な売り込みを受けているはずだからです。[36]

専門的な消費者という医師の立場の擁護を求められて、カリフォルニア大学の薬学及び法医学教授であるチョーンシー・リークは、「一般の人々に新しい服や新車をうまく勧めて買わせることができても、医師を丸め込んで新薬を買わせることはできない」と主張した。(37) こうした比較はしばしば――キーフォーヴァーの助手、ポール・ディクソンに言わせれば――「専門職である医師をだますことはできないという主張に基づいていた」。(38)

だが、一九六〇年までに、いくつもの研究が、逆の結果を示した――医師は、平均的な消費者が食料品店で何かを買うよう誘導されるのと全く同じように、消費者として「誘導された」のだ。キーフォーヴァーの委員会は、AMAが資金提供したフォンジュラック研究の結果を精査した。それは一九五〇年代後半に、売り込みを受けた医師の処方行動を調べるために行われた大規模な調査だ。その研究が結論づけたように、医師は専門家である以前に、普通の人間だった。「人間なので、行動が早い人もいれば遅い人もいる。勤勉な人もいれば、いくらか怠惰な人もいる。親しみやすい人、気難しい人、社交的な人、孤独を好む人、幸せな人、不幸せな人、さまざまだ。それに、その日の朝の妻や子とのやりとりが、患者や同僚、製薬会社のセールスマンに対する態度にいくらか影響する。基本的な気質は、日々の対人関係によって修正されるが、行動や態度の全てにある程度は影響する。人間としてのあり方は、医師としてのあり方によって修正される」(39)

同時期にエルンスト・ディヒターが率いる研究所は、ニューヨーク医薬品宣伝クラブの依頼を受けて、動機づけの研究を行った。その結論としてディヒターは、医師の精神を、意識と無意識に二分されたものとして描いた。「基本的な矛盾は、医師が自らを合理的な科学者と考えているところから生

じる」とディヒターは記した。「彼らは、自分は客観的な根拠に基づいて決定する、と思い込んでいる。［…］だが、スーパーマーケットの通路にいる主婦のように、彼らもまた、不合理で感情的な要因によって決断しがちなのだ」[40]

一九五五年に「スーパーマーケットの通路にいる主婦」と医師を同じと見なしたことは、（男性の）専門職と（女性の）消費者という、性別によるステレオタイプをひとくくりにする強烈な発言だった。医師が、無学な一般人と同じように宣伝の影響を受けやすいのであれば、医薬品の購入においても、メディアの宣伝に流される消費者と何ら変わりはないはずだ[41]。専門知識を持つ偏りのない消費者としての医師への信頼はその後も回復されず、追い討ちをかけるようにサリドマイド薬禍、ピルの安全性についてのフェミニストの批判、ジャーナリストであるモートン・ミンツの『治療の悪夢――薬をめぐる闘い』を始めとする医薬品汚職を暴く著作の刊行といった一連のできごとが続いた[42]。

一九六七年にゲイロード・ネルソンが製薬業界における競争を調査する公聴会を始めたときには、消費者保護を訴えるリチャード・ビュラック、CU、より過激な消費者運動グループのパブリック・シティズンはいずれもジレンマを抱えていた。こうしたグループが消費者としての患者に助言する際には、医療知識に詳しい医師の存在を前提としていたが、巷の医師は、もはやその役割を果たしていなかったのだ。このジレンマに直面して、消費者保護団体は、医師が専門職消費者として行動しにくくなっているからこそ、患者には消費者として付加的な役割を担う責任がある、と主張し始めた。喩えるなら、眠そうな運転手が運転するバスに乗っているようなものだ――乗客はバスの運転の仕方を知らなくても、運転手を眠らせないための努力はできるはずなのだ。

必須ではない薬のための、必須のガイドブック

一九七〇年代に消費者用の医薬品ハンドブックというジャンルが成長したとき、新参のハンドブックは患者も消費者として付加的な役割を担うべきだという主張を繰り返したが、その口調は、消費者保護の議論めいたものから、より実践的で実際的なものへと変わった。一九七七年に刊行されたジェイムズ・ロングの『処方薬のエッセンシャルガイド』は、消費者の安全を懸念する、より地道で実際的な主張に根ざしていた。一九七〇年代末、ロングは、新薬は消費者に未知のリスクをもたらすが、医師はこうしたリスクを消費者に十分に伝えられていないと確信するようになっていた。この新たなシナリオにおいては、薬のコストではなく健康リスクを懸念する消費者として患者を捉え直す必要があった。ロングは次のように説明した。「時として医師に見られる家父長的で秘密主義的な態度は、強力で複雑な医薬品が溢れる現代では、時代遅れなものになった。同時に患者は、薬に対して疑問を抱かない受動的な消費者の役割に甘んじるのがどれほど危険であるかを、ますます察知しつつある(43)」

ロングの著作は、医薬品消費の責任は医師と患者の両方にあるとしている。「薬による治療を成功させるには、関与する人すべてが正しい情報を共有し、正しく使用することが欠かせない［…］処方薬の使用に関して、医師と患者が責任を分かち合い、協力しなければならない時代になったのだ(44)」

ロングは『エッセンシャルガイド』において、医療上の意思決定がさらに平等主義となる時代はすでに来ており、それとともに、社会学者、レネー・フォックスが後に「選択の暴虐」と呼ぶもの——患者が自らの健康に関する決断の結果に新たな責任を負うダブルバインド——をもたらしたと見なし

た。この新たな時代に正しく行動するために、消費者には基礎的薬学の短期集中コース、および、医薬品の商標とジェネリック名のインデックスと、一般的な医薬品の作用、副作用、禁忌を説明する「医薬品プロファイル」が必要となる。ロングの著作は、それらをすべて提供した。もっとも、本書は医療のプロに代わる、完璧な「ＤＩＹ《ドゥー・イット・ユアセルフ》マニュアル」になるものではないという、但し書き付きではあったが。しかし、これらの著作は、医師の判断に代わることを意図していなかったとしても、医師も間違いを犯しうることや処方箋に交渉の余地を認めることの重要性に人々の注意を向けることを意図していた。ロングの『エッセンシャルガイド』に、バンタムによる一九七九年版『薬の本：合衆国で最も処方される薬の図解ガイド』が続いた。『薬の本』は最初の版だけで十七刷を数え、一〇〇万部を超えた。[45]

一九八四年のハッチ－ワックスマン法の流れを受けて、処方薬購入ガイドブックのジャンルは拡大し続けた。M・ローレンス・リーバーマンによる、広範な消費者と医師のためのガイドブック『ジェネリック医薬品のエッセンシャルガイド』と、その一〇年前に出されたロングの『処方薬のエッセンシャルガイド』との違いは目を見張るばかりだった。リーバーマンは薬剤師だが、ハッチ－ワックスマン法を巡るジェネリックの一般的な議論についてコラムや特集ページをいくつも書いてきた。ジェネリックを広く支持したビュラックとは違って、リーバーマンは、消費者にどちらを選ぶかを薬ごとに判断することを求めた。著作が印刷に回されていたとき、彼は『ニューヨーク・タイムズ』の特集ページで、「ブランド対ジェネリック」論争は、実際よりはるかに二元論的に描かれてきた、と語った。ジェネリックの中には有用なものもあれば、そうでないものもあった。バーゲン品（同じだが、

より安い）と欠陥商品（あらゆる意味で安っぽい）を区別する能力は、教えることのできるスキルだ[46]。彼の『エッセンシャルガイド』は消費者に、小麦ともみ殻の分け方を教えようとするものだった。

リーバーマンは薬剤師という立場から、医師の大半は、患者に有益なアドバイスができるほどにはジェネリックの薬学を理解していない、と示唆した。そして自著に、個々の薬についてのFDAによる生物学的利用能試験の結果の要約、製薬会社のGMP（適正製造規範）の信頼度評価、それに、ブランド版とジェネリック版の価格差の有意性査定の結果を載せた。つまり、何らかのジェネリックを選ぶと、どれだけ経費が削減でき、どれだけリスクがあるかをはっきりさせ、素人でもジェネリックを買うかどうかを判断できるようにしたのだ。

典型的な例として、抗コリン剤のジサイクロミンについては、ジェネリック錠剤が比較的製造しやすく、生物学的同等性の問題は最小限だが、その薬の使用期間は短いので、経費削減の効果はほとんどない、と書かれている。対照的に、鎮静催眠剤のグルテチミドについては、錠剤形態での吸収に問題があるとされていたにもかかわらず、ジェネリックの購入を推奨した。「ブランドか、ジェネリックか。ジェネリックは最大六〇パーセント、経費を削減できます。多くのジェネリックがブランド薬と生物学的に同等と見なされているので、ジェネリックは最善の選択です。かかりつけ医に相談しましょう。この錠剤の服用量には幅があり、体内での吸収が異なる可能性があります（本剤にはカプセル剤もありますが、それはブランド医薬品だけで、ジェネリックにはありません）。経費削減の効果を求めるのであれば、再調剤の際に、下記のリストから選択した企業のジェネリックを使うことをお勧めします[47]」。リーバーマンは読者に、多大な努力と医療分野の文章を理解する能力を求めた。その本は

かなりの厚さがあり、ハンドバッグや上着のポケットに滑り込ませて薬局に持って行くには大き過ぎた。また、彼の言い回しは難解で、生物学的同等性の基準が連邦と州の規制機関によって異なる場合には、推奨が矛盾する場合もあった。以下に挙げた喘息と抗アレルギー薬についての推奨はその一例だ。

ジェネリック錠剤は、FDAではブランド医薬品と生物学的に同等と見なされていません。ジェネリックを利用すれば経費をほぼ五〇パーセント削減できますが、三種の活性成分に関して、ジェネリックでは、この薬に求められ予測される効能を得られない可能性があります。ゆえに長期的に使用し、経費削減の効果が大きい場合は別として、ブランド薬を使いつづけた方が良いでしょう。州によって、いくつかのジェネリックのシロップはブランド薬と生物学的に同等と見なされていますが、FDAは認めていません。かつてシロップの着色料がアレルギー反応を引き起こした事例がありましたが、その着色料はブランド製品からは除去されました。ジェネリックの場合、無色透明のシロップはその着色料が除去されたことを示しています。ジェネリックは、四〇パーセント近い費用を削減する優れた代替手段です。かかりつけ医に相談しましょう。(48)

リーバーマンの文章は、医薬品の消費者を、ジェネリックを買う際に実際よりはるかに鋭い眼力を持つ者として描いた。彼の本は読者に、健康に関する専門的な記述を理解する能力と、曖昧な記述への寛容を求めたが、それでも大筋は読む人にしっかり伝わった。

ジェネリック消費者になる

一九八〇年代後半になると、リーバーマンの著作は、処方薬の消費者である患者の見識を深めるのに役立つと約束するペーパーバックの一冊に過ぎない存在となった。一九六〇年代に最初の一冊が誕生するまで、誰も想像すらしなかった消費者のための処方薬ガイドブックは、一九八〇年代後半にはどこでも見られるようになり、議論の対象になるどころか、ありきたりなものになったのだ。ビュラックの改訂版、ロング版、リーバーマン版と並んで、ほぼ毎年、新しいガイドブックが刊行された。一九八八年には、マックス&ベティ・フェルムが書いた、『ジェネリック医薬品を用いた節約法』が登場し、人気を集めた。一九八九年にはCUの『ザ・メディスン・ショー』の改訂版が『ザ・ニュー・メディスン・ショー』という力強いタイトルに改題されて出版された。競争相手に煽られたらしく、『ザ・ニュー・メディスン・ショー』は、患者は見識ある医療消費者として、処方した医師にジェネリックについて尋ねることが重要だと明言した。「医師は、ジェネリックを使うには何らかのハードルがある、と言い出す可能性がある。[…]そのため、重ねて言うが、患者であるあなたが主導権を握らなければならない(49)」とその本は結論づけた。

ヘルスケアのより賢明な消費者になろうとする患者のための一連のマニュアル本において、消費者主義とジェネリック主義が結びついた。本章では、その過程を追うことにより、医療情報の流れが、家父長が教え諭すようなものから、より平等主義的なものに推移するさまをたどってきた。この分野の歴史を、深読みしてはならない。父親が教え諭すような性質を維持するそれらのガイドブックは、消費者が実際に何をしたかを見る透明な窓にはならないが、ジェネリックの消費者として力を与えら

れた患者の新たな姿を垣間見させてくれる。こうした本が版を重ね、この新たな分野は一九六〇年代から一九八〇年代にかけて着実に成長し、一九九〇年代から二〇〇〇年代にかけて細分化した。この種のアドバイスを求める市場は昔も今も存在すると、わたしたちは考えている。しかし、誰がそのようなアドバイスを求め、これらのアドバイスが実際にどのように役立ったかを、それらのガイドブックだけから読みとるのは難しい。

それでも、処方薬についての消費者ガイドの分野の成長を追うと、一九六〇年代から一九八〇年代にかけての、ヘルスケアにおける消費者主義の拡大が、調剤におけるジェネリック主義の拡大と密接につながっていたことがわかる。当初それは、医師のアドバイスを補助することを意図し、遠慮がちに主張していたが、徐々に大胆になり、患者が医師のアドバイスに問い返すための武器となった。これらのセルフヘルプの本がさらに自信を強めるにつれてその目的は、医師のアドバイスを補助することから、医師のアドバイスに取って代わる、あるいは、少なくとも消費者が新たに得られるようになった医療上のアドバイスにアクセスするためのツールになることへと移行した。

第十一章　診療所、薬局、スーパーマーケットでのジェネリック消費

ジェネリックは決して新しいものではない。あなたの行くスーパーマーケットには、昔から質の似た製品が、置かれていたかもしれない。新しいのは、その販売方法だ。
『チェンジング・タイムズ』、一九七八年

二〇世紀末までに、処方薬についての消費者向けガイドは、消費者の医療情報を得る権利と同じく当たり前のものになり、議論されることさえなくなった。二〇〇四年に『コンシューマー・リポート』が『ベスト・バイ・ドラッグ』を刊行し始めたとき、新シリーズの最初の特集として、食器洗い機、冷蔵庫、オーブントースターの評価と並んで、コレステロール低下剤の比較が特集されたが、誰も驚かなかった。二年後には『まったくの素人のための処方薬』が刊行されたが、それに抗議する人もいなかった。(1)

ジェネリックの消費者は専門家ではなかったが、まったくの素人でもなかった。ジェネリック消費者への助言は、二つの重要な境界を越えた。それらは、二〇世紀半ばでは、明確で、越えがたい境界だった。まず、これらのセルフヘルプの本は、消費者としての患者に専門家の助言を提供しつつ、消費者としての医師の専門知識に異議を差し挟むようになっていった。また、処方薬を家庭用電化製品

や朝食用シリアルと並べることによって、拡大の一途にあるジェネリック消費は、医薬品と一般の商品を隔てていた境界を越えたのである。

消費者としての医師

これまで医師の消費者としての役割にはほとんど注意が払われてこなかったが、それがいかに危険であるかに、わたしたちは気づきつつある。医師の認知構造と知覚環境が、薬、食品、タバコ産業の強力なマーケティング組織によって形成されてきたことを示す証拠は近年、否定できないほど集まっている。それらは雑誌広告やセールスマンにとどまらず、ゴーストライターによる著作や、ポピュラーサイエンスの本、継続医療教育の構造と内容にまで至る。(2) 製薬業界は、少なくとも半世紀にわたって医師を治療市場において最も影響力のある消費者と見なしてきたが、米国の一般市民の大半が医師をそう見なすようになったのは、二一世紀に入ってからのことだった。

仮に医師が消費者としての自分の立場を知っていたとしても、それを明言することは滅多になかった。一九七〇年代から八〇年代初期にかけての医療文献において、消費者としての医師に言及したわずかな例は、自身が治療を必要とし、ゆえに患者の立場になった医師について述べたもので、それらの著者の多くは、そのような医師を「投薬治療と外科的治療について情報に通じた「消費者」」と仮定し、患者であり医師である彼らはきわめて情報に通じているので、医療消費者の格好のモデルになる、としている。だが、実際のデータは、大半の医師は患者のモデルにはなりえず、情報に通じているわけではないことを物語っている。医療図書館員エステル・ブロッドマンは「医療文献における消

費者としての医師」と題した風変わりな記事の中で、平均的な医師はどうすれば新しい治療法の情報を得られるかがわかっていない、とこぼした。「医師が正確で完璧な情報を持たず、いわゆる事実の記載を検討することもできないのであれば、健康と疾病について情報に基づく判断ができるはずがない」と、ブロッドマンは不満を表した。(3)

対照的に、製薬業界から見た消費者としての医師の役割は、一九五〇年代にはすでにしっかり説明されていた。前章で述べたディヒター研究とフォンジュラック研究はその好例だ。市場研究者の見るところでは、処方箋は医師(処方箋の作成者)と患者(処方薬の消費者)を分断するどころか、逆に結びつけた。医療消費者の歴史を研究するナンシー・トームズは、処方箋法の成文化に伴い、「医師は最も高価な薬を患者に流し込む漏斗になった」と述べている。一九五〇年代から六〇年代にかけて、製薬業界はその営業努力をこのエリート消費者集団に集中させるようになった。医師はしっかりまとまっていて、標的にしやすく、その決断が医薬品消費の市場全体に影響を及ぼすからだ。(4)

逆説的ではあるが、製薬業界が医師を専門職消費者として利用する上で、重要な手段になったのは、医療における「消費者主義」拡大の危険性を訴えることだった。疑り深い医師から見れば、消費者主義は、治療上の意思決定に口出ししようとする「厚かましい患者」を意味した。医師にとってそれは、目先の損得にとらわれて安物買いをし、結果的に健康を害し、高いコストを支払うことになりかねない愚かな消費者に他ならなかった。

消費者としての患者はしばしばジェネリックを求めた。一方、消費者としての医師は、ブランド薬の価値を知っているはずだと期待された。ここに二〇世紀末の医薬品市場における消費者主義の主た

るパラドックスがある。医師が消費者としての力を行使すればするほど、患者サイドの消費者主義と対立するようになったのだ。医師は、医薬品消費における知識のある仲介者という立場を自認しており、その立場を、当然の権利として用心深く守るようになった。製薬業界はそれを支援するために、ロビー活動や広報活動を繰り広げた。反消費者主義、反ジェネリック主義を掲げ、消費者主義は医師の専門性と正当な権利を脅かす極めて有害な社会的プロセスだと攻撃したのだ。

消費者主義はケネディ及びジョンソン政権のスローガンには終わらず、ニクソン時代にも引き継がれることを、製薬業界は知っていた。そこで米国製薬工業協会（ＰＭＡ）は、医療の世界を脅かす消費者主義に対抗するために、医師との連携を求める一連のキャンペーンに着手した。一九六九年、リチャード・ニクソンによって連邦取引委員会（ＦＴＣ）委員長に指名されたキャスパー・ワインバーガーは、就任時に「消費者主義はアンチビジネスではなく、現代の生活に欠かせないものである」と述べた。また、ニクソン政権で新たに消費者問題担当の特別顧問に任命されたヴァージニア・クナウアーは、全米小売薬局協会（ＮＡＲＤ）の会合で消費者主義を後押しする演説を行い、波紋をひろげた。彼女がジェネリックを支持したことに反発して、『ＦＤＣピンクシート』〔医薬品関連情報の雑誌 FDC Reports の通称〕はクナウアーの「『強烈で』『聖域のない』消費者主義的傾向」を激しく非難した。(5)

しかしクナウアーは、消費者運動を先導したラルフ・ネーダーとは違って、医療における消費者主義には限界があると、よく語っていた。例えば彼女は、患者には自分に処方された薬について詳細を知る権利があるとは考えていなかった。「可能であれば、人は自分が何を与えられたかを知るべきでしょう」と言葉を濁したが、患者が薬の名前を調べて、副作用の可能性を知ると、「恐怖のあまり動

転する」のではないかと彼女は懸念していた。あるインタビューでは次のような異議を唱えている。「素人としての意見ですが、自由裁量に任せれば、薬剤師は慎重な判断ができなくなり、ジェネリックを使用すべき薬のリストに載せるのではないでしょうか」(6)。しかしその一方で彼女は、ニクソンの消費者主義に関する演説にジェネリック賛成のメッセージを巧みに挿入した。その年の連邦議会で初めて消費者に向けて行った演説で、ニクソンは、薬局に並ぶ全ての薬の内容表示にその薬の一般名が記されることを望んでいる、と述べたのだ。対して、製薬業界の業界誌は、ニクソン政権下の米国食品医薬品局（FDA）は「ジェネリック主義への歩み」にとりつかれており、「ニクソン政権下では、献身的な消費者活動家でなければ委員や理事になれないだろう」と皮肉った。その業界誌において「消費者主義」と「ジェネリック主義」はほぼ同義で、いずれも禁句扱いされた。

製薬会社の幹部の中には、「蔓延する消費者主義」が健康分野を乗っ取りつつあると警告する人もいれば、消費者主義から消費者を切りはなそうとする人もいた。レダール・ラボラトリーズ社のマーケティング部長は、「製薬会社は活動家に踏みにじられている」と不平を言いつつ、フォーカスグループ〔市場調査のために抽出された消費者グループ〕によるデータを提示した。そのデータは、実のところ消費者は、消費者主義、少なくとも消費者同盟（CU）やパブリック・シティズンのヘルス・リサーチ・グループなどが率いる消費者主義には関心がないということを示唆していた。消費者運動の活動家とは違って、普通の消費者は、「ジェネリックを薦める医師や薬剤師との接触はほとんどなく、アスピリンやビタミン剤程度ならジェネリックを買うという人が、わずかにいるようだ」(7)。ある製薬会社では、消費者保護活動とフェミニズム活動がマーケティング部門に騒動を引き起こしていた。同社

の広報担当幹部は重役にこう言った。「七〇年代の消費者は、医療に関しては知識を増やしてきたようです。と言っても、口角泡を飛ばす活動家になったという意味ではありません」。彼はこう結論づけた。「消費者は愚かではありません。言うなれば、消費者とはあなたの奥様のような人々なのです。彼女らの知性を侮ってはいけません」(8)

医療の専門職は一般に、このような画一的で性差別的な見方に共感した。彼らは消費者保護活動家を、外からやってきて患者をそそのかし、合法的に別の権威者を信奉させようとする工作員のようなものと見なしがちだった。それでも一九七一年に『アーカイブス・オブ・インターナル・メディスン』の編集者が指摘したように、医療消費者は例外視されていたが、それは「何世代にもわたって、医師が判断するような複雑な専門的な事柄は、医師として訓練を受けてきた人でなければ対処できないと考えられてきたからだ」(9)。消費者主義が医療に介入することに異を唱えた他の専門家と同様に、この編集者は、消費者主義によって、医師が単なる専門職の消費者に格下げされることを警戒していた。

一九七〇年代の初期、医療及び製薬業界における反消費者主義は、強まる一方だった。一九七一年、業界誌『FDCピンクシート』は読者に、消費者保護活動家は「ますます手の込んだ方法」を用いるようになった、と警告した。「活動家は新たに調査したことを法律文書にまとめたり、FDA職員と会ったりもしている。彼らは新たなアイデアを実行に移すために十分な下準備を重ねてきたのだ」(10)。一九七四年には、PMAの広報部長、ウィリアム・C・クレイが、『ミート・ザ・プレス』〔日曜朝の長寿トーク番組〕に出演し、ジェネリックについて消費者教育を進めている消費者保護団体が全米にはびこりつつあり、四八州にその組織があり、ネーダー流の公共利益調査グループ(PIRGs)が二

二箇所に存在する、と注意を促した。こうした「消費者グループ、労働組合、シニア市民グループは（ジェネリック代替に対して）実に熱心です」、クレイは続けた。「彼らは関連する企業や事象を監視するようになりました。現時点で、それは非常に深刻な問題です」[11]

一九七五年末、反代替法の撤廃がピークとなり、米国薬剤師会（APhA）のエドワード・フェルドマンは会長のウィリアム・アップルに書き送った手紙の中で、「残りの州でも、反代替法の撤廃は、ますます勢いを増しています」と自信満々に告げた。しかし、そう言いながらもフェルドマンは、医師たちがジェネリック代替に反対するために新たに立てた戦略のことを案じていた。彼が指摘したように「代替に反対する戦略は変化しました。反代替法の改正を阻止できなかった場合も、改正を実質的に阻止することは可能だと、医療組織は結論づけたのです。処方発注書に「DAW」指示を入れておけば、医師は、医薬品の選択を一貫して禁止することができるのです」。DAWとは、「記載どおりの調剤」を略したものだ。一九七五年夏、米国医師会（AMA）は、医師の書く処方箋にDAWを記すことを求める決議案を通過させ、州の医療社会は医療雑誌に、この決議案を強く推す全面広告を載せた。この戦略はジェネリック代替の取り組みにとって深刻な脅威になる、とフェルドマンは案じた。「それが拡散し、ひいては実現するのを阻むために、強力で前向きな努力をしなければなりません」[12]

DAWと「反代替」キャンペーンは実際のところ、ジェネリック消費の急速な成長を阻もうとする戦略の一部だった。一九七四年にフロリダ州が新たな代替法の通過を検討していた時、AMA（米国医師会）とPMAは「二行」処方箋を実現しようとしていた。それは、医師が代替を承認すれば一方の行に、そうでなければもう一方の行にサインするようになっていた。AMAの前会長で『米国医師

会雑誌』の編集者であるヒュー・ハッシーは、代替法が「医師にとって容認できる解決策」になるには、医師が何らかの処方について、「記載通りに調剤」、あるいは「代替禁止」と指定できる場合に限られる、と主張した。[13] 数年後、PMAのウィリアム・クレイは、「二行処方箋様式は、PMAが代替法に対抗するために考えだした概念だ」と認めた。

PMAは「銃撃戦」から撤退し、肯定的提案から防衛する策を渇望していた。その策を練るうちに、極めてシンプルだが優れたアイデアを思いついた――二行処方箋様式だ。それはPMAの歴史に刻まれるべきものだ。ブレナンやパットンをはじめとするPMAの弁護士が、その概念を構築した。理事会は当初、懐疑的だったが、一九七五年までにそれを強力に支持するようになった。その様式は医師の処方と特許権、そして州議会に訴える公平性を保持していた。それを軸として、PMAは議員への接近方法を練った。このPMAの二行処方箋様式は、ジェネリックによる代替を減らした。市場調査によると、医師の七〇パーセントが、この様式を利用して代替を禁じている。二行様式がなければ、多くの州において、該当者の最高九五パーセントが、代替品を入手したか、入手しようとしただろう。最終的に、二九州が二行様式を受け入れた。[14]

医療歴史学者ドミニク・トベルが述べたように、一九六〇年代及び七〇年代のいくつかの主要な健康政策において、医療・製薬業界のロビーは、処方医の自主性の尊重に最も力を注いだ。[15] だが、反代替運動の発展が語るのは、医師の自主性は専門職消費者としての役割を認めて初めて主張できるということだ。医師は専門職消費者という役割においてのみ、匿名の薬剤師、州官僚、製薬業者が後押し

するジェネリック代替法に対抗して、特定の医薬品を指示あるいは指定する自主性を持ち得るのだ。医師は、自らの行動を制限しようとする州の官僚構造には抵抗しつづけたが、その一方で特定の消費財を推進する業界の官僚構造において、自分たちの自主性に限界があることを理解していないようだった。

実践者としての医師の自主性は、一九八〇年代に法廷で争われた、医師の処方及び医薬品関連情報に伴う責任の問題と、密接に関連していた。医師が医薬品のリスクについて十分な知識のないまま処方したせいで患者が苦しむことになった場合、医師にはどのような責任があり、それをどう負うべきだろう。一九七〇年代末まで法廷はそれを表現する言葉と論法を持たなかった。一九八二年のオクセンフルト対レダール裁判の判決は、医療情報の消費者としての医師の権利を定義した最初の判決と言えるだろう。オレゴン州の医師イーリング・オクセンフルトは、レダール社の結核治療薬ミャンブトール（エタンブトール）を使用したせいで失明した患者から提訴された。オクセンフルトは過失傷害罪の判決を受け、一〇万ドルの賠償金の支払いを命じられたが、ミャンブトールの既知のリスクを通告しなかったとして、レダール社を提訴し、一〇万ドルを肩代わりするのに加えて、職業上の信用を傷つけたとして五〇〇万ドルの慰謝料を要求した。この件は、オレゴン州最高裁判所で争われ、オクセンフルトに軍配が上がった。医療情報の消費者としての医師の権利はＦＤＡの法的規制によって保護されており、また、レダールは販促資料で製品の安全性を過剰に強調し、医師の権利を侵害した、と法廷は判断したのだ。『ノースウェスタン大学法律紀要』がこの件について論評したように、「製品の安全性を保証する製造者の宣伝を信頼する権利を、消費者が持つ」のと同様に、消費者としての医師

は製薬会社の販促資料を「信頼する権利」があるのだ。[16]

「権利」、「倫理」、「医師と患者の関係という聖域の政府による侵害」といった、ジェネリック代替に反対する医師たちが用いる言葉は確かに高圧的だった。だが、彼らのレトリックを、彼らの政治的姿勢を正しく示したものと、早合点してはいけない。薬のブランドを選ぶ医師の権利を守れという声高な主張に気を取られていると、医師がますます消費者と見なされるようになってきたことを見逃す恐れがある。

ジェネリック消費の場所——薬局とスーパーマーケット

医療消費者が必要とするものを誰が——州か、業界か、専門職か、あるいは消費者保護団体か——一番よく理解しているかを巡って、医療や医薬品分野の定期刊行物に大量の記事が掲載されたが、こうした議論の結果が最も形となって現れたのは、医薬品を売買する市場だった。一九七一年初めに製薬業界誌は、ボストン市が、いくつものスーパーマーケットを含む、医薬品カウンターを備える全店舗に、主要な医薬品一〇〇種の価格を掲示するよう求めたことを、警告を添えて報告した。他の市や州でも、処方薬の価格を掲示させる政策や、処方薬への一般名記載を義務化する法律などが、提案されるようになった。[17] 一九七一年、ニューヨーク州知事、ネルソン・ロックフェラーは、共和党が進める穏健な消費者改革のメッセージに、内容表示への一般名記載と薬価の掲示によってジェネリックの消費を支援することを、重要な政策として盛り込んだ。さらに多くの州が、薬価掲示と一般名記載を義務化する法律を成立させたが、逆にそれを禁止する州もあり、製薬業界は、消費者保護活動家と反

消費者保護のロビイストが正面切って闘う場となった[18]。

ドラッグストアチェーンやスーパーマーケットは、この情勢を、消費者保護の立場を明らかにして市場を拡大するチャンスと見た。薬局チェーンのレブコは、一九七三年、ブランド薬とジェネリックの価格を消費者に宣伝し始めた。翌年、ウォルグリーンズは、自社のジェネリックの質の高さを強調する一連の広告と「お客様各位」の手紙を通して、ブランド薬とジェネリック双方の(定期的に服用する催眠薬は除外した)一五〇〇種の医薬品について、独自に『お客様用処方薬価格一覧』を出すことを告知した。同社会長のチャールズ・ウォルグリーン三世が自ら記者会見を行い、『処方薬での節約法』と題した小冊子を配布し、「その一覧には、消費者が比べやすい形で、ブランド薬とジェネリックの価格を掲載します」と予告した[19]。

想定されたジェネリック消費者は、しみったれでもなければ二流の購入者でもなく、見識ある消費者、模範的な消費者、教養ある消費者、つまり、全国的なチェーン店が来てほしいと思う消費者だった。レブコやウォルグリーンのキャンペーンが示唆するように、ジェネリック消費運動の対象となる消費者を決めるのは、大衆、専門職、そして消費者保護団体だけではなかった。それは徐々に、薬局チェーンやスーパーマーケットのマーケティング戦略や利害関係者によっても形成されるようになっていったのだ。

エスター・ピーターソンの職歴は、一九七〇年代におけるジェネリック消費者運動のこうした異なる領域をたどっている。ジョンソン政権で消費者庁の特別顧問だったピーターソンは一九六九年にニクソンが大統領になると、「消費者のツァー(専制君主)」のポジションをヴァージニア・クナウアー

に譲った。しかし、ワシントンDCを離れることはなかった。ワシントンを地盤とするスーパーマーケットと薬局のチェーンであるジャイアント・フードの常任副社長になり、消費者プログラムを担当することになったのだ。ジャイアント社で地元消費者に対する「ツァー」を務めた数年間、ピーターソンは薬局チェーン店によるジェネリックの販売促進を、強力に擁護した。そうすれば、米国の医療消費者とチェーン店の両方が得をすると、ピーターソンとジャイアント社は見ていた。消費者は、支払っている医療費でより価値のある薬を得られるようになり、一方、販売企業は、売上を伸ばすとともに、消費者の信頼を得ることができるからだ。一九七七年二月二日、ジャイアント社は、ピーターソンのナレーションによる最初のジェネリック宣伝を公開した。「品質はどうでしょう？　ジャイアント社は自社の品質管理研究室でジェネリック処方薬の検査を行い、生産単位ごとの品質が一貫していることを確かめています。全ての薬がジェネリックとして買えるわけではありません。ご質問のある方は、ジャイアント薬局にお電話ください[20]」

放送メディアに続いて、『ワシントン・ポスト』に全面広告が載った。「ジェネリック医薬品についてお話ししましょう」という大見出しの下に、エスター・ピーターソンの写真を掲載したものだ（図13）。添え書きとして、ピーターソンが、「弊社の医薬品流通センターが購入したジェネリック医薬品は、現代的で最先端の医薬品検査設備を備えた弊社の品質管理研究室で生産単位ごとに分析され

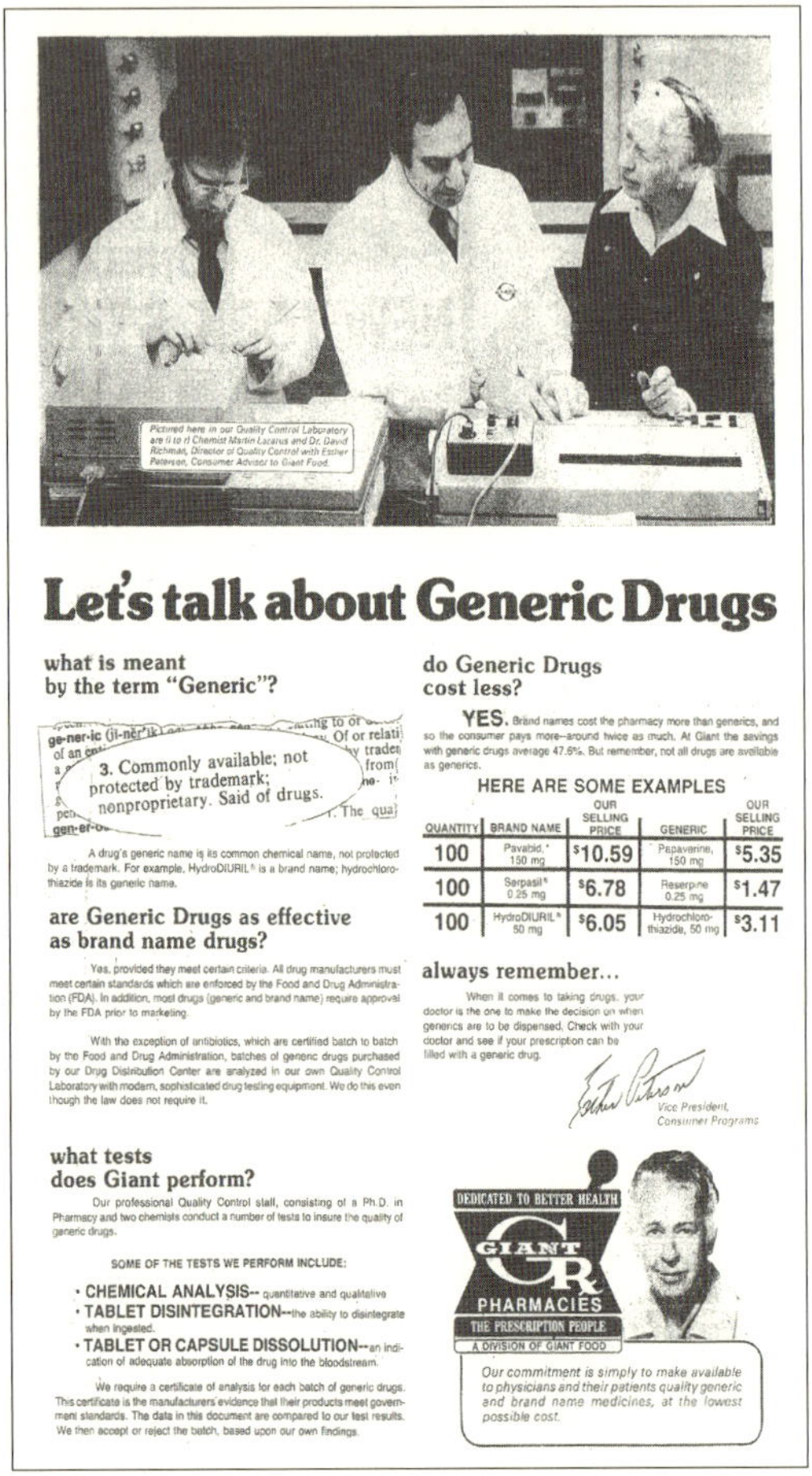

図13 ジェネリック医薬品の高品質を謳うジャイアント・フードの広告。
『ワシントン・ポスト』1977年2月4日、A14 著作権所有者の許可を得て複写

ジェネリック医薬品についてお話
ジェネリックという用語は何を意
医薬品のジェネリック名は通常、
標によって保護されていません。
ィウリルは商標であり、ハイドロ
ェネリック名です。
ジェネリック医薬品はブランド医
効ですか？
はい。確かな基準に適合すれば
社は全て、FDAの厳しい基準を
ません。さらに、大半の医薬品
ランド薬）は販売前にFDAの承
FDAによって一生産単位ごと
質を例外として、弊社の医薬品流
たジェネリック医薬品は、現代的
を備えた弊社の品質管理研究室で
されます。法律では求められてい
れを実施しています。
ジャイアントはどの検査を実施し
弊社の専門職品質管理スタッフ
化学博士2名がジェネリック医薬
ための多数の検査を率いています。
弊社が実施する検査には
・化学分析 定量的及び定性的
・錠剤の崩壊 摂取時の崩壊能力
・錠剤あるいはカプセルの分解
切な吸収の表示
わたしたちはジェネリック医薬
分析証明書を求めています。証明
の基準に適合することを示す、製
す。この文書におけるデータは、
較されます。照合の後、弊社の検
その生産単位を購入するかしない
ジェネリック医薬品は安上がり？
はい、薬局はブランド医薬品を
より高く購入するので、消費者は
2倍——支払います。ジャイアン
医薬品による経費削減は平均47.6
かし、全ての薬品がジェネリック
けではありません。
ジェネリックを使っていいかどう
師の役目です。あなたの処方箋に
を入れられるかどうかを医師とと
エスター・ピーターソン 副社長、
当

ます」と消費者に保証した。[21]

ピーターソンはこう断言した。「法律では求められていませんが、弊社はこれを実施しております」。[22]共同声明でFDAとジャイアント社は、こうした広告は消費者に「ジェネリックの概念を説明できるだろう」[23]と述べた。このジャイアント社の広告が載った数日後に、同じくワシントンを地盤とする、ライバルの薬局チェーン、ピープルズ・ドラッグが、DC都市圏でジェネリックキャンペーンを始めた。ピープルズ・ドラッグの社長、バド・ファントルはこう語った。「この地域の医師を対象とする近年の調査により、最近では、可能な場合は高いパーセンテージでジェネリックが処方されていることがわかったので、ジェネリックの品質とそれによって得られる経費節減を保証し、消費者教育を支援するのは正しい選択だとわたしたちは考えています」。バージニア州とメリーランド州ではすでに代替法が施行されており、また近年、ワシントンDCでジェネリックを支援する法律が制定されたことから、ピープルズ・ドラッグは自社のロゴの付いたカードに一般的に処方されるジェネリックの名前を印刷したものを、医師のオフィスに送り始めた。ピープルズ・ドラッグは、自社が扱うジェネリックについて、ジャイアント社が行っていたような品質保証検査は行わなかったが、ファントルは、そのジェネリックの供給者であるピュアパック社を「過去四五年間にわたって優れた品質の記録を持つ、全商品をそろえた国内最大のジェネリックメーカー」[24]だと賞賛した。

エスター・ピーターソンとバド・ファントルは即座に、PMAのジョセフ・ステットラーの攻撃の的になった。ステットラーは、ジャイアント社とピープルズ社の評判だけでは、ジェネリックの品質を保証することはできない、と主張した。そして、ピーターソンへの手紙にこう書いた。「自社が扱

うジェネリックの品質をチェックするジャイアント社の能力を見くびるつもりはありません。しかし消費者は、そうした医薬品の品質についてより堅牢な保証を求めており、それは、あなたの研究室で行われる化学分析では提供しえないものです」。しかし、消費者の多くは二社の広告キャンペーンは十分に信用できると考えたらしく、どちらの企業もジェネリックの販売は大いに成功した。数ヶ月後、業界誌は、ピーターソンがカーター政権で消費者のツァーの役目を果たすために、ジャイアント社での役職を離れたことを、不安そうに報じた。『ウッド・グンディ・プログレス・レポート』は次のように記した。「ジャイアント社のジェネリックプログラムを率いてきたミセス・ピーターソンは、同様のプログラムを、これからは全国規模で展開し、消費者の医療費を節約してくれるものと、わたしたちは確信する」(25)

禁欲の祝典

一九七〇年代末になると、『ウォール・ストリート』紙は、ジェネリック部門には大きな成長が期待できると考えるようになった。しかし、その成長を支えるのはジェネリック消費者市場の成長なのだが、その集団の実体はわかっていなかった。ジェネリック消費者とは誰なのか、何が彼らをジェネリック消費に導いたのか。投資家、製造業者、製薬会社やスーパーマーケットチェーンの経営者は、ジェネリック消費の成長パターンを心理学的に、あるいは人口統計学的に理解するために、次々に研究を委託した。

一九六〇年代と七〇年代の大半にわたって、マーケティング論は、ピエール・マーティノーの細分

化の教養に支配されてきた。マーティノーらは、市場は安定した単独のプールではなく、一連のニッチで、そのそれぞれにおいて、微妙に異なる自動車、靴、タバコを売ることができると考えた。一九六〇年まで市場ではT型フォードのように画一化された製品を大量に生産するという販売戦略がとられたが、じきに、さまざまな購買層に向けた多様な製品が売られるようになった。例えばゼネラルモーターズのさまざまな車種（キャデラック、ポンティアック、シボレー、ビュイック、オールズモビル）は、全て同じ工場で生産されたが、異なる社会的階層、人口統計的階層に狙いを定めていた。しかし、一九七〇年代末の市場分析家は、ジェネリック医薬品の消費の有り様に、これまでとは異なる方向性を見いだした。すなわち、「逆細分化」である。ジミー・カーター政権下のすさまじいインフレと購買力低下の時代を生きた消費者は、ブランドや市場に対して批判的になっていた。ジェネリック医薬品市場について最初の教科書を書いたバリー・ジェイムズは、市場はジェネリックのマーケティングをさらに推進し、「ブランドの宣伝を頼らず、中身だけで判断される低価格で簡素な包装の製品を後押しして、こうした目利きの消費者の要望に応える必要がある」(26)と述べた。

また、この時期には、医薬品の他にもジェネリックが誕生した。後の市場分析が記したように、このようなジェネリックは主に「食品か生活必需品で、ほとんど、あるいは全く宣伝せず、商標がなく、簡素な飾り気のない白黒のラベルを特徴とした」。スウェーデンのチェーン店は一九七〇年代初めに、あえて簡素なパッケージにした商品を市場に出した。一九七六年、フランスのスーパーマーケットチェーン、カルフールは、三八の店舗に五〇品目のジェネリック品を導入した。その年のうちに、こうしたジェネリックは、総売上高の半分近くを占めるようになった。シカゴを地盤とする食品店、ジュ

エル・フードストアのマーケティング・コンサルタントだったレオ・シャピロは、一九七七年にそのアイデアを取り入れた。じきにジェネリックは、日用品部門の売上の四〇パーセント以上を占めるようになった。一九八五年までに全米におよそ三万三〇〇〇軒あるスーパーマーケットの三分の一が、ジェネリック路線の食品を扱うようになり、全米のスーパーで販売される品物の一〇分の一がジェネリックになった。(27)

市場分析家の大半は、当初、ジェネリック・マーケティングを一時的な流行と見なしていたが、ジェネリックはますます量と存在感を増していった。間もなく、果物や野菜の缶詰、紙製品、その他の生活必需品がジェネリックに加わった。米国市場でブランドが最も重視される製品と言えるタバコでさえ、ジェネリックが作られた。それはリゲット・アンド・マイヤー社のタバコで、パッケージはモノトーンで、他の全国的なブランドのタバコより一カートンあたり約一ドル安く、一本あたり一四ミリグラムのタールを含んだ。一九八二年までに米国の全スーパーマーケットの九〇パーセントがジェネリックを販売するようになり、その売上高は、約二二億ドル（スーパーマーケットの総売上高の二パーセント）にのぼった。この数字は、一九八五年までに一〇パーセントに増えると予測された。著名なマーケティングの教授は、ジェネリック・マーケティングの概念を「最も成功した産業改革のひとつ」と呼んだ。(28)

この新たなジェネリックの消費者になったのは誰だろう。全ての消費者が同じようにジェネリック品を信頼していたわけではないはずだ。スーパーマーケットと薬局のチェーンは、調査を行って、どんな人がジェネリックの薬や食品を利用するのかを明らかにしようとした。こうした調査は、ジェネ

リック品を購入する可能性を予測するのに、人種、性別、年齢、収入といった調べやすい指標を用いた。品質が劣る可能性のあるジェネリック医薬品を受け取ったとき、「黒人とマイノリティは、自分たちは不当に扱われていると感じる」と、ある調査は報告した。多くの高齢者、「低所得」、「教育水準が低い」消費者にも同様の傾向が見られた。一方、中年の中流層の白人で、教育水準が高い人は、ジェネリックを買う可能性がはるかに高かった。これらの研究者は、それぞれの報告において客観的な姿勢を保とうとしたが、全体的にモラルめいた記述が見え隠れしていた。十分な教育を受けた中流層の白人はしばしば、洗練されたジェネリック消費者として描かれたが、黒人や高齢者、貧困者、十分な教育を受けていない人々は、そうは描かれなかったのだ。(29)

ジェネリック消費の研究は、ジェネリック代替法を成立させる州が増えるにつれて、新たな逆説に取り組むようになった。こうした法律が約束する経費削減の恩恵を消費者はさっそく受けようとするだろうと研究者らは予測したが、間もなく消費者保護団体は、薬を買う消費者のうちジェネリックを買うのは、ごく一部であることに気づいたのだ。州の公的利益団体が提供した、「新しいジェネリック医薬品法の最善の使い方」と題したパンフレットは、この新たな枠組みを積極的に利用するよう、患者に呼びかけた。患者たちは、「ＤＡＷ（記載どおりの調剤）」あるいは「代替不可」と処方箋に書かないでほしいと医師に頼むよう促された。さらに一歩進んで、より安いジェネリックがある薬局を探し、ジェネリックを、という要望に応えようとしない医師や薬剤師がいたら、州の担当部門に報告するように、とも促された。しかし、一九八〇年の段階で、三〇以上の州が代替を許可する、あるいは義務づける法律を成立させていたにもかかわらず、国民の大半はジェネリック医薬品にそれほど関

心を持っていなかった。その年の調査が示したように、「慢性疾患の患者や、わずかな価格差を気にする少数派を除けば、消費者がより安い医薬品を求めることは稀であり、医師や薬剤師は依然としてジェネリックを処方したり調剤したりすることを躊躇している」[30]。

市場研究者はジェネリック消費者という研究対象にいらだちを覚えた。一九七〇年代の末から一九八〇年代初期にかけて行われた多数の研究が、ジェネリック消費者の特徴や、人口統計的学上の位置づけを明らかにしようとしたが、一つとして定義することはできなかった。社会科学者のチームが、タルサ、ミルウォーキー、アクロンなどの都市やその郊外といった典型的な米国社会に暮らす中流階級で、ジェネリックの医薬品や食品を利用する人にインタビューした。だが、ミルウォーキーのジェネリック消費者は「タルサの典型的なジェネリック消費者」とは必ずしも似ていなかった。分析者の中には、ジェネリック消費者はひとつの集団ではなく、「安く買えるならブランド品でなくてもよいと考える大卒の専門職消費者と低所得のブルーカラーの買い物客」が入り混じった集団だと考える人もいた[31]。ジュエル・フードストアの社長ジェームズ・ヘンソンは、徐々に特定の消費者集団に強く働きかけるようになった「ジェネリック派のメンタリティ」、あるいは商品に関するジェネリック派の考え方を解き明かすためにさらに研究を行うよう市場研究者に求めた。一九八四年、マーケティングの教授であるマーサ・マケナリーとジョン・M・ホーズは、次のように問いかけた。「ジェネリックというメンタリティは一般的な概念として、どの程度まで、医薬品以外の製品のマーケティングに適用できるのか[32]」

こうしたジェネリックが熱心に販売促進されていたことを、覚えておく必要がある。『FDAコン

シューマー』は次のように報じた。「実用本位のジェネリックを導入した店はどこも、ためらいなくそれらを宣伝した。周囲から何と言われようとも、実用本位は消費者にとって低価格を意味することを前面に押し出した」[33]。ジェネリックは「突然現れた」マーケティング戦略だった。一九七八年に『チェンジング・タイムズ』は、「飾り気のないラベルが、スーパーマーケットの棚から消費者の手中に飛び込んできた」[34]と報じた。『フォーチュン』が読者に語ったように、ジェネリック・マーケティングはパラドックスを引き起こした。曰く、「ジェネリックは反ブランドのブランドではなく、むしろ新種のブランドだ。目端の利く小売業者は商品にジェネリックのラベルを貼っている」[35]。消費者の方も、ラルフズ・プレイン・ラップ〔ジェネリック専門のスーパー〕の商品や、セーフウェイやパスマーク〔いずれもスーパーマーケット〕のノーブランド・ラインの商品を買うことを、ジェネリック消費と見なしていた。とりわけ矛盾する事例は、ジュエル・フードストアが、「ジェネリック食品」という呼称を、商標登録したことだ。

ジェネリックブランドという矛盾した概念は、どのように説明できるだろう。あるマーケット研究者チームは、クローガーのコストカッターやセーフウェイのスコッチバイ（どちらもスーパーのノーブランド・ライン）といった商標を指す言葉として、「ネオジェネリック」という新語を提案したが、それはジェネリック消費において品質のつつましさに価値があることを示唆していた。こうした状況にFDAまでもが不満をもらした。個々のチェーン店は「実用本位についての独自の解釈、実用本位の食品（および食品以外の商品）の独自のリストを提示し、そのラインに独自の名前をつけており」ジェネリック消費者の概念は場所によって好き勝手に使われている、と[36]。

ジェネリックブランドは、あるジャーナリストが「禁欲への賞賛」と呼んだ特徴を共有していた。色が地味でインクも薄い簡素な包装、全国的一流ブランドより三〇〜四〇パーセント安く、先行する社内ブランドより二〇パーセント安い価格。しかし、包装と宣伝のコストの倹約は、ジェネリック食品の安い価格にわずかに貢献しただけだった。一九七八年のインタビューで、A&P〔世界有数の食料品・雑貨中心の小売り企業〕の広告担当者は、ラベルの印刷を白黒にしても、ブランドや自社ブランドのラベルに比べて、一〇〇〇枚あたり数セントしか安くならないことを認めた。「どこで倹約しているかと言うと、実のところ品質を下げているのです」。特級や上級の果物や野菜に比べて、スタンダード・グレード〔標準等級〕の果物や野菜は、購入費用も加工費用も安かった。実用本位の商品は、明らかに、ブランド商品とは異なっていた。それらはブランド商品より質の劣る原料で作られていたのだ。ジュエルのノーブランドのケチャップは、含有する固形トマトの量が少なかったので、全国ブランドのものよりさらっとしていて、ハーブやスパイスの量も少なめだった。また、ジェネリックブランドのフルーツカクテルシロップは砂糖の量が少なく、ピーナッツバターは砕けたピーナッツを用いていた。A&Pの徳用ゴミ袋は、ブランドのゴミ袋より三五パーセント薄く、徳用のマック&チーズは、競合するブランド商品に比べて、チーズが少なく、マカロニが多かった。[37]

ジェネリック製品はブランド製品と全く同じではなかったが、消費者はその差を気にしているようには見えなかった——少なくとも、かなり割安であることを思えば、ささいな違いにすぎないと考えていたようだ。逆説的だが、ジェネリックというマーケティング概念は一九七〇年代末のスーパーマーケットで非常に成功したが、成功しすぎて自滅を招くこともあった。個々の店は、低品質の消費財を

かき集めて在庫に蓄えようとするうちに、そのような品が足りないことに気づいた。スタンダード・グレードの野菜や果物が急速に全国的に足りなくなったのだ。ある定期刊行物は次のように報じた。

今では誰もが食品を白黒の紙で包装して売ろうとしているので、等級の低い製品を求める競争が激しくなり、時として欠品が生じることもある。そうなると、店はジェネリック品を外すか、そうでなければ、ジェネリックの缶に、より質の高い製品を入れることになる。A&Pは昨夏、その問題に遭遇した。「わたしたちが見つけることのできた唯一のコーンは最上級品でした」と、広報担当者は語った。「それは、ジェネリックの缶に入れたいと思うようなものではありませんでした」。だが、彼らはそうした。そのため、少なくともしばらくの間、A&Pのジェネリックコーン缶を買う客は、その素っ気ないラベルが示すよりも質の高い製品を手に入れたのだった。[38]

ジェネリック消費者保護主義は、ジェネリックという概念の力と限界を理解することを消費者に求めた。ジュエルの広報担当者ミシェル・ハットは、『チェンジング・タイムズ』に次のように語った。「キャセロールにするなら、ジェネリックの豆で十分ですが、一人一人の皿に盛る場合、消費者はブランド品の豆を買いたがるでしょう」。FDAは、そのような一般的なジェネリック商品とジェネリック医薬品が同一視されることに困惑した。そこで一九七八年の末に、FDAはジェネリック食品を巡る討論に加わり、ブランド品と同等ではないそれらを「ジェネリック」と呼ぶことに反対した。「この新たなマーケティング概念について説明するニュースでは、こうした製品を「ジェネリック食品」と呼ぶこともありますが、FDA当局者は、そのような食品を「ジェネリック」と呼ぶことに反

対です。と言うのは、消費者が、ジェネリック医薬品のジェネリックと同義だと誤解する恐れがあるからです。実際はそうではありません[39]」

「ジェネリック食品の概念とジェネリック医薬品の概念は全く異なります」と、別のFDA当局者は強調した。この「異なる」の意味は、FDAの考えでは、ジェネリック医薬品はブランド医薬品と品質が同等だが、ジェネリック食品とブランド食品は、品質に明らかな違いがあるということだ。消費者がこの二通りのジェネリックを、同じ意味だと誤解すると、ジェネリック医薬品の同等性を推進してきたFDAのこれまでの努力は無駄になる[40]。一九七八年、『フード・アンド・ドラッグ・レター』は次のように報じた。

> FDAが牽引してきたジェネリック医薬品のための大々的な報道キャンペーンの結果、消費者は「ジェネリック」を同等という意味に解釈するようになった。[…] FDAが懸念するのはノーブランド食品とブランド食品の品質における差異である。「食品の全等級は栄養的に同等だが、ジェネリック食品はブランド食品より質が悪い」という考え方は、ジェネリック医薬品領域におけるFDAの取り組みに悪影響を及ぼしかねないからだ。
>
> FDA職員が言うには、彼らはジェネリック医薬品とジェネリック食品との違いについて消費者に助言したいと考えており、両者を区別するために、「ジェネリック食品」という用語を「実用本位（no-frilled）食品」「簡易包装（plain-wrap）食品」「簡易ラベル（plain-label）食品」などの表現に変えることを望んでいる。「ジェネリックと呼ばない限り、ノーブランド食品をどう呼ぼうと、我々は気にしな

い」と彼らは言う。[41]

逆に言えば、FDAが懸念していたのは、消費者がジェネリック食品とブランド食品との品質の差を経験することで、ジェネリック医薬品とブランド医薬品の同等性を疑うようになることだった。一九八〇年代半ばにAARPが行った調査により、米国の消費者の多くは依然として、ジェネリック医薬品の質に対して「かなり懐疑的」であることが判明した。消費者の大半は、ジェネリックという言葉に慣れたが、回答者の五分の一以上は、ブランド薬はジェネリック薬より高いFDAの基準を満たしていると考えていた。ブランド品の冷凍エンドウマメ、ケチャップ、ピーナッツバターが、ジェネリックのそれらより総じて高品質の材料で作られているように。また、AARPの調査は、回答者の中で「積極的なジェネリック使用者」になりそうな人を、「教育水準が高く、ジェネリックの知識に通じた人」と特徴づけた。しかし、知識がすぐ行動に結びつくわけではない。ジェネリック医薬品についてよく知っていると答えた人の七五パーセント以上は、「医師にジェネリックによる処方箋を求めたり、薬剤師にジェネリックの調剤を求めたりしたことはなかった」。[42]

ジェネリックの分岐

今から振り返れば、ジェネリック医薬品とジェネリック食品の関係は、一九七〇年代末から一九八〇年代初期にかけて市場分析家が予測したような、浸透した文化の一部というより、二つの異なる軌道が、つかの間交差したにすぎないことがわかる。ジェネリック医薬品は一九八〇年代に、妥当性と

利用が増加し（その一〇年間で、容積で言うと、ジェネリックの販売量は、一〇パーセントから四〇パーセントになった）、続く数十年間も、増加し続けた（二〇一〇年までに処方薬市場の八〇パーセントを超えた）。一方、ジェネリック消費財は、同じ期間に、大半がスーパーの棚から消えた。一九八〇年代から九〇年代にかけて、米国経済は再び活性化し、ブランド（及び、細分化）の価値が再評価された。そしてジェネリックのロゴは、教養のある人の感性ではなく、皮肉な新しがり屋を意味するようになった。こうしてジェネリック市場への関心が萎む一方で、医薬品市場はジェネリック消費者の特徴づけにますます関心を募らせた。[43]

ジェネリックは、広範な消費材の市場では価値を失ったのに、処方薬分野ではなぜ価値を保ち続けることができたのだろう。本章でわたしは、ジェネリック医薬品の隆盛は、一九七〇年代から一九八〇年代にかけて形成された医療ケアの新たな平等主義のモデルにおいて、患者が消費者として再定義されたことと密接につながっている、と述べてきた。これまでの章で詳しく論じたように、自らを消費者と見なすことを教わった患者たちは、次第に自らをジェネリック消費者と見なすようになった。一九八〇年代と九〇年代に、消費者としての患者の役割が拡大するにつれて、医薬品市場におけるジェネリック医薬品の役割も拡大していったのだ。また、消費者の歴史という観点からジェネリック医薬品を見れば、医師の不安の高まりという流れも浮かびあがってくる。それは、二〇世紀後半に医師たちの政治力と経済力もまた、消費者という枠組みにはめられるようになった結果だ。

ジェネリック医薬品とその消費者の研究は、医療市場の働きは他の市場とは異なるというわたしたちの思い込みを見直す機会ももたらす。一九六〇年代のケネス・アローの研究を受けて、健康経済学

者は、「人間は基本的に、他の品物やサービスよりも健康に価値を置くので、医療の意思決定には、他の経済活動の「合理的な消費者」モデルとは異なるルールが必要になる」と主張した。続いて七〇年代にピーター・テミンが行った研究に従って、歴史家たちは、「医薬品消費者は一般的な消費者としての働きはしない、なぜなら、医薬品市場では、患者ではなく医師が消費の意思決定をするからだ」と、教義のごとく繰り返した。さらに八〇年代初期のポール・スターの研究以来、社会学者は、「医療の専門職は少なくとも最近まで「企業の力から逃れる」ことができた。それは科学的権威と倫理的権威ゆえに、彼らが市場を超えた力によって規制されていたからだ」と当たり前のように考えていた。[44]

ヘルスケアの消費は、他の商品やサービスの消費とは違うと、わたしたちは考えがちだ。だが、ジェネリック医薬品の消費に関するこれまでの研究が示唆するのは、医療市場と他の日用品市場との関係に浸透性があり、これからもそうあり続けるということだ。本書のこれまでの部分で、消費者について語ることなくジェネリック医薬品を語ることはできないということが明らかになった。その消費者が誰を、あるいは何を、意味するかが正確には定義できないとしても、である。この章で探索したように、逆もまた真実である。患者と健康政策が次第に消費者保護活動の用語で定義されるようになった時代にあって、ジェネリックを語ることなく、一九六〇年代、七〇年代、八〇年代のヘルスケア政策における消費者について語るのは難しいのだ。

Ⅵ

ジェネリック医薬品

第十二章　模倣薬の科学と政治

現代のこの制限のない薬局方は、異国の市場《いちば》のようです。もしスーパーに一五種のボローニャソーセージが並んでいれば、消費者は、幅広い選択肢を与えられているような気分になります。どれもボローニャソーセージで、どれを選んでも害にはなりません。けれども、薬局では、医薬品をボローニャソーセージのように扱うことは許されず、もしそうすれば、害になる恐れがあるのです。

ウォルター・モーデル、製薬業界反トラスト法小委員会公聴会、一九六一年

ジェネリックは、より安い代替品として、より高価なブランド薬の価値に疑問を投げかけた。また、ジェネリックは、より古い代替品として、新たな医薬品とそれを保護する特許に疑問を投げかけた。より新しい特許に保護された医薬品が、安全性、効果、あるいは服用しやすさの点で、ジェネリックより優れているのであれば、それらは確かに新たな革新と見なせるが、ジェネリックとそれほど違わなければ、つまり、より高い価格で売られている類似薬にすぎないのであれば、それらは偽の革新、あるいは「模倣薬」にすぎない。この半世紀の間、「模倣薬」は生物医学の進歩を約束する偽の象徴になっており、ジェネリックとの代替性は、治療上の革新とされるものの真価を疑う人々にとってリトマス試験紙になってきた。

例えば、二〇〇九年にＦＤＡ（米国食品医薬局）によって新たに承認されたコレステロール低下剤リバロ（成分：ピタバスタチン）を取り上げよう。ピタバスタチンは、スタチンと呼ばれるコレステロール低下剤類の中で、八番目に登場したものだ。リバロが市場に登場した時、スタチンには既にジェネリックとして購入できる形態が三つ（ロバスタチン、シンバスタチン、プラバスタチン）と、間もなく特許が失効するものがひとつ（アトバスタチン）あった。より安価なジェネリックが購入できる状況下で、新薬リバロの価値はあいまいだった。基本的にどれも同じなら、なぜまた別の模倣スタチンが必要なのか、と評論家は尋ねた（1）。

模倣薬に対する批判は、多数の登録簿に掲載されたジェネリック医薬品と歴史的に結びついている（2）。一九六八年、米国処方薬特別委員会が模倣薬の公式な定義を提示したとき、同じ薬効分類に属する、より古く、ジェネリックとして購入できる薬と比べて、特許に保護された新しいブランド医薬品の価値が問われた。「こうした新薬の追加が、装備一式をさらに良いものにするか、単に大きくするだけなのかについて、客観的な判断は下されていない（3）」と報告書は結論づけた。ジェネリックと同様に、模倣薬は、革新と模倣との関係に物議を醸した。「模倣」薬を開発するプロセスは無駄なのか、それとも、治療の革新に必要な、生産的なプロセスなのか、と。

模倣薬はまた、ジェネリックによる代替を擁護する人々に、新たな問題を提示した。同じ薬効分類に属する医薬品は多かれ少なかれ互換性がある――あるスタチンは他のスタチンと同等の効き目があり、あるアレルギー薬は他の抗アレルギー薬と同等の効き目がある――という主張は、これまでの章で論じたジェネリック代替の原則を、大幅に拡大したものだ。この、治療上の代替をさらに広げよう

とする試みは、組織的かつ地理的配置によって、また薬効分類によって、成功もし、失敗もした。例えば、胸焼けを軽減する抗アレルギー薬の互換性は比較的単純だが、心臓血管と抗がん剤の互換性については異論が多い(4)。

二〇世紀末の数十年間、複数の利害関係者がジェネリック代替の原則を、化学的に同一の医薬品から、化学的に類似している医薬品へと拡大しようとした結果、ジェネリック医薬品と模倣薬の運命は、新たな、より複雑な形で絡みあった。模倣薬による代替調剤は、生物医学的知識が生物医学的対象とどれほど緊密に、あるいは緩く、結びつき得るか、ということに関して、強い懸念を引き起こした。どのような同等性の根拠、どのような代替のルールが、ジェネリック医薬品と模倣薬の交換をコントロールできるのだろう。どのような場合に、医薬品は同じでなくても、似ているだけでよいとされるのだろう。

分子操作

マーシャ・エンジェルはベストセラーになった二〇〇四年の著書『製薬会社の真実——どのようにわたしたちを騙したか、そしてわたしたちにできること』において米国の製薬会社はその研究開発努力の大半を、より多くの模倣薬を作ることに充てている、と鋭く批判した。翌年、『コンシューマー・リポート』は、FDAが最近承認した医薬品の四分の三は画期的新薬ではなく模倣薬だったと明かした。同時代の評者の多く——企業による出資を受けている人も含めて——が、どうにかして真の革新と偽の革新を分けなければならないと考えるようになった。企業寄りで知られる、タフツ大学医

薬品開発研究センターでさえ、米国市場での販売を承認される医薬品は、同一の薬効分類において既存の医薬品より優れているか、少なくとも匹敵するものに限るべきだと主張し、FDAの承認制度の改善を促した。(5)

半世紀ほど前、同じ議論が、ほぼ同じ言葉で展開された。一九六一年、エステス・キーフォーヴァーが、不運な「製薬業界反トラスト法S.一五五二」を導入した折に、模倣薬政策は新聞の見出しを飾った。十四ヶ月に及んだ公聴会の最後に、キーフォーヴァーは、製薬業界の知的財産権法の改訂を提案した。新たな医薬品が単なる「分子操作」ではなく、「真の革新」だとFDAか保健教育福祉省が認めた場合のみ、特許を認めることにしよう、というのだ。「この医薬品公聴会では、米国の特許の多くが、わずかに分子操作しただけの医薬品に出されていることがわかりました。それらの治療効果は既に市場に出ている先行品と変わらないと医療専門職が証言しています」(6)とキーフォーヴァーは訴えた。偽の革新が続々と誕生したせいで、真の革新が起きても、それに気づくのは難しかった。キーフォーヴァーが続けたように「新薬は、患者に対してより効果的であれば、医師、患者、そしてわたしたち全てにとって多大な利益になります。実のところ、この数十年間で著しい進歩が成し遂げられ、幸運にもわたしたちはそれらを利用できます。しかし、治療効果の向上が認められていない薬に特許がおりるというのは、真実を定義する立場にない大衆と多くの医師から見れば不公平です。[…]わたしたちが扱っているのは、目新しいおもちゃではなく、健康と生死に関わる製品なのです」(7)。

キーフォーヴァーの公聴会では、何人もの薬理学研究者が、特効薬と称する新薬の多くは、形態及び機能が既存の薬とほんの少し違うだけだ、と証言した。ジョンズ・ホプキンス大学の薬理学教授、

ルイス・ラサグナは、「分子操作の詳細がオリジナルの医薬品と同じかどうかをはっきりさせることができれば、医療の専門職にとって極めて有益だ」という意見に同意した。真の革新と、ほんのささいな革新とを見分ける、ある種のフィルターがないと、「医師は、多大な混乱と動揺に見舞われます。例えば、十種ほどあるチアジド系利尿剤から一つを選ぼうとする時、我が社のものこそ一番優れているという、相矛盾する主張の集中攻撃にさらされるからです」と彼は続けた。ラサグナと同じ立場に立つコーネル大学のウォルター・モーデルは、混乱した医師を市場で途方に暮れる消費者に喩えて、平均的な医師は、「薬理学上同一で、少々分子操作を加えただけの薬」を評価する基準を持っていない、と不満を漏らした。モーデルは、本章のエピグラフとした印象的なボローニャソーセージの喩えを用いて、「消費者は、幅広い選択肢を与えられているような気分になる」が、模倣薬は結局、余剰と混乱をもたらすだけだ、と警告した。(8)

しかし、キーフォーヴァーが望んだ法律の制定に対して、研究者らは総じて批判的で、キーフォーヴァーは彼らを味方につけるのは難しいことを悟った。モーデルは「ボローニャソーセージ」と違って、薬の場合は「ほんのわずかな分子操作」が治療効果を格段に高める可能性があることを訴えた。モーデルの同僚で『治療学の薬理学的基礎』の共著者であるルイス・グッドマンは、キーフォーヴァーが望む「既存の薬と化学的にほぼ同質な新薬は、既存の薬より治療効果が優れていることが実証されなければ、特許を取得できない」とする法律の制定は、結局のところ、実現も強制もできないだろう、と警告した。新薬に治療効果の証明を求めることは可能だが、ほんのわずかな分子操作で効果が向上したという証拠を求めるのは、厄介だし、実際のところ不可能だ。(9)

グッドマンは問いかけた。「そもそも、「分子操作」とは何ですか、ほんのわずかとは、どれくらいわずかなのですか」。治療効果だけで医薬品を評価することはできない、と彼は示唆した。

化学的にほぼ同質な薬の治療上の効果がほぼ同じだとしても、香り、味、外見などが患者にとって間違いなく好ましい場合はどうでしょう。治療上の効果は同じでも、わずかな化学的操作により、医薬品がさらに安定し、小児に飲ませやすくなり、腸で早く吸収され、血中滞在が長くなり、一日あたりの投与量が少なくてすむ、というような可能性はないでしょうか？　治療上の効果には無関係でも、薬の有効性と柔軟性には関係するこうした疑問に、審査に当たる専門家はどう答えるのでしょう。(10)

それにはっきり答えたのが、戦後米国の科学政策における卓越した立案者で、後にメルク社の取締役会長を務めたヴァネヴァー・ブッシュである。彼はキーフォーヴァーの公聴会で、こう言い放った。「そもそも、分子操作が何を意味するかをわたしは知らないし、誰かが知っているとは思いません」。(11)

しかし、キーフォーヴァーの公聴会に召喚された他の専門家たちは、模倣薬に反対するどころか逆に、革新にとって模倣は欠かせないと主張した。メリーランド大学の薬理学者、J・C・クランツは「分子操作は尽きせぬ泉であり、そこから新薬が次々にもたらされます」と述べた。分子形態の模倣は、医薬品の開発に欠かせず、「医師は自らの治療スキルと判断を活かして、ますます奥深く幅広くなる宝庫から、患者のために最良の医薬品を選択するようになるはずです」とクランツは保証した。彼は分子を模倣することを恥とは思っていなかった。「こう話すわたしは、分子操作者です。一〇年前、わたしたちはエチルエーテルの分子にフッ素を入れました。これが爆発の危険を除去し、結果と

して多くの命が救われ、全身麻酔分野の新たな時代に導きました。それだけではありません。わたしはさらに別の分子も操作し、ヘキサフルオロジエチル・エーテル（インドクロン）を作成しました。こちらは麻酔薬ではなく、今は精神疾患治療において電気療法の代わりに用いられている抗けいれん薬です。その薬のおかげで、多数の人が精神病院から解放されました」[12]。一九三一年、クランツは臨床薬理学の制約の多い状況を明かす著書『医薬品を用いて病気と闘う』を刊行した。当時は、医薬品で治療できたのは七種の疾病だけだった。しかしその後、「分子操作」は、知られている限り最も劇的な治療の革新をもたらした、とクランツは主張した[13]。

分子操作の臨床的価値を訴えるクランツに、薬局の組織は同意した。医薬品市場における分子操作の過剰についてキーフォーヴァーに問われたとき、APhA（米国薬剤師会）の要職にあったウィリアム・アップルは、次のように言い返した。「上院議員に申し上げます。わたしは薬剤師としては、薬の種類が少ないほうが楽なのですが、現在米国で、分子操作のおかげで命拾いした人は多いはずです」。特許庁、FDA、保健教育福祉省（HEW）、その他いかなる連邦機関も、分子模倣を定義し規制する責任、あるいは重要な革新とそうでない革新を区分する責任を負いたがってはいないようだった。ケネディが新たにHEW長官に任命したアブラハム・リビコフは、模倣薬は医薬品市場にいくらかの無駄を作り出すという点でキーフォーヴァーに同意したが、真の革新と偽の革新の区分はHEWの管轄ではない、と主張した。PMA（米国製薬工業協会）会長であるイーライリリー社のユージン・ビーズリーが、キーフォーヴァーの公聴会に現れるに到って、キーフォーヴァー側の提案はほぼ暗礁に乗り上げた。薬効の連邦基準を定義するのは極めて難しく、相対的な有効性の基準を設定する

のは、「完全に不可能だ」とビーズリーは主張したのだ。[14]

模倣薬を根絶しようとする自らの取り組みに、革新的な製薬企業が協力しようとしないことに「いささか当惑」したと、キーフォーヴァーはげんなりした様子で後に吐露した。ビーズリー、イーライリリー社、PMAとの予備交渉の場で、キーフォーヴァーは次のように付け加えた。「重要な革新を遂げる製薬会社は、いかさま師の横暴を防ぎたいはずです。いかさま師は、ほんのわずか分子を操作しただけで、化学構成がわずかに違うと申請し、動物実験の結果を二つ三つ提出して、自社の特許を確保しようとするのですから」[15]。だが、当時、PMAが懸念していたのは、どのように、また誰によって、真の革新と偽の革新が区別されるか、ということだった。PMAのメンバーはそれについてFDAを信じなかったし、「象牙の塔」の研究職の医師たちのことも信じていなかった。彼らが信じていたのは市場、そして、相対的価値とは関係なく個々の合成物を保護する知的財産権体制だった。一九六二年初期、キーフォーヴァーが特許長官からの批判に答えようとしたとき、彼の法案は、彼が召喚されなかった小委員会の会合で事実上、骨抜きにされていた。その会合から生まれたS.一五五二は、最終的に「〔一九三八年の食品医薬品化粧品法に対する〕一九六二年キーフォーヴァー＝ハリス医薬品改正法」になり、分子操作にまつわる文言は全て削除された。

その後も、健康政策に関する談話において、模倣薬への批判が語られることはほとんどなかったが、一九六六年にリンドン・ジョンソン大統領がジェームズ・ゴダードをFDA長官に任命したことで流れは変わった。ゴダードは外部から指名された初のFDA長官であり、製薬業界とFDAとの馴れ合いにメスを入れると明言した。彼は一九六〇年代後期に『エスクワイア』のような雑誌やテレビのニ

ュース番組に登場し、世間の注目を集めた。彼は、新薬の大半は、既存の薬の色あせた「異性体の影」だという持論を繰り返した。

特に印象的だったのは、一九六七年後半に放送されたNBC『トゥデイ・ショー』での発言だ。その番組に出演したゴダードは、業界は「模倣薬」研究から手を引き、「真に新しい製品」に専念すべきだと力説した。曰く、模倣薬研究という土台の上に欺瞞的な医薬品市場が構築されており、模倣薬研究は「製薬会社に嘘の広告をさせています。なぜなら、新薬は既に出回っている薬と違いはないのに、違いがあるふりをしなければならないからです」。前任者と違って彼は、これはFDAの責任だと断言した。一九六七会計年度において、FDAが承認した新薬申請八三件のうち六二件が模倣薬だった、と彼は明かした。[16]

ゴダードが、模倣薬を偽の革新と偽りの広告に結びつけたことや、HEWによる処方薬特別委員会(第六章、第七章で論じ、本章の冒頭で言及した)の浪費を批判する報告を支持したことは、製薬業界における競争問題に踏み込もうとしていたゲイロード・ネルソンの公聴会を勢いづけた。HEWの元次官補で、処方薬特別委員会の委員長を務めるフィリップ・リーは、一九六九年のPBSテレビ番組『処方薬——価格と危機』において、製薬業界の研究開発資金の大半は「複雑な問題に対する新たな解決策、つまり冠動脈疾患や糖尿病、関節炎の新薬の開発にではなく、[…]「模倣薬」、つまり既存薬のちょっとした分子操作[17]」に充てられている、と断じた。

ゴダードとリーはそれぞれ、FDAとHEWを代弁し、米国の健康政策の模倣薬主義に対する広範な批判の先駆けとなった。FDA長官だった当時、ゴダードは、次のような不満を漏らした。「概し

て、医薬品供給の向上は極めて小さかった」。「しかし、医薬品の宣伝には莫大な金が投じられ、(可能であれば)全ての処方医師に「模倣製品は今までにない新しいものだ」と信じさせ、大々的な向上という幻想を抱かせようとしている」。対照的にノルウェーでは、当時、商品化されていた医薬品はわずか八〇〇種で、新薬は既存の薬に比べて、「より速く効き、有効性が高いと証明された場合」でなければ、商品化が許されなかった。ゴダードはこう結論づけた。「この相対的基準という方法が米国でも採用されれば、研究に関わるマンパワーと設備を節減でき、実際に医療を向上させる医薬品だけが生まれるだろう(18)」

一九六〇年代初期の、模倣薬の概念に全く触れなかった前任者らに比べて、リンドン・ジョンソン政権下のFDAとHEWのトップは、「偉大な社会」の新たなインフラの中で、はるかに意欲的に、模倣薬の問題に取り組んだ。しかし、対する医学界のトップは、はるかに慎重だった。一九六七年春に開かれた公聴会の最初の数日間、ゲイロード・ネルソンは「分子シャッフリング」という新たな言葉を用いて模倣薬問題について再度語るために、ウォルター・モーデルをはじめとする治療改革派を招いた。モーデルは、より「合理的」な処方という名目のもと不要な薬の使用を減らそうとするネルソンを支持していたが、モーデルの返答は、学術用語が往々にして政策立案者の役に立たないことを思い出させる。

ネルソン上院議員　この分子シャッフリングに、何か価値があるのですか?
モーデル博士　はい、科学的手順として価値があります。なぜなら、時によっては極めて想定外の移

動によって分子が完全に異なる働き、もしくはさらに優れた働きをするためです。それは必ずしも一定ではないので、研究の観点から言えば、わたしたちが構造行動と呼ぶものの研究を続けなければなりません。しかし、それに伴って作られた新しい化学物質が全て市場に出されるわけではありません。がらくたの中で最も良いものだけが医療で用いられるべきです。

ネルソン上院議員　その目的および結果が、これまでと同じ治療効果をもたらすことであれば、あまり価値がないように思えますが。

モーデル博士　まったく同じ治療効果というわけではありません。(19)

まったく同じ治療効果というわけではない、という模倣薬の類似に関するモーデルの慎重な表現は、模倣薬に対するあいまいな批判を堅牢な政策改革に組み込もうとする過程で再度表面化した問題の性質をよく表している。完全に同一でないものは、定義上は、異なるものであり、時には著しく異なることもあるはずだ。従って、模倣薬をすべて偽の革新と見なして根絶しようとすれば、真の革新を排除する恐れがあるのだ。

ＰＭＡはその証言において、元米軍医総監でワーナー・ランバート研究所の現所長であるレオナルド・シェーレの「[全ての模倣薬を排除することは]風呂の湯と一緒に赤ん坊を捨てることになりかねない」という言葉を引用した。シェーレが軍医総監だった頃、模倣薬研究は、戦後の薬理学革新の主要な枠組みになっていた。

キニーネの化学構造を簡単にした薬を開発しようとした研究が、アタブリンと他の抗マラリア薬の合成につながりました。さらに、その合成抗マラリア薬の薬理学的特性についての研究は、思いがけない効果を発見し、それは、ヒスタミンに対する拮抗作用であることがわかりました。これらの観察が重なってついには、医薬品の重要な新たな分類である、抗ヒスタミン剤の合成に至りました。その後フランスで、これらのうち一つが精神疾患患者に対して鎮静作用を持つことが観察され、非常に便利な精神安定剤、クロルプロマジンの開発につながりました。この医薬品は一一年にわたって精神科病院で使用され、入院患者の削減に重要な役割を果たしました。このようにして、抗ヒスタミン剤と精神安定剤の歴史をさかのぼれば、古代の薬キニーネと、その分子操作にたどり着くのです。[20]

岩から岩へととびながら広い川を渡っていくように、模倣薬の連鎖が、一九世紀の薬であるキニーネと二〇世紀半ばの抗ヒスタミン剤や抗精神病薬による治療革命の架け橋になった、とシェーレは主張した。模倣薬を作ろうとする研究が、第二次世界大戦におけるアメリカ軍の勝利への一助となった抗マラリア薬の誕生を導き、また、慢性的な精神疾患患者を精神科病院での監禁から解放する精神安定剤の開発につながったのであれば、一体誰が、分子操作を違法と見なしたりできるだろう。[21]

リチャード・ビュラックの批判的な著書『処方薬ハンドブック』（第三章と第十章で論じた）は、初期のネルソン公聴会において重要な判断基準になったが、そのビュラックでさえPMAに味方し、摸倣薬を一律に禁止すれば、価値ある発見への道がとざされるというその主張に頷いた。分子操作を批判する同僚に宛てた手紙に、ビュラックはこう綴っている。「研究形態としての「分子操作」を悪く

言わないでください。時として、その種の研究から重要な医薬品が生まれることもあるのです。とは言え、こうした研究の大半が、他社の特許取得を阻むためになされていると医師たちが考えるのは、もっともな話です。そうしなければ、他社はちょっと手を加えただけの同種の薬で市場の一部を占領してしまうでしょう」[22]。ビュラックは模倣薬批判のパラドックスをこう説明した。摸倣薬批判は理屈としては正しいが、政策として具体化しようとすると、必ず副次的な害が生じるのだ。

一九六〇年代後期から七〇年代初期にかけて、公聴会の聴取は製薬業界の深部に及んだが、ネルソンは模倣薬と戦うためのいかなる法的手段も前進させることができなかった。しかし彼は、製薬業界のマーケティングのあり方について調査を続け、模倣薬がそのマーケティングに対する批判の中心になることを確信した。一九七三年、上院議員のエドワード・ケネディは、(自らが長となった健康小委員会を通じて)製薬業界について一連の調査を行った。彼はまず、「これほど多くの研究開発が、新薬ではなく、模倣製品の開発に焦点を置いているのはなぜか」と問うことから始め、「同一製品を製造する企業が五社以上も必要なのか?」と続けた[23]。だが、返ってきた答えは、「一九四〇年以来、医薬品分野における主要な進歩の大半は、的を絞った基礎研究によってではなく、分子操作によってもたらされた」[24]というおなじみのものだった。つまり模倣は革新にとって有害ではなく、革新を生み出すプロセスの重要な部分だ、と言っているのだ。

また別の医師は、個別医療の論理から模倣薬を擁護する言葉を引っ張りだした。それは、臨床の現場で昔から言われてきた、ひとつのサイズが誰にでも合うと想定すべきではない、という教えである。ネルソンの公聴会である精神科医が証言したように、模倣薬は治療の領域で必要とされるバリエーシ

ョンを生み出した。模倣薬に対する一般的な批判は「一人一人の患者にとって最善の薬を探す医師にとって選択の幅が広がるという利点[25]」と秤にかける必要がある、とその精神科医は主張した。同じ効能を謳う薬のバリエーションがなければ、医師は個々の患者に薬を合わせる自由がなくなるだろう。一九七六年、『プライベート・プラクティス』誌に掲載された、「模倣薬のための場所はあるのか」と題した記事でカリフォルニア州のある開業医が述べたように、模倣薬を禁じることは全体主義的治療につながる。「いくつかの全体主義国家では、一種類の車しか製造されていない。価格は高く、製造工程はずさんで、待てども待てども手に入らない。だが、消費者以外は、誰もそれを心配しないのだ[26]」。こうした模倣薬弁護の中軸の部分は、一〇年前のシェーレの主張、あるいはさらに一〇年さかのぼったクランツの主張と何も変わらない。だが、その一致を同じ主張の繰り返しと見なすのは誤りだろう。一九七〇年代後半、模倣薬への批判はもはや特許システムの見直しを求めるものではなくなっていた。それは、米国医療における新たな、より脅威を感じる類似の論理、すなわち代替調剤と結びついていたのだ。

薬はいつから十分良いものになるか

代替調剤は、異なる分子構造であるにもかかわらずある医薬品を他の医薬品と交換するための、一連のルールを必要とする。支持者にとって代替調剤は浪費を減らし、合理的で費用効率の高い治療法を提供するものだ。反対者にとってそれは、治療法の革新と医師の自主性の終焉を告げる危険な兆候なのだ。

ジェネリック代替と同じく、代替調剤のプロトコルはまず病院内で形成され、その後、コミュニティへと広がった。第八章で見たように、ジェネリック代替のルールを最初に定めたのは院内処方集だった。一九七〇年代後半になると、いくつかの野心的な病院薬局と治療委員会は、同じ論理から、薬剤師は指定された医薬品を、——化学構造が全く同じでなくても——よく似た治療効果を持つ医薬品と交換できるのではないか、と示唆するようになった。(27)

これは法律上、職業上、そして認識論上の対立を招いた。法律上、院内処方は、事前承諾があればブランド医薬品をジェネリックで代替してよいことになっていた。このルールに従って、医師は、その病院に就職する時の契約で、自分が処方した医薬品を、病院薬剤師がジェネリックで代替することを認めた。では、病院薬剤師は、事前承諾のルールを、化学的に同等ではない医薬品での代替にも適用できるだろうか?

この問題が最初に顕在化したのは、一九七九年オレゴン州でのことだった。一人の病院薬剤師が、同じ分類の抗生剤の中で、機能は似ているが、化学的には異なる抗生剤を代替調剤できるだろうか、と尋ねた。州議会はこの問題を取り上げ、一九八一年、オレゴン州はそのジェネリック代替法を改正し、「一般名は異なるが、化学的に関連があり、治療的に同等であると病院の医療スタッフが見なす医薬品」(28)による代替を認めることにした。

このオレゴン州のケースは、抗生剤の一種、セファロスポリンの代替性を問うもので、一九六〇年代から七〇年代にかけて、模倣薬が激増したことの証明となった。セファロスポリンは、一九四五年、イタリアのカリアリにあるインスティトゥート・ディジエーネの所長ジュゼッペ・ブロッツが、サルデ

ィニア島の下水溝から採取したカビから発見した。その抽出物、セファロスポリウム・アクレモニウムは、ペニシリンより広範な細菌に効果があった。一九六〇年代初期にオクスフォードで、活発な分子実体、セファロスポリンCが初めて単離された。その構造は半合成的に製造できるもので、分子操作にとって理想的な標的であることがわかった。セファロスポリン構造の核は、サー・エドワード・P・エイブラハムによると、「潜在的に有益な特性を持つ多種多様なセファロスポリンの源になり得る」ものだった。(29)

米国で最初に商品化されたセファロスポリンは、一九六二年にイーライリリー社が発売したケフリン（セファロチン）で、注射でしか使用できなかった。一九六四年には、グラクソ社のロリディン（セファロリジン）が発売された。リリー社は、一九六五年と一九六七年に経口剤カホシン（セファログリシン）とケフレックス（セファレキシン）を続けて出した。さらに多くの「第一世代」化合物であるセファドロキシル、セファクロール、セファドリン、セファゾリン、セファマンドール、セファピリン、セファノン、セファキチン、セフロキシムが発売され、一九七〇年代初期に最初の「第二世代」セファロスポリン（グラム陰性菌への作用が強く、グラム陽性菌への作用が弱い）が続いた。一九七〇年代末までに、さらに多様化した「第三世代」のセファロスポリンが加わった。セフォタキシム、セフォジジム、セフチゾキシム、セフタジジム、セフトリアキソン、セフポドキシム、セフスロジンである。このパラグラフにあるよく似た名前のリストは、二一世紀の読者である皆さんにとって、非常に難解に思えることだろう。これらを実際に在庫として持ち、調剤していた一九七〇年代後半の、病院薬剤師はどれほど大変だったことか。(30)

一九七〇年代末には、第一世代のセファロスポリンは、感染予防のために大手術の前後には必ず処方されるようになった。間もなくこれらの薬は、大半の研究病院で購入される医薬品の中で、一系列として最大の支出を占めるようになった。とりわけ外科手術が多い病院は、セファゾリン、セファロチン、セファピリンの大量の在庫を必要としたが、多くの医師と薬剤師は、有効性と安全性において、それらに臨床上の違いはないと考えていた。合理化のプログラムがない状況下で、病院管理者の多くは、必要なセファロスポリンを全て在庫として持ち続けるのは「病院にとって過剰な負担になる」[31]と考えていた。

オレゴン州のケースでは、自発的に第一世代のセファロスポリンの中で代替調剤することになった。その実験には多大な関心が寄せられ、速やかに模倣された。一九八〇年代初期までに、全病院の半数近くが、この予防的抗生物質の主戦力となる薬群の、代替調剤のプロトコルを整えた。そして一九八〇年代の末には、第一世代セファロスポリンの代替は、医師からの苦情も出ないまま、研究病院のほぼどこでも行われるようになった。[32]

APhAの専門職業務における政策委員会は、代替調剤の広がりに目を向け、一九八二年にセファロスポリン互換の成功について論評した。一〇年前のジェネリック代替と同じく、代替調剤は、臨床及び健康政策領域における薬剤師の役割を拡大した。APhAは「同じ広範な薬理学的・治療分類に属する代替医薬品(代替調剤)の選択と調剤に関して、薬剤師に独立した権限を付与することを支援」[33]した。

しかし、自発的な代替や薬剤師の独立した権限のような言い回しは、間もなく、一〇年ほど前にジェネリック代替を巡る騒動で見られたのと同じ政治上・職業上の対立に火をつけた。AMAは、「薬

剤師による医薬品の薬理学上あるいは治療上の代替という考え方のすべてに断固として反対する」と決定し、州議会を相手に、代替調剤に反対する争いを仕掛けた。[34]

代替調剤が、代替にまつわる縄張り争いの第二段階だとすれば、最終段階となる第三段階では、薬剤師は自分で処方する権利を得ることになると、多くの医師が危惧した。現に多数のナース・プラクティショナー（上級看護師）や医療助手がその権利に気づきつつあった。ある医師は次のように結論づけた。「昨日の極端が明日の当たり前になることが多いと歴史は語る。医師に代わって、医薬品の一部あるいは全てを処方することを夢見る薬剤師が、ジェネリックや他の医薬品による代替を最も熱心に擁護する人々の中にいるのは間違いない。医師よ、用心せよ！」[35]。医師向けの保守的な雑誌『プライベート・プラクティス』で、ある寄稿者が警告したように、医師から見れば、「代替調剤」は治療を支配する医師の権限をすっかり奪うための最初の一歩に他ならなかった。

代替調剤とは、治療上はよく似た性質を持つものの、化学的には等価ではない医薬品による代替である。［…］その仕組みはこうだ。病院はセファロスポリン抗生剤に多額の金を費やしている。ここで計算が入る。セファゾリンがその月の一番のお買い得だとしよう。となれば、病院は院内処方集を改訂し、セファゾリン以外のセファロスポリンをすべて処方集から除外するだろう。そして、除外したセファロスポリンを医師が処方した場合は、病院薬剤師は医師に許可を求めることなく、自発的にセファゾリンを「その代替品として調剤することができる」。このやり方が合法的かどうかは疑わしい。民間の病院が独自に代替調剤をするようなことにはならないとか、医師はそれを決して受け入れないと

か言う人もいるが本当だろうか。いや、それは間違いだ。代替調剤は既に米国の全短期病院の四〇パーセントで確立されている。その数字は今年の末までに五〇パーセントになると予想される。医師がアンピシリンを処方したときに、街角のドラッグストアがペニシリンVKを調剤するようになるのも時間の問題だ[36]。

一九八六年、PMAとAMAは、代替調剤の問題は「話し合いでは解決できない」という共同声明を出した。その年のPMA年次総会の演説で、AMAのジェイムズ・サモンズは、代替調剤の広がりを「この国のヘルスケアの質を脅かす、かつて見たことのない危険な問題」と呼んだ[37]。

薬剤師は代替調剤を、協力的なプロセスとして、次のように定義しようとした。「薬を調合する薬剤師が、意欲的な処方者に情報と助言を提供し、結果として、どちらかが単独で決定するよりも、より患者のニーズを満たす薬剤療法を決定できるようになる。言うなれば医療の相乗効果だ。それは、医師と薬剤師という互いに補完する専門職が、自発的に知識とスキルを提供しあうことにより達成される[38]」。だが、医師と製薬会社は代替調剤を、医療の実践と医療産業にとって脅威になるものと見ていた。第一世代セファロスポリンのように、薬はすべて、種類ごとに互換可能と見なせるのだろうか？　治療領域は、ひとそろいの互換可能なタイプにまとめられるのだろうか？　そうなれば、医師によるブランド薬の処方や、ブランドのマーケティング戦略は、無意味になるのではないだろうか？

AMAとPMAは、代替調剤という概念に激しく抵抗し、治療分類を治療上の同等性の指標にしようとする動きを、あらゆる手段によって潰そうとした。確かに、医薬品の全分類が、第一世代のセフ

ァロスポリンのように、互換できるわけではなかった。代替に対する新たな戦いの任務を課された全米医薬品評議会（NPC）は、別の特効薬グループに、格好のイメージキャラクターを見出した。β遮断薬である。

薬はいつから十分良いものでなくなるか

一九六〇年代後半、β遮断薬は心血管疾患の特効薬だった。七〇年代の末には、それは、冠動脈疾患の流行を食い止めるものとして認められ、後に疾病対策センターはβ遮断薬を、二〇世紀に公衆衛生が達成した偉業のトップテンの一つと呼んだ。初期のβ遮断薬の特許が一九八〇年代に失効すると、公衆衛生の擁護者は、公衆衛生をさらに充実させるために、この薬がより広く利用されるようになることを望んだ。(39)

セファロスポリンの初期の開発の過程を、基本的に同じものにいくつもの異なる利用法を発見した過程と見なすとしたら、β遮断薬のそれは、一見同じに見える一群の薬の著しい違いを発見した過程と言えるだろう。二〇世紀初期のアドレナリンの成功――米国製薬企業の研究開発室でなされた最初期の革新の一つ――に続いて、両世界大戦間の製薬業界は、交感神経様作動アミンと呼ばれるアドレナリン模倣薬を多数製造した。戦後、この同じ分類に属する複数の薬が、細胞表面のどの種類のアドレナリン作動性受容体に適応するかによって、身体の異なる部分で異なる効果を発揮することが明らかになった。一九四八年までに、米国の薬理学者R・P・アルクウィストは、二種類のアドレナリン受容体――αとβ――の相違を明らかにした。このどちらの受容体と結合するかで、他の点では同一

の薬が、心臓に異なる効果を及ぼすのだ。アドレナリン作動薬が心臓のα受容体と結合すると、心筋は緩和した。β受容体と結合すると、心筋は収縮し、心拍は速くなった。[40]

そこで、β受容体だけを遮断する薬は、心拍を遅くし、心臓の作業量を減らし、心臓発作後の生存率を高めることができると期待された。最初に商品化されたβ遮断薬、ジクロロイソプロテレノールは、副作用が強すぎて実用には適さなかったため、模倣薬であるプロプラノロールに心臓病専門医は注目した。[41] 一九八〇年代初期までに六種の異なるβ遮断薬がＦＤＡに承認され、最初の四種（プロプラノロール、メトプロロール、チモロール、ナドロール）は広く用いられ、さらに五種（ピンドロール、アテノロール、ラベタロール、オキシプレノロール、エスモロール）が間もなく参入した。[42]

これらの薬は似ていたが、全く同一というわけではなかった。その分子構造は多様で――小さいものもあれば、フリーラジカルが多いものもある――、それによって、心拍、心筋収縮性、血圧に対する効果が違った。こうした違いが、臨床上どれほど問題になるかを巡って、臨床医の意見は対立したが、個々のβ遮断薬は、それぞれ別の用途（プロプラノロールは狭心症、不整脈、高血圧、偏頭痛用。ナドロールは狭心症と高血圧用。チモロールは緑内障用）で、ＦＤＡに公式に承認されていた。しかし、それらは依然として全てβ遮断薬とされていたので、ある意味で互換性があった。一九八一年の『ニュー・イングランド・ジャーナル・オブ・メディシン（ＮＥＪＭ）』に掲載された小論で、心臓専門医のウィリアム・フリッシュマンは医薬品の分類について薬理学的な所見を述べ、適量で使用されている限り、心疾患の治療において「こうした医薬品の一つに重要な長所あるいは欠点があると示唆する研究はない」と結論づけ、こう続けた。「プロプラノロール以降のβ遮断薬はいずれも適正量で調

整されると、不整脈、高血圧、狭心症の患者に有効である」[43]

しかし、心臓血管生理学と薬理学の分野がさらに発展するにつれて、αとβは、多様に枝分かれする受容体のサブタイプおよびサブ・サブタイプの系統樹における、最初の分岐に過ぎないことが明らかになった。一九六〇年代後半、実験研究により、心臓刺激に関連するβ受容体と、血管拡張および気管支拡張に関連するβ受容体との違いが示唆された。スミスクライン＆フレンチ社と英国の製薬会社ＩＣＩ社の研究部門は、β－１を遮断した場合と、β－２を遮断した場合の効果の違いを調べはじめた。一九七〇年代後期、ＩＣＩ社は最初の「心選択性」β－１遮断薬、テノーミン（アテノロール）の販売許可を得、間もなく、わずかに異なるβ－１遮断薬ロプレソール（メトプロロール）が続いた。しかし、メトプロロールとアテノロールはβ－１受容体に関してよく似た薬力学的性質を持っていたものの、体内での代謝には、薬物動態学上の重要な違いがあった。メトプロロールは作用時間が短く、日に三、四回服用する必要がある。一方、アテノロールは作用時間が長く、日に一、二回服用すればよかった。また、メトプロロールは肝臓の代謝によって身体から排出されたが、アテノロールは腎臓によって排出された。ある患者にとって、こうした差異はささいなものだったが、別の患者では、生死に関わることもあった[44]。

β遮断薬は最も有望なものの一つとして現れ、一九八〇年代末には、現代の医療における新しい薬効分類――概念としての薬効分類の一貫性に異議を唱える向きもあったが――として広く利用されるようになっていた。一九八七年に再び出したβ遮断薬に関する薬効評価で、ウィリアム・フリッシュマンはβ遮断薬の互換性についての初期の立場を覆し、この薬効分類内に見られる多くの差異を、医

薬品政策が学ぶべき実例として提示した。曰く、β遮断薬は「よく似た化学構造と薬理学的性質を持っているにもかかわらず、互換性がない医薬品分類の代表である」[45]。一〇年にわたってこのような模倣薬に近いものを臨床で用いた経験が、その違いがささやかでないことを裏づけていた。

皮肉にも、フリッシュマンが指摘したように、β遮断薬という分類内部での模倣薬の激増は、受容体のサブタイプに関する知識がいかに乏しかったかを語る。β遮断薬が多数導入されて初めて、倦怠感、抑鬱、性的不能、乾癬等といった、おそらくこの薬が引き起こしたさまざまな副作用から、脂溶性（加えて、血液脳関門全域での可動性）などの品質上の差異が、明らかになった。同様に、一九八七年までにβ遮断薬の使用が激増して初めて――現在、二〇を超す症状に用いられている――どの症状に対しても、どのβ遮断薬も他のβ遮断薬の代わりにはならないことを示す十分な知識が蓄積した。かつてフリッシュマンはβ遮断薬の相違の根拠を求めたが、今では、立証責任は相違ではなく類似を主張する人にある、と考えている。「あるβ遮断薬を他のβ遮断薬の代替とするのは、その有効性を裏づける論文がある場合に限る」と、彼は結論づけた[46]。

当時、フリッシュマンの研究はNPCの支援を受けていた。第二章で述べたように、NPCは一九四〇年代から一九五〇年代にかけて、ジェネリック代替に反対するキャンペーンを繰り広げ成功させた、業界寄りの専門職団体だ。一九八〇年代半ばまでに、NPCはジェネリック代替を消費者の生活に欠かせないものとして容認し、代わりに、攻撃の矛先を代替調剤に向けるようになった。NPCにとって、β遮断薬の物語は、似ているとされたものが臨床上、重大な違いをもたらすという危険を、よく語っていた。もしメディケイドが、アテノロールやメトプロロールではなくプロプラノロールを

全ての心疾患者に用いることを求めたら、どれほど多くの人が心臓発作を起こして亡くなったことだろう。フリッシュマンがその小論でβ遮断薬の非互換性を述べた二年後、NPC職員のリチャード・A・レビは、非ステロイド性抗炎症剤（NSAIDs）の非互換性に関する重要な小論を発表した。その数年後には、代替調剤の臨床上の危険が広く知られるようになった。β遮断薬は代替調剤に突き刺さる槍の、ほんの刃先に過ぎなかったようだ。(47)

代替政策の復活

一九八〇年代末、医療と製薬業界のロビー団体は、代替調剤に反対するために団結した。AMA医薬品部門の長ジョン・バリーンは代替調剤を、倫理にもとる「医師の特権の剝奪」だとして非難した。(48)PMAの会長ジェラルド・モッシンホフは、賛同の声を上げた。多くの人が、専門職の縄張り争いの再来は避けられないと見ていた。ある医薬品雑誌は次のように報じた。

治療上の互換性！　その戦線は十分に偵察され、今や主だった主張者と敵対者が前線に向かっている。旧敵の「代替性」は、「互換性」に名を変えた。実のところ両者は、この治療の戦場では同義なのだ。健康管理の専門職として、我々は癌に宣戦布告し、エイズと戦い、関節炎の戦線を保持し、マラリアが蔓延するジャングルを砲撃してきた。従って、健康管理の限られた領土を求めて果敢に戦い、土曜の夜に専門職の間でちょっとした争いが起きるのも無理はない。(49)

一〇年前のジェネリック代替と同様に、AMA、APhA、PMAは、薬剤師、製造者、医師、消

費者の誰もが満足するコンセンサスを見出すことはできなかった。それでも、争いの中身は、一九六〇年代や七〇年代とは違っていた。八〇年代の代替調剤を巡る争いで問われたのは、セファロスポリンあるいはβ遮断薬のようなより広い生物医学治療の互換性であり、また、それは専門職の縄張り争いでもあり、患者に施す治療の内容を誰が決めるか——医師、薬剤師、あるいは健康管理システムそのものか——が問われたのだ。

効果の同等性に基づくコスト削減という論理を推進したジェネリック代替とは異なり、代替調剤は、日々の治療において、同一でないとしても、どの薬なら「十分良いか」を決めるルールあるいは論拠を確立するという、さらに幅広い役割を、薬代の支払い者である患者や政府に課した。また、そもそも代替調剤という概念はつかみどころがなく、ゆえに反対者は、自分たちが何を主張しているのかを定義することさえできかねた。一九八八年にある評論家が指摘したように、「この論争の難しいところは、治療上の互換性の定義づけにある。ジェネリックの互換性はずっとシンプルだ。それが意味するのは、活性化学成分、効力、剤型、生物学的利用能が等しいということで、主に問われるのは、生物学的同等性の調査の方法論と頻度だけだ。しかし治療上の同等性は何を意味するのだろう。そして、薬剤師が情報に基づいた判断を下すのに必要なデータは、どのようなデータなのか」[50]。治療上の同等性は、統一された概念ではなく、「同一」から「同一ではない」という軸上に配された、概念のスペクトルなのだ。第一世代セファロスポリンは多かれ少なかれ、互換性があるとするのに十分なほど類似していた。しかしβ遮断薬は明らかに違った。他の医薬品がこのスペクトルのどこに当てはまるのか、あるいはどの方法で、誰の判断によって相違を識別し、互換性があるとするのに「十分」かそう

でないかを決めるのか、何一つとして、はっきりしなかった。

模倣薬は二〇世紀後半の健康政策を巡る論争において重要な役割を果たし、その論争は二一世紀に持ち越されている。模倣薬への批判は、主に業界の外部からなされた。きわめて稀なケースとして、ある医薬品広告は、医薬品市場に新たに参入したブランド医薬品は実のところその年の最も重要な模倣薬だったと主張した。しかし、模倣薬には確かに価値がある。模倣薬にはこれまで、シェーレからクランツに至る擁護者がいた。皮肉なことに、模倣薬が存在しない世界――つまり、どの薬効分類にもたった一つの医薬品しかない世界――は、代替調剤によってコストを削減する機会をまったく提供しないのだ。

製薬業の研究開発プロセスに批判的な目を向ける人でさえ、模倣薬がしばしば何かを生み出すことを認めざるを得ない。β遮断薬からスタチン、H2拮抗剤、セファロスポリンに至るまで、ある薬効分類の最初の一群が常に最も効果的で最も安全なわけではない。新しい技術分野に二番目、三番目に参入した企業が、先行品よりはるかに広く用いられる製品を生み出すというのは、広く技術の歴史に共通して見られる現象だ。技術史学者は、この第二波の革新者を「修理屋 tinkerers」(新しいアイデアに手を加え、広く利用できるようにする人)と呼ぶ。だが、技術分野には、意図的な老朽化(購買サイクルを速めるため製品を壊れやすくする)の事例も多い。また世代が進むほど、わずかな改良により多くのコストがかかるようになるので、その相対的な価値が測りにくくなるという話もよく聞く。模倣は革新に必要かもしれないが、模倣は革新のふりをすることもあり、その違いを見極める基準はほとんどないのだ。

同様に、一人一人の身体は、医薬品と疾病の教科書通りに機能するわけではないので、最も熱心な治療合理主義者であっても、模倣薬の供給に価値があることを認めざるを得ないだろう。例えば、全人口に基づくデータが、鎮静作用の少ない抗ヒスタミン剤の全分類の有効性と安全性が同等であることを示唆していても、ロラタジンよりもセチリジンの方が、アレルギー反応が穏やかな患者もいれば、その逆の患者もいる。関節炎の患者のなかには、NSAIDs（非ステロイド性抗炎症剤）の一種で消化不良を起こすが、他では起こさない人がいるだろう。フロキシンよりもシタロプラムの方が抑鬱をうまく管理できる患者もいるはずだ。薬理遺伝学（現在ではゲノム薬理学）は、今まで誤解されてきた亜集団レベルでの医薬品反応の違いを解明すると約束してきたが、大半の開業医は、薬理遺伝学に頼らずとも、医薬品反応に個人差があるのは、死や税金と同じくらい明々白々だと思うはずだ。[51]

母体である専門職集団の無政府主義的な論法から距離をおこうとする、医師、薬剤師、支払者の小さな集団は、全集団からの代表によって透明性をもって運営される薬事医療委員会が、信頼できる管理をするのであれば、どのような医薬品に互換性があり、どのような医薬品に互換性がないかについて、有意義な判断ができるだろう、と示唆した。結局、いくつかの健康関連の組織には、実際に機能する薬事医療委員会があり、そのメンバーである医師は、同じくメンバーの薬剤師からの情報が役立つことに気づいたのだ。こうした機能的な薬事医療委員会の成功の鍵は、互換は一枚岩ではないと認識することだ。ボストン・メディカルセンターの薬局主任ダリル・リッチは、一九八九年に治療上の互換に対する「二層」アプローチを提唱し始めた。それは、薬剤師は、ある分類（例えば、第一世代セファロスポリン）では自由に薬を交換できるが、別の分類（例えば、心選択性β遮断薬）で薬を交換

しようとする時には、医師に連絡をとるというものだ。このアプローチ――後に「段階的価格設定」あるいは「段階的治療」に改称された――は、状況に応じて、包括的な代替、個別化医療、誂え治療をそれぞれ提供できる。[52]医師は、薬事医療委員会を協力的だと感じている限り、第一世代セファロスポリンのような基礎剤で行われる自由な代替に満足した。ある医師はヴァージニア・メイソン病院で特に成功した代替調剤を評してこう述べた。「歴史的に見て、後でコストが払い戻される場合、コストを下げようとする動機は働かない。しかし、最大で患者の五〇パーセントが健康維持機構（HMO）、優先医療給付機構（PPO）、メディケアといった医療保険制度に登録している現状では、わたしたちがこれまで通りにしていられないのは明らかだ[53]」

こうした論評が示唆するように、一九七〇年代のジェネリック代替と違って、代替調剤は、一九八〇年代に出現した管理医療の新たな政治経済の中で形成された。時を同じくして、以前はメディケアやメディケイドのような公共の支払者に結びついていた医療費抑制の精神が、HMO、利益志向の病院チェーン、PBM（薬剤給付管理）といった管理医療の新たな民間形態に組み込まれていった。[54]この新たな政治経済のもとで、管理医療は、模倣薬から余分なものを取り除くための組織的な方法として歓迎された。HMOとPBMは、野放しになっている治療領域を、管理が行き届いた合理的な治療システムに変えるものと見なされた。この合理化された新たな医療形態において、治療の世界は代替可能な医薬品の世界として説明されるようになり、健康管理システム全体で代替をうまく利用して、治療の価値を上げつつ、コストを下げることができるはずだった。

しかし、実際には、そうはならなかった。

第十三章　推奨薬、公的に、あるいは民間で

処方集の精度は科学的な絶対値ではなく、物質的な結果を伴う裁量行為である。
ローレンス・エイブラムス『ジャーナル・オブ・マネジドケア・ファーマシー』、二〇〇四年

米国の多くの健康政策と同様に、二〇世紀後半の管理医療革命は、公衆衛生問題に対する民間レベルでの解決策として起きた。一九七三年の保険維持機構法——健康維持機構（HMO）の名を多くのアメリカ人に知らしめた——の最初の目標は、一〇年以内に全人口の九〇パーセント以上をこの新しい機構に加入させることだった。初期のHMOがモデルとしたのは、カリフォルニア州の保険会社カイザー・パーマネンテと、ワシントン州のピュージェット・サウンド・グループ医療協同組合という、利益を重視する進歩的な組織だった。HMOは公的な取引や、営利目的の活動が許されていなかった。しかし、一九八〇年代後半に管理医療の組織が急増し、多数のアメリカ人がそれらに加入するようになると、HMOの戦略は、結果の改善からコスト抑制へと移行した。HMO加入者数が一九七六年の六〇〇万人から一九八四年の一五〇〇万人、さらに一九八〇年代末には四〇〇〇万人近くにまで増えたとき、「推奨薬」の代替調剤は、予想を超える規模で行われるようになった。(1)

米国製薬工業協会（PMA）は一九八六年に、調査を委託したワシントンDCの政策調査会社ルー

ウィン・アンド・アソシエイツからの報告を受けて、管理医療への懸念を公表した。その報告書には、研究対象となったＨＭＯの加入者、約一五〇〇万人のうち九〇パーセントが、「制限的な処方集、ジェネリックを認める医師の増加、代替調剤の増加、より厳しくなった医薬品使用状況調査、小売り薬局との強引な割引契約[2]」といった事情から、外来薬剤費の給付〔保険負担〕を受けているとあった。一九八七年には、ＨＭＯの三五パーセントが、何らかの形で代替調剤を導入していた。一九九三年までに七〇パーセントが制限的処方集を用いていた[3]。

制限的処方集は、医療保険会社にとってリスクを伴う手段だった。一九九〇年代半ば、アメリカ社会のあちこちで管理医療のほころびが目につくようになっていた。ＨＭＯを、個人の健康を向上させることよりコスト削減を重視する営利団体と見なす人が増え、ＨＭＯは医療ケアにおける無慈悲で官僚的な合理主義の新たな象徴になった。医師と患者の関係に役所が介入することへの恐れが、一九九二年のクリントン政権におけるヘルスケア改革プログラムの成立を阻止したが、民間では、その恐怖が現実になったのだ。一九九〇年代末、政策分析家の中にはこれを、一九九七年の映画、『これ以上はない最善（As Good As It Gets）』〔邦題『恋愛小説家』〕で演じた役柄〔自己中心的で偏屈な小説家〕から「ジャック・ニコルソン効果」と呼ぶ人もいた[4]。

『これ以上はない最善』は、管理医療のがたつきを背景とした不当な代替がテーマの一つになっている。原題が示唆するように、その映画では、さまざまな代替行為が描かれる。管理医療サービスは、命を救うことはできるが最善ではない医療を認めることで、物語の悪役と主題の隠喩という二役を担っている。似てはいるが最善ではないものを選べば、医療の最低基準は満たされるだろう。具体的に

言うと、『これ以上はない最善』は、ＨＭＯの下での制限的な保障の限界を語っているのだ。多くの観客の印象に残ったのはおそらく、ニコルソンではなくヘレン・ハントが演じる役柄だ。彼女はシングルマザーで、ウェイトレスとして真面目に働いている。幼い息子は喘息だが、彼女の医療保険の制限ゆえに、適切な医療を受けることができない。数年早く適切な治療を受けていれば、息子の健康障害は防ぐことができたのに、と医師から知らされたとき、彼女は怒りを爆発させ、毒づいた。「ちくしょう！　くそったれ！　ＨＭＯめ！　くたばっちまえ！」。落ち着きを取り戻して医師に謝ると、医師は軽く手を振り、こう言った。「お怒りはごもっともです。それがこの病気の正式名でしょう」

「ヘレン・ハントが演じる、慢性疾患の子を持つシングルマザーが、ここには書けないひどい罵り言葉でＨＭＯを非難した時、ワシントン地域の観客は歓声を上げ、口笛を鳴らし、喝采を贈った」と『ワシントン・ポスト』は報じた。『これ以上はない最善』は明らかに現代社会の急所を突いていた。この映画はアカデミー賞で多部門にノミネートされ、ハントとニコルソンは主演男優賞、主演女優賞をそれぞれ受賞した。『ワシントン・ポスト』がアカデミー賞シーズンのトップ記事で宣言したように、「この映画はＨＭＯへの不満を見事に描いた」。実際、その映画は一九九〇年代を通して、管理医療の欠陥のアイコンとして何度も取り上げられた。なぜなら、代替調剤とその限界についての大衆の不満を、ありありと描いていたからだ。カイザー財団健康保険の広報担当者が指摘した通り、「ＨＭＯは悪者扱いされるようになった――公正であろうとなかろうと、格好の標的になったのだ」(5)。

『これ以上はない最善』はその数年前から始まっていたＨＭＯのぐらつきを反映している。一九九六年の段階ですでに、十八州の消費者保護団体は、医師封じのルールや「ドライブスルー式」妊婦検

診といった、HMOの方策の中でもとりわけ不評なもののいくつかに反対する法案を通すのに成功していた。だが、管理医療下での「十分良い」医薬品に対する恐れは、少なからず代替調剤に向けられたものだった。仮に、管理医療の代替プログラムによる処方集が、代替とするのに十分良い医薬品を選ぶ助けになるものであったとしても、大衆にその互換性を信じさせるだけの力はなかった。

「十分良い」医薬品の構造は、管理医療、とりわけ製薬コストが正当かどうかを決める薬剤給付管理会社(PBM会社)という民間分野において、どのように形成されたのだろう。公的プログラムは自らの、ある薬を他の薬より推奨するより透明性のある方法によって、PBMの管理医療処方集にどのように対応したのだろう。本章で描くように、一九九〇年代から二〇〇〇年代初期にかけての代替調剤分野の発展は、民間と公共分野では非常に異なる形態をとった。

医薬品の手品(ごまかし、こじつけ)

一九九〇年代の管理医療の下で、健康管理コストが増加し続けたとき——医薬品コストは他の分野よりも急速に増加していた——、HMOと薬局との間に、新しい産業が発展した。薬剤給付管理(pharmacy benefit manager)、すなわちPBMだ。一九九六年までにアメリカ人口の五〇パーセント以上、HMO登録者の八〇パーセント近くが、PBMを通して処方箋の薬を出されるようになっていた。このビジネスは、成長するにつれて会社の数が絞られていき、一九九八年には、米国で出される処方箋の三分の一は、わずか三社のPBMが管理するようになっていた(6)。

二〇世紀末の、PBMの市場リーダー、エクスプレス・スクリプト社の初期の歴史は、この産業の

起源と成長を体現している。エクスプレス・スクリプト社は、総合的な医療管理会社として創設されたが、一九八九年末には、約一万店のドラッグストアの処方薬リストの管理に専念するようになった。一九九二年に株式が公開された時、その処方プログラムは二〇〇万人をカバーしていた。一九九八年までに一〇〇〇万人、一九九九年までに二五〇〇万人になり、二〇〇五年には五〇〇〇万人に達した。エクスプレス・スクリプト社のCEOバレット・トーンが後に述べたように、「PBM各社は医薬品を手に入れやすくすることに専念しています。また、医薬品使用状況調査システムによって、医薬品使用をわずかながら、より安全にしています」。トーンは、エクスプレス・スクリプト社の五一パーセントという「ジェネリック調剤率」を誇りとし、翌年にはその数字を五五パーセント超に引き上げたいと述べた。メドコ社もPBMの先駆けとなった一社で、薬剤師のジェネリック調剤と代替調剤の割合に基づいて、医薬品を値引き提供することを発案した。薬剤師、医師、消費者は、PBMが割引価格で製薬会社から購入した推奨薬だけが載ったリストに、誘導されるようになった。(7)

エクスプレス・スクリプト社のようなPBMは基本的にあらかじめ出来上がっている処方集を顧客に販売したが、この単純な説明の裏に、複雑な現象が隠されていた。PBMにとって処方集は、単にコストを抑えるための戦略ではなく、市場を形成するためのツールでもあった。エクスプレス・スクリプト社のような企業は、製薬市場の需要と供給をつなげることで利益を得ていた。大ざっぱに言うと、健康保険会社は、できるだけ少ない支出で、すぐれた結果を得ようとする。一方、製薬会社はできるだけ高い値段で、できるだけ多くの薬を売ろうとする。この水と油が競いあうフィールドで、PBMは石けん分子のようにその双方と交流したのだ。メディケイド、メディケア、企業保険プラン、

民間保険会社といった薬代を支払う側の顧客は、ＰＢＭを雇って、コスト効率のよい方向に、医薬品の供給者と患者を誘導しようとした。一方、製薬会社と大きな薬局チェーンは、その製品や店舗を、ＰＢＭが策定する処方集の推奨リストに載せてもらうのと引き換えに、リベートと割引の形でＰＢＭに謝礼を支払った。

割引、リベート、そして推奨薬リストを作るのに役立った各業界とのつながりは、公開情報ではなかった。リストに載った薬の真のコストや値引率も、公にはされなかった。支払う側の顧客にＰＢＭが提示する価格リストでは、いくつかの薬は他よりも安かったが、その薬を最安値に見せるために、製薬会社がＰＢＭにいくら支払ったかを、開示する必要はなかった。このようにＰＢＭのビジネスモデルは、処方集の裏と表を手品のようにうまく操ることで成り立っていたのだ。

医薬品の相対価格は、ＰＢＭによって操作された唯一の項目ではなかった。ＰＢＭは薬効分類の分類法を作り直すことにより、医師と患者の選択をコントロールした。ＰＢＭ経営者は多くの時間を費やして、医薬品をどのように分類すれば、利ざやの大きい商売ができるだろう、と頭をひねった。ある評者は、そのようなＰＢＭにとって都合のいい改変を、「処方集ゲーム」と名づけた。「処方集の設計者は薬効分類の数を決めなければなりません。処方集のそのような特徴を「粒度」と呼びます。［…］包括的ケアを提供するには、処方集に載っていないどの薬についても、治療上同等な薬が処方集に載っているようにする必要があります。薬効分類は、市場、すなわち一群の代替品から一つを選ぶ場所と見なすことができます。処方集はそのような市場が集まったものなのです。そして、その市場、すなわち薬効分類を極めて狭く定義すれば、処方集における薬競争を減らすことができます(8)」。

例えば、カルシウム拮抗剤をひとくくりの分類にすれば、コスト効率のいいジェネリック一つだけが選ばれるだろう。しかし、カルシウム拮抗剤を三つのサブタイプに分けることもできる。この「より精密な処方集」では、あるサブタイプに分類されるブランド薬が、別のサブタイプに分類されるジェネリックと互換されることはない——こうすることによって、特定のブランド薬が購入されるように操作し、薬にかかるコストをつり上げるのだ。処方集にはこのように二面性があり、支払者である顧客の利益（より低いコスト、より多くのジェネリック代替品）を図るか、あるいは製薬会社の利益（より高いコスト、より多くのブランド薬の販売）を図るか、ＰＢＭは処方集に手を加えることで、どちらの方向にも誘導できた。

　ＰＢＭは代替品と価格競争が生じるカテゴリーを定義しつつ、それがどう生じるかをどちらの顧客にも見せないようにして、市場を形成した。あるＨＭＯの薬局長が一九九五年に不満を漏らした。「価格とリベートのコントロールが失われたことがやっかいだ。つまりリベートのチェックと、こちらがいくらもらえるかがわからなくなったのだ。あなたにはそれが正確かどうかチェックする方法がありません、製薬企業はリベートの総額をあなたに知らせることはできません、とＰＢＭは勝手なことばかり言う。こちらはそれを信じるしかない。ＰＢＭは自主管理システムに基づいている。数百万ドルが絡む米国のビジネスで、自主管理システムに基づくものは、わたしの知る限り、他には存在しない」[9]。民間処方集で推奨される医薬品の決定にＰＢＭが大きな役割を果たしていることに気づいた製薬企業は、企業戦略を切り替えた。ＰＢＭが推奨するステータスを買うのではなく、ＰＢＭそのものを買うことにしたのだ。一九九三年、世界最大の製薬企業の一つであるメルク社は、最大のＰＢＭ

の一つであるメドコ社を買収した。同様に、スミスクライン・ビーチャム社とリリー社もそれぞれPBMを買収した。他の企業はPBMの能力を内部で構築しようとした。「PBM自体は必要ではない」と、一九九五年にある製薬会社の幹部が指摘した。「PBMの機能が必要なのだ。PBMにお金を注ぎ込むことなくそれができれば、他社より有利な立場に立てる」(10)。

連邦取引委員会（FTC）は、メルク社とメドコ社の合併の提案について調査を始めたが、製薬会社と処方集管理者との垂直的統合は現行の独占禁止法に違反しない、という結論に至った。合併後の一九九八年、FDAは一連の指針を公表し、PBMが「所有される、あるいは影響を受ける」製薬会社のために販売促進活動を行う場合、それは製薬会社のマーケティングの延長として規制されるべきだとした(11)。その後の一〇年間で、推奨薬になる、という手法は、医薬品のマーケティングの一要素として定着した。FTCのウィリアム・J・ベアはメルク社とメドコ社の合併のその後の経緯についての調査を締めくくって、次のように述べた。「メドコ社がメルク社の医薬品を優遇してきたことが明らかになりました。結果として、いくつかの例において、消費者は競合企業の医薬品の入手を阻まれました。加えて、その合併は、メドコ社がメルク社の競合企業から得た価格決定に関する機密情報を、メルク社と共有することを可能にし、製薬会社間のなれ合いを助長する恐れがありました(12)」。メルク社とメドコ社は最終的に、二〇〇三年に道を分かった。分かれる直前、一連の裁判記録が『ニューヨーク・タイムズ』にリークされた。それは一九九〇年代後半にメドコ社が処方集でブランド医薬品の販売を促進するために受け取ったリベートのうち、三〇億ドルほどはその促進プランや消費者にわたらず、単に利益としてメドコの懐に収まったことを語っていた。メドコ社の処方集はメルク社の製品

にとって非常に有利だった。ファーマシア社のセレブレクスより、メルク社のヴィオックス。アボット社のプレバシドより、メルク社のプリロセク。ファイザー社のリピトールより、メルク社のゾコルが推奨された。大方は、メルク社の製品の方が高かったのだが。他のPBMに対する訴訟も、こうしたブランド薬とブランド薬の代替が頻繁に起きていることを示唆していた。それでも、こうした文書は――訴訟和解という文言のもと――法廷によって封印され、支払者、処方者、あるいは患者の目に触れなかった。二〇年にわたって調査が行われたが、PBMがいかなるロジックに基づいて推奨医薬品を組織的に調整して利益を得ていたかは、大半が隠蔽されたままだ。(13)

公的推奨――薬効評価計画

二一世紀を迎える頃、処方薬への公的支出は急速に増えていた。ジェネリック代替が増え、管理医療やPBMが拡大した一〇年の後、メディケイドの処方薬への支出は、減るどころか、一九九〇年の四八億ドルから二〇〇〇年の二一〇億ドルへと五倍に膨れあがった。二〇〇二年、こうした増加が将来的に支払い能力に及ぼす打撃に危機感を募らせた「改革州」グループは、同等の効果を持つ医薬品によってコストを削減するために、透明で根拠のある医薬品比較方法を開発しなければならない、というマニフェストを、『ヘルス・アフェアーズ』誌に発表した。既存のプラシーボ対照試験データは「異なる医薬品の相対的な効能について、処方者と購入者のどちらからも独立した、時宜を得た正確な情報」(14)を十分には提供できていなかったからだ。

一九六〇年代から七〇年代にかけて行われた、糖尿病研究大学グループと冠状動脈薬剤プロジェク

ト、あるいは一九九〇年代から二〇〇〇年代にかけて行われた、抗高血圧薬の比較試験ALLHATと〔抗精神病薬の〕比較試験CATIEなど、国の出資でいくつかの優れた比較試験が行われてきた。しかし、これらは臨床試験という大海ではほんの数滴にすぎず、それ以外の大半の試験は、民間が出資した非比較試験だった。そして製薬企業には、負けるのを覚悟のうえで、自社製品と他社製品を一対一で比較しようとする動機は皆無だった。保険会社の中には薬効を比較するプログラム——例えば一九八五年に設立されたブルー・クロス／ブルー・シールド協会のテクノロジー評価センター（TEC）など——を創ったところもあったが、総じて保険会社にとって、特許権が切れた薬の相対的な薬効を調べることに、競争上の利益はなかった。(15)

それにもかかわらず、TECは他の研究室に先んじて、複数の論文を系統的に見直すことにより、異なる医薬品について別々に収集された証拠を比較するようになった。それはまた、相対的な薬効を調べる初期の方法を公共政策につなげるための踏み切り板にもなった。後にオレゴン州で薬効を評価する公益法人が設立された折りに重要な役割を果たしたジョン・サンタは、一九九〇年代にはTECのメンバーとして、民間保険会社が根拠に基づく償還額を決定できるように、国際的研究を用いて相対的な薬効を調べた。二〇〇二年までサンタは、オレゴン州知事で元救急医療医のジョン・キッザバーに協力し、知事がデータの系統的な評価に基づいて政策決定するのを後押しした。オレゴン州は独自の根拠に基づく推奨薬リストを公表した最初の州であり、間もなくワシントン州とアイダホ州もそれに続いた。これらのリストは、PBMの民間処方集に似ていたが、公的で透明性があり、根拠に基づいていた。これらもまた、有意義な代替調剤の推進を目標としていた。(16)

歴史学者であり、ミルバンク記念基金の理事長でもあるダニエル・フォックスが指摘したように、各州はこうしたリストを利用して、「化学的に同等だが推奨薬より高価な医薬品を製造する会社に、推奨薬の地位を得るためのリベートを支払わせて」、実質的にその薬のコストを推奨薬と同じレベルに下げさせた。このような推奨薬の公式のリストを使う州が増えるにつれて、薬効評価計画（DERP）が急速に広がった。二〇〇八年には三三州が推奨薬リストを発行し、DERPは、以下の州から十分な支援を受けた。アラスカ州、アーカンソー州、カリフォルニア州、コロラド州、カンザス州、メリーランド州、ミシガン州、ミネソタ州、ミズーリ州、モンタナ州、ニューヨーク州、ノースカロライナ州、ウィスコンシン州、ワイオミング州。カナダのCADTH（カナダ・健康における医薬品とテクノロジーのための機関）もそれを支持した。DERPは、メンバーの関心に基づいて、系統だった薬効評価を委託し、それを広く普及させた。DERP当局者は多大な時間を費やして、透明な統治構造と、潜在的な利害の対立に注意を払う管理体制を築いた。[17]

DERPの研究者は、同じ薬効分類に属する複数の医薬品について臨床的に有意義な比較をするための方法を確立しようとした。彼らは核となる三つの問いに焦点を当てた。第一は、どうすれば医薬品の相対的な薬効を測定できるか。第二に、どうすれば、これらの医薬品の相対的安全性を評価できるか。第三に、ある被験者の集団において、二種以上の医薬品に同等の安全性と有効性が確認されたとして、その同等性が適合しない集団（サブグループ）が存在するだろうか。[18]

この最後の問い――医薬品はある人々にとっては互換性があるが、他の人々には互換性がないのではないか、という問い――は、DERPが、業界からの参加者とマイノリティの健康推進グループか

ら辛辣な批判を浴びるきっかけとなった。DERPの研究者が、医薬品の相互作用や合併症（肝不全や腎不全など）、薬効に関係しそうな人口統計学上のカテゴリー（性別、人種、民族、年齢）に目を向けて、サブグループの問題に取り組もうとすると、しばしば攻撃された。PMAとNPCが民族や人種による医薬品代謝の違いに基づいてマイノリティの健康啓蒙グループを分裂させ、代替調剤プログラムに反対させようとしていたのだ。

一九九〇年、PMAの幹部は、州議会の全米黒人議員団（ナショナル・ブラック・カーカス・オブ・ステート・レジスレイターズ）のリーダーと並んで写真に収まった。州のメディケイドプログラムにおける代替調剤に抗議するためだ。全米黒人看護師協会の会長が主張したように、代替調剤が横行すると、「最も重篤で最も脆弱な患者が、医師の指示した医薬品を得られず、それより効かない薬を与えられる恐れがある」からだ。数年後、NPCの科学担当副会長、リチャード・A・レビは、代替プログラムを管理するために遺伝薬理学分野で行われた初期の調査に関する評論を発表した。レビとNPCは、出現しつつある（人種的差異と民族的差異に関する）アイデンティティ政策を通じて結託し、同等性に基づく代替を推奨する政策を批判していた。レビはこう主張した。「代替調剤は白人に対しては何の問題もないようだが、「民族的マイノリティや人種的マイノリティは、「同等な医薬品」を処方されると、より大きなリスクにさらされる恐れがある」。社会学者、スティーヴン・エプスタインが二〇世紀最後の一〇年間における『多様性の受け入れと差異のパラダイム』として記録したものの副産物として、代替品の同等性は、人種と民族という路線から、改めて破砕されたのだ。[19]

NPC、PMA、AMAは、マイノリティ議員団と精神保健分野の患者支援グループに招集をかけ、

ＤＥＲＰの代替調剤プロトコルに対して、社会の本流は白人で均質だと考える時代錯誤な見方に基づいていて、あまりに画一的だ、と異議を申し立てた。二〇〇二年までにＮＰＣのリチャード・レビは、アフリカ系米国人医師の先駆的組織である全米医療協会のヴァレンタイン・バローズ、ランダル・マクセイとともに一連の記事を共同執筆し、「同一分類の代替調剤をマイノリティに用いることには多大なリスクが伴うという十分な根拠がある」と主張した。彼らは次のように続けた。

医師と管理医療プランは、人種的、民族的マイノリティの患者を新しい『処方集法』によって治療する際には、変則的な薬物反応や予想外の不運な副作用に備えて、いっそう注意深くあるべきだ。未治験の人種や民族に代替調剤としてジェネリックを使う時には、投与量の調節が必要になるだろう。患者の代謝が遅いために薬の毒が蓄積する恐れがあり、また、いくつかの人種的、民族的マイノリティグループでは、ジェネリックの働きが悪く、補完するための医療サービスが必要になることもあるはずだ。いずれの場合も、健康システム資源をさらに多く用いることになり、そうなると、コストを抑制するという本来の目的は帳消しになるだろう。[20]

二〇〇五年にファイザーのＣＥＯヘンリー・マッキンネルが、『メディカル・ヘラルド』に語ったように、ＤＥＲＰから情報を得た政策は、特にアフリカ系とヒスパニックの患者に害を及ぼす恐れがあった。人種的あるいは民族的特徴ゆえに、両者はよく似た薬に異なる反応を示したからだ。ＤＥＲＰ職員は、推奨薬リストの成立を妨げようとするマイノリティと患者利益団体による強力なロビー活動に注目したが、他にもさまざまな方向から横槍が入った。企業は知事執務室に直接介入し、一方、

医師らはお気に入りの薬を推奨リストに載せてほしいと手紙で訴えた。企業の代表や代理人は、推奨薬リストを巡る州の勧告会議で証言した。代替調剤政策から精神疾患のような重要な疾患カテゴリーを除外するためのロビー活動も展開された。[21]

企業の利害関係者は、根拠に基づく推奨薬リストに対する異議を、裁判所にまで持ち込んだ。特に目を引くのは、米国研究製薬工業協会（PhRMA）対コンカノンの裁判で、それはメイン州のDERPに触発されて作られたメイン州処方薬プログラムに異議を申し立てるものだった。メイン州の処方薬プログラムは、州のメディケイド推奨薬価格リストを、全州民を対象とするものに拡大し、実質的に州を公的PBMに組み込もうとするもので、製薬会社のリベートと薬局の割引を認め、全住民がその恩恵に与るとしていた。最高裁判所は、メイン州処方薬プログラムは合憲だとしたが、リストを公的部門から民間に拡大することに関しては保健福祉局に委ねた。保健福祉局に促されて、メイン州はそのプログラムを取り下げ、州処方薬プラスプログラムを構築したが、それはメディケイドに基づく所得資格基準に制限されるものだった。[22]

しかし多くの州は、この二〇〇四年のPhRMA対コンカノン判決を、公的な推奨薬リストの正当性を裏づけるものと見なした。DERPプログラムが広がるにつれて、コスト削減が進み、州あたりのその推定額は、一〇〇万ドルから八〇〇〇万ドルに及んだ。DERPプログラムに参加した州は、一〇年以内に、処方パターンの八〇〜九〇パーセントを、より安く、より効果的な推奨薬に切り替えた。[23] コスト抑制が治療の質の向上に結びついた州もいくつかあった。ブッシュ政権からオバマ政権に移ると、一〇億ドルを超す国費が投じられ、比較効果研究（CER）の実施と普及を通してより質が

高くよりコストのかからないヘルスケアを達成するための運動はさらに前進した。

DERPと同様に、CERへのさらに広い投資は、治療上の代替がもたらす相対的な価値を比較しようとする臨床医や保健制度、それに当事者である患者への支援を意味した。全国的なCERセンター（現在では、「患者を中心とする結果調査研究所」PCORIと呼ばれる）の初期計画は、米国のDERPから諸外国の先例——特に英国（英国国立臨床評価機構）、フランス（健康のための国家機関）、ドイツ（医療品質効率性研究機構）、オーストラリア（薬効構想）——まで、くまなく参照した。

しかし、その新たな連邦プログラムが最初に何に取り組むかを検討していた段階ですでに、相対的有効性への強い反対が、国内でわき起こった。米国エンタープライズ研究所やヘリテージ財団といった保守的なグループは、CERに国が出資したことを、国によるヘルスケア掌握の始まりと見なした。主流マスコミの記事はCERを「米国の医師の自主性を脅かし、命を救う医薬品の利用を制限し、医師と患者の間に介入しようとする配給プログラム」と表現した。治療比較や代替調剤の成功に貢献した人々の間でさえ、CERの中心がどこにあるのか、その研究結果が承認や払い戻しの決定に結びつくべきなのか、相対的有効性の評価にコストが果たす役割があるかどうかについて、少なからぬ論争があった(24)。

治療比較の知識は公共の利益であり、民間部門から多額の出資を受けるべきではないという主張は、国がPCORIを設立し、長期的にCERに出資することへの、強力な理論的根拠であり続けている。だが、それはまた、DERPやPCORIなどのプログラムの脆弱性を裏づけている。年金の危機的状況と近年の景気後退が州予算を圧迫するにつれて、多くの州がDERP共同事業体から脱退した。

それも当然だろう。州は、DERPを支援してもしなくても、それが作成したデータを利用できるのだ。いったん三〇を超える州に広がったDERPだが、本書を印刷にまわす現時点の支払いメンバーはわずか九州であり、継続的な財政支援——そして医師と政策立案者にとって有益な形で医薬品の比較を続ける能力——は、危機に瀕している。

公的及び民間の合理的行動

模倣薬と代替調剤について調べていくと、現代医療における類似性の政策を巡る、またべつの競争が見えてくる。治療の世界を、「一つの薬効分類に一つの代表薬」へと縮小しようとする取り組みは、（財政的には強固だが、秘密主義のPBMのように）民間レベルでも、（財政的に不安定だが、透明性のあるDERPプログラムのように）公的レベルでも進められてきた。しかし、どちらの方法も十分とは言えず、また、そのどちらもが、合理的な健康管理システムの設計と処方医の自主性との対立について、厄介な疑問を提起した。システムとして考えれば、処方の内容は、「安全性と効率が同じなら安い薬を推奨する」という政策によって、合理化できるはずだ。だが、そうしたシステムにとって等しく重要なのは、個々の医師と患者を不合理な状況——すなわち、大きな演者《プレイヤー》の都合が優先されて、必要な医薬品が入手できないとか、保険に費用をカバーしてもらえない、といった状況——に追い込まないことだ。(25)

では、医薬品はどの段階から、十分良いものになるのだろう。キーフォーヴァーからケネディ、DERPからPBMにいたる、模倣薬をオリジナルの薬と比較するこれまでの試みの成功と失敗は、今

なお、健康政策全体の課題となっている。本章は、民間（PBM）と公的政策（DERP）において、代替薬としてのジェネリックが、化学的に同一のものから化学的に類似のものへと広がるにつれて生じた、一連の意図しない結果について述べてきた。とはいえ、二〇世紀末の数十年間に、北米でジェネリック代替が新たな薬効分類へと広がっていくにつれて、ジェネリックは自らの治療地図も拡大した。二〇世紀末までにジェネリック医薬品市場は地域的なものから地球規模のものになり、ジェネリック代替の科学と政治は、医薬品の製造、普及、消費にまつわる新たな地図に適合していった。

第十四章　地球規模のジェネリック

処方の動機と支払者レベルでのコスト効率の要求に駆り立てられて、ジェネリックの立役者らは、地球の全域で、強力な経済的、法的、商業的手腕を振るいはじめた。

IMSヘルス『ブランド革新』、二〇〇七年

ジェネリック医薬品は、ヘルスケアのコストと利用にまつわる問題の解決策として、世界の他の地域に先駆けて米国で生まれた。ここまで述べてきたジェネリックの歴史は、米国のヘルスケア市場で起きた皮肉ななりゆきを語った。工業民主主義の大国の中でいちばん最後に、全国的なヘルスケア計画を稼働させた米国は、ヨーロッパ諸国の大半が二〇世紀半ばから行ってきたように、ブランド薬メーカーと値引き交渉する権限を単独の機関に委ねるようなことはしなかったし、今後もそうしないだろう。米国民は、他のどの国の人より多く医薬品を消費し、医薬品に費やす費用も、他のどの国の人より多い。わたしたちは生活上の問題も、社会的な問題も、薬で解決しようとする傾向が強いようだ。(1)ともあれ、米国でジェネリックが、ヘルスケアのコストを抑制する民間レベルでの解決策になったのは、米国ではブランド薬の価格交渉に関して、公的部門がほとんど力を持たないからだ。

もっとも、二一世紀初期になると、ジェネリックは米国に限らず、はるかに広い地域で、ヘルスケアのコストと利用の問題の解決策として用いられるようになった。二〇〇七年、市場調査企業のIMSヘルスは、世界の製薬市場についての報告の中で、ジェネリックの市場シェアと、ブランド薬をジェネリックに替えて倹約した金額に応じて、各国をランクづけた。米国はその両方でトップだった。スペインとフランスのランクが低かったのは、ジェネリックの利用が遅れているからだ。他の主要国はその間のどこかにいた。IMS報告の表現を借りれば、米国は事実上、医薬品に関わる経済の新たな目標である「成熟したジェネリック市場」になったのだ(2)。

この言い回しや他のよく似た言い回しは、生物医学の歴史によく見られる地理的な拡散と発達の物語を、再び語ろうとする。二〇世紀後半に発展した他の生物医学的テクノロジーと同じく、ジェネリックとそれに付随する科学、法律、規制、経済の枠組みは、戦後間もなく米国で発展し、その後、二〇世紀の残りの期間を通じて、世界各国に広がったと理解されている。もっとも、わたしたちは歴史と地理を安易に融合しないよう、気をつけなければならない。国境に囚われない視点から近年のアメリカの歴史を振り返ると、一九八四年のハッチ－ワックスマン法、一九六〇年代後半から七〇年代にかけてのネルソン公聴会、一九六二年のキーフォーヴァー＝ハリス医薬品改正法など、「国内」の出来事は、国境をはるかに超えた、政策にまつわる対話の産物だったことがわかる。同様に、第一章で見た、『国際薬局方』の作成など、「国際的」な出来事には、政治、専門職、産業、活動家団体のどのレベルでも米国のプレイヤーが関わっていた。インド、イスラエル、ブラジルにおけるジェネリックの歴史は、米国の概念を他の地域に拡散しただけのものではないが、米国の概念とつながりがないわ

けではない。

現在、ジェネリックは地球規模で利用できるようになったが、同一か同一でないかを知る方法は、国や地域によって異なる。本書が印刷に回されようとしている現時点で、ジェネリック代替はイギリスでは広く受け入れられ、ドイツでは幾分冷ややかに扱われ、フランスでは政治的に避けたいテーマのままだ。北半球の先進諸国におけるジェネリックの歴史の多様さは、南半球の発展途上国において、ジェネリックの歴史がさらに多様になることを示唆する。例えば、ラテンアメリカ諸国のジェネリックに関する近年の評論は、ジェネリックの経済的定義や技術的定義さえ国によって著しく異なる、と結論づけている。このばらつきの背景には、製薬市場の発展の仕方が地域によって異なったという歴史的事情がある。一九八〇年代までにアジア、アフリカ、ラテンアメリカのヨーロッパ植民地で築かれた製薬産業は、その遺物として品質が不安定で管理が不明瞭な複合企業を残し、相対的に薬が足りないが、模造薬は溢れているという状況を導いた。(3)

二〇世紀後半の、知的財産権構造の多彩な地図もまた、特定の薬の複製と模倣が可能か否かについての複雑な地域差を生み出した。インドやブラジルといったいくつかの国では、製薬会社は逆行分析できる薬すべての複製を許された。他の地域では、複製が許されるのは、米国とヨーロッパで特許が切れた薬に限られた。このようなジェネリックにまつわる地球規模の地域差を知れば、一九九〇年代に米国が牽引した「知的所有権の貿易関連の側面に関する協定(TRIPS)」を通して知的財産権協定を「統一」しようとする運動が、国によって異なる衝撃を製薬業界に与えた理由がわかる。TRIPSのはるか以前から、ジェネリック医薬品は、インド、イスラエル、ブラジルでそれぞれ異なる

軌道を進んでおり、ＴＲＩＰＳ以後の世界でもその違いは大きいままだった。[4]

必須医薬品と活動家の地位、ジュネーヴからリオ・デ・ジャネイロまで

一九七五年五月、ジュネーヴで開かれた第二八回世界保健機関（ＷＨＯ）総会で、ＷＨＯ事務局長のハルフダン・マーラーが演壇に近づいた時、出迎えた人々の構成は、二七年前にＷＨＯの最初の総会に参加した人々とはずいぶん違っていた。一九四八年の創設当時、ＷＨＯは北半球の帝国のクラブのような存在だった。しかし一九七五年当時、投票権を有する代表団は、バングラデシュからザンビアにいたる、新たに独立したかつての植民地の代表で膨れ上がっていた。マーラーが、ＷＨＯは多数の国からなる機関に方向転換する、と発表したのは、これらの国々を念頭に置いてのことだった。マーラーは言った。ＷＨＯは早急に、世界のどこででも「必須医薬品」をジェネリックの形で「手ごろな価格で入手できるようにしなければならない」[5]

必須医薬品という概念は、医薬品の中から中心的な薬を選び出し、それらを私的な財産から、公衆衛生の必需品に格上げすることを促した。[6] マーラーはＷＨＯの医薬品部門に専門家委員会をおき、任務として「必須医薬品の原理」を定義し、必須医薬品リストを作り、世界のどこででもそれらを容易に利用できるようにするための戦略を立てることを課した。そのチームは二五ヶ国を訪問し、保健省職員、医師、薬剤師、その他、医療関係者と面談した。そして一九七六年から七七年にかけて、ジュネーヴで一連の会合を開いた。

必須医薬品の公式な定義は、一九七七年に「ＷＨＯ技術報告書六一五：必須医薬品の選択」の中で

発表された。それは、スリランカとパキスタンで遂行された全国的な医薬品計画や、ジェネリックと模倣薬の同等性を巡る北米での論争を叩き台として練り上げたものだ。専門家委員会で米国の代表を務めるAMA医薬品評議会のメンバー、ダニエル・アザーノフは、必須医薬品を定義し必要な治療化合物のショートリストを選択するための、初期のガイドラインを起草した。戦後に製薬産業で起きた治療改革は、効果的な治療薬を数多く作り出したが、それらが地球規模で公衆衛生に及ぼしたはずの好ましい影響は、民間市場の悪意のある力によって弱められたと、アザーノフは主張した。「製薬会社は、総じて高価な自社のブランド薬を医師に処方させるために、広範な広報活動を行ってきました。［…］最少の負担で最善のヘルスケアを提供するには、利用可能な全医薬品の中から、大衆の健康に利用できる医薬品を限定することが必要です。［…］選択リストは、全ての人の必要には応えられず、また、大半の治療カテゴリーにおいて選択の幅はきわめて狭くなりますが、大多数に必須医薬品を提供できるのは確かです」(7)。この必須医薬品の原理は、ブランド薬よりジェネリックを、有効性が証明されていない新薬よりも有効性が証明された古い薬を支持した。さらに、模倣薬を除外して無駄を削るために、ジェネリックをブランド薬と同等と見なした。

このような進展は、専門家委員会の会合に参加した（しかし、投票権は持たない）製薬業界の代表にとって、大きな心配の種だった。ジュネーヴで多国籍製薬企業の代表を務めた国際製薬団体連合会（IFPMA）は、必須医薬品という概念は「製薬業界にとって全く容認できない」(8)と即座に宣告した。IFPMAの常任副理事長マイケル・ペレツは、後にその理由を説明した。「WHOが必須医薬品リストを推奨するのであれば、リストに含まれない薬はすべて必須ではないと暗に示唆することになる

からです」[9]。一九七八年四月、IFPMAはマーラーに宛てた公式文書において、WHOはブランド薬よりジェネリックを推奨することによって、医薬品基準を監視するという自らの領分を超えたとして、必須医薬品政策に対する「深刻な懸念」を述べた。「製薬業界が知る限り、どの先進国においても、規制当局は医薬品の生物学的同等性や互換性を証明できていない」と声を荒げ、「加えて、大半の発展途上国では、国の規制能力はさらに遅れている」[10]、「したがって、政府、医療専門職、そして患者は、薬の安全性と効果については、国の指針よりも、長く一貫して高品質の薬を製造してきたという企業の評判を第一とすべきだ。[…]WHOの報告のように、(ブランド薬の使用を)阻止すれば、先進国においても発展途上国においても、医薬品供給とヘルスケアの質に深刻な悪影響を及ぼすだろう」[11]とした。

マーラー率いるWHOは、多国籍の製薬業界の行き過ぎを幅広く批判しながらも、個々の製薬会社からの協力に依存していた。しかし、こうしたパートナーシップはしばしば破綻した。企業がトレーニングプログラムを通して基本的な医薬品の製造技術の移転を約束すると、対象となった国々は、そのようなプログラムは、訓練を受けた医療の専門職を南の発展途上国から北の先進国に吸い込み、地球規模の「頭脳流出」をもたらす、と不満を述べた。実現しやすく、容易に技術移転できる、夢のような医薬品製造工場の計画も立てられたが、それらの工場は、必ずしも建設されたわけではなかった。WHOの文書保管庫で見つかったWHOの低コスト調剤処方工場(LCPFP)の青写真もその一つだ。LCPFPは、発展途上国でジェネリックを製造する工場の一般的なモデルを公表していた。個々の工場は二八〇〇平方メートルの広さで、従業員は五〇名から七〇名。三〇〇万ドルを投資し、

WHOの必須医薬品リストに掲載された医薬品を、年間二、三億個の錠剤、二五〇〇万個から五〇〇〇万個のカプセル、不可欠な液体、軟膏、粉末の薬五〇トン――三〇〇万人から五〇〇〇万人が利用するのに十分な量――を供給する、というものだ。実際のところ、LCPFPが楽観的に描いた、国内でのジェネリック生産を実現できる国は、あったとしてもごくわずかなはずだが、それでも一九七〇年代後半から八〇年代初期にかけて、WHOは、世界各地でジェネリックの現地生産を支援しようとした。[12]

必須医薬品プログラムはまた、多国籍製薬企業が生産する低価格のブランドジェネリックの巨大な市場として、発展途上国への注目度を高めた。IFPMAが必須医薬品という概念に公に反対していた時期でさえ、個々の企業はWHOに、こうした市場への接近の支援を求めた。数社は明らかに発展途上国に必須医薬品を流通させる目的で、自社ブランドのジェネリックを作る子会社を作った。例えば、一九七九年、チバ・ガイギー社は、「第三世界の市場を開放し、基礎的な医薬品の需要をいくらか満たすために」、サーヴィファームAGという名のブランドジェネリック部門を創設した。[13]

もっとも、多国籍製薬企業の場合、ある国で特許が認められているブランド薬が、他の国では特許で保護されず、ジェネリック競争にさらされるという問題があった。一九八〇年代初期にジェネリックへの世界的関心が高まると、米国の製薬工業協会（PMA）と同様に、IFPMAも、世界の知的財産権法にばらつきがあることに懸念を募らせた。一九八四年の「薬価競争及び特許期間回復法」によって、米国内のジェネリック産業が合法化され、研究開発中心の製薬会社の特許を優遇する環境が確立されると、PMAとIFPMAのメンバーは今度は国際法に目を向け、世界市場で自社製品を守

るべく、米国式の特許保護を拡大しようとしはじめた。

この戦いで初期の重要な戦場になったのはブラジルだった。一九八五年、PMA会長で、元米国特許庁長官のジェラルド・モッシンホフは、米国通商代表部に苦情を述べた。「新たに工業化し、西側で経済規模が八番目になったブラジルは、国際的な貿易ルールに従って競技を始めるべきだ」。[14]モッシンホフはハッチ–ワックスマン法が発効して間もない一九八五年一月に、前会長C・ジョセフ・ステットラーの後を継いで、PMA会長になった。ステットラーはAMAの法律顧問としてキャリアをスタートさせ、一九六〇年代から七〇年代にかけて、ジェネリックに反対する医師と業界の結束を固めた。かたやモッシンホフは、最初はセントルイスで特許弁護士として働き、その後、NASAの議会連絡役を経て、レーガン政権初期に特許商標庁長官に任命され、その役職を通じて、増える一方の医薬品の知的財産権問題と関わるようになった。

モッシンホフは特許商標庁長官として、世界の特許制度を米国の産業界にとって都合の良いものにするために、一〇〇年前に締結された知的財産権の保護に関するパリ条約の見直しを求めた。この一連のプロセスは、世界貿易機関（WTO）設立と「知的所有権の貿易関連の側面に関する協定（TRIPS）」の批准につながった。[15]一九八五年にモッシンホフはPMA会長に選ばれ、以後PMAは、米国型の知的財産権法をグローバル化が進む地域に拡張しようとする戦いの先頭に立つことになった。モッシンホフは、特許事務所からPMAにオフィスを移して間もなく、米国通商代表部の公聴会において、ブラジルで成長しつつあるジェネリック産業を危険な「特許海賊」と呼び、医薬品に関する最初の制裁を下した。スクイブ社のCEOリチャード・ファーラウドが通商代表に語ったように、ブラ

ジルが特許権保護を拒否した結果、一九七九年から八六年にかけてPMA企業は一億六〇〇〇万ドル以上の損失を被った。ブラジルの暴挙の影響はその国内に留まらなかった。ブラジルのジェネリックは、南米の流通ネットワークを通して南米市場を急速に変質させるだろうと、PMAは予測した。モッシンホフが詳しく説明したように、PMAは、ラテンアメリカ全域、ことによると発展途上国全域で「ブラジルが、特許権を侵害する製品の市場かつ輸出業者になる危険性を懸念」していたのだ。[16]

ブラジルだけではなかった。メキシコ、アルゼンチン、台湾、韓国といった知的財産権を軽んじる「特許海賊」国のせいで、米国の製薬業界は数億ドルを失いつつあるとモッシンホフは訴えた。[17] 数ヶ月後、国務省で開かれた貿易に関する会議で、モッシンホフは、米国のビジネスの利益にとって、知的財産権を国際的に保護することがいかに重要であるかを力説した。「銀行強盗は犯罪ですが、特許侵害が犯罪と見なされない国があまりにも多いのです。特許の侵害は昔から起きていました。[…]しかし、近年、違ってきたのは、それが犯罪だということではなく、その規模と潜在的衝撃の大きさです。何年もの間、特許権保護が弱かったり、その法的拘束力がなかったり、あるいは存在すらしない国々で、PMAのメンバーは競争してきました。国家が適切な知的財産権保護をしないことが、関税貿易一般協定(GATT)のもとで違法と見なされるようになることを早急に望みます」[18]。モッシンホフがGATTとして言及した機構は、一九八七年まで、地球規模で知的財産権法を統一する権限を備えていなかった。特許、商標権、著作権法は、依然として国によって大幅に異なり、特に医薬品に関してその違いは顕著だった。多くの国で、医薬品はその公衆衛生上の重要性ゆえに、特許の対象から外されていたのだ。例えばフランスでは一八三三年から一九五九年まで、ドイツでは一八七七年

から一九六九年まで、医薬品は特許の対象にならず、医薬品の製品特許は日本では一九七六年まで、スイスでは一九七七年まで、スペインとアルゼンチンでは一九九〇年代になっても存在しなかった。[19]

PMAが通商圧力を用いて、医薬品の知的財産権保護の仕組みを統一しようとした最初の標的であるブラジルでは、一九四五年のジェトゥリオ・バルガス大統領政権以来、医薬品は特許から除外されてきた。外国で開発された薬をコピーしやすくするためだ。一九七〇年、大統領命令によって、オズワルド・クルス財団（しばしば米国立衛生研究所NIHのブラジル版と称される）の中に医薬品製造研究所が作られ、一九八〇年代には、保健省が独自の化学合成研究室を運営し、外国で開発された薬をコピーし、国内の企業に複製させるようになった。この事業に関わる企業は、一九八五年の段階で、五〇〇社近くに及んだ。[20]

モッシンホフのブラジルに対する不満は聞き入れられた。一九八八年七月、米国通商代表部はブラジルについて調査を始め、一〇月には、制裁措置として、ブラジル製品の関税を二倍にする「スーパー三〇一条〔通商法三〇一条を強化したもの〕」が発効した。議会の通商監視小委員会の公聴会で、通商代表部のカーラ・A・ヒルズは、この制裁措置は、ブラジルでPMAの特許が認められるまで解除されない、と発表した。モッシンホフはそれを称賛し、「世界の特許システムを統一し、世界で最も進んだ特許システムに基づく保護を実現するために」[21]さらに踏みこんだ国際的な対策を求めた。

一九九〇年代を通じて、一九九四年に発行した北米自由貿易協定（NAFTA）のような地域的な協定や、世界知的財産権機関や世界貿易機関のような地球規模の組織が、主権国家が医薬品の知的財産権に関する法律を方向づけるのを助けた。例えば、NAFTAが結ばれる以前のカナダでは、ある

特許薬が公衆の健康にとってきわめて重要な場合、強制実施権（特許権者の承諾なしにコピーできる）を発令する権利を国が持っていた。しかし、NAFTAが結ばれたことで、国のこうした権限はかなり弱められた。等しくメキシコでも、NAFTAは米国型特許の有効性を強めた。(22)

NAFTAが発効した一九九四年には、GATTウルグアイラウンドにおける合意により、WTOが設立され、TRIPSも批准された。それに伴い、特許海賊を追撃するというモッシンホフの夢は、地域的なものから地球規模のプロジェクトに拡大した。米国からの圧力と、WTOの多国籍の圧力を受けて、各国が次々にTRIPSに調印し、ブラジルのような特許海賊国でさえ、製品特許を認めることに同意した。TRIPSは、冷戦後の世界において、新自由主義《ネオリベラリズム》の重要な道標として称賛されたが、批判も受けた。擁護者にとってTRIPSは、地球規模の通商の車輪を遅らせる時代遅れの国家主義を排除するものだった。一方、批判者にとってTRIPSは、北の先進国が支配する知的財産権という新たな帝国主義の押しつけであり、南の発展途上国の公衆衛生に悲劇的な結果をもたらすものだった。

TRIPSが公衆衛生にもたらす衝撃は、ブラジルがその協定に調印した年に、現実のものとなった。カナダ、バンクーバーで開かれた第一一回国際エイズ会議で、そのスローガンである「一つの世界、一つの希望」のもとに集まった代表団は、ウイルス学者デヴィッド・ホーの報告に、まさしく希望を見出した。数種類の抗レトロウイルス薬を組み合わせて用いることで、HIVウイルスの増殖を抑え、致命的疾病であるエイズを、管理可能な慢性疾患に変えられると言うのだ。とはいえ、TRIPSの力を知る代表団から見れば、知的財産権の枠組みが統一された一つの世界は、地球規模の疫病

に対する地球規模の一つの希望を消す恐れがあった。TRIPSの下で、これらの新薬はどの国においても特許で保護されており、そのジェネリックを利用できる国はどこにもないはずだった。エイズは、市民に抗レトロウイルスのカクテルを提供できる北の先進国では管理可能な病気になるが、それができない南の発展途上国ではますます多くの死をもたらすという、二極化をもたらす恐れがあった。バンクーバーでの出来事は、薬の知的財産権を巡る二国間あるいは多国間の論争を、悲惨なパラドックスへと推し進めた。健康になる権利を世界的に公平にしようとする人権集団と、知的財産権を世界的に統一しようとする人々にとって、「一つの世界、一つの希望」はまったく別のことを意味したのだ。

医療人類学者のジョアン・ビエールが述べたように、ブラジルは医薬品の知的財産権に関して、国民が不服従を続けることを可能にし、「実践主義国家」として行動するための第三の道を見出した。TRIPSが批准された後でさえ、ブラジルは国際的な知的財産権のレジームに反発し、抗レトロウイルス薬のジェネリックを国民に提供しようとした。TRIPSが発効すると、ブラジル保健省は、エイズを公共の危機と見なし、「政策として国内で抗レトロウイルス薬のジェネリックを生産し、誰もが利用できるようにする」と宣言した。ブラジルの民間企業はすでに一九九三年に、抗レトロウイルス薬AZT（ジドブジン）の高品質なコピーを製造できるようになっていた。一九九七年、ブラジル政府は国有のファーマンギノス・ラボラトリー（オズワルド・クルス財団の一部）に、これまでの二〇倍の資金を投入し、他の抗レトロウイルス薬のコピーの製造に着手させた。その明確な目的は、保健省のHIV／AIDS治療プログラムを、コスト効率の良い形で実現することにあった。社会学

者のマリレナ・コレアとモーリス・カシエが指摘したように、一九九七年から二〇〇二年までの五年間で、ファーマンギノスの医薬品生産高は七倍になり、ブラジルが生産する抗レトロウイルス薬の四〇パーセントを占めるようになった。(23)

こうして登場したのが、模倣を革新の一種として保護する、官民協働の革新部門だ。ファーマンギノスは、抗レトロウイルス薬の逆行分析《リバースエンジニアリング》能力を格段に向上させた。それを支えたのは、技術面、方法論、そして管理レベルで形成された「証明された逆行分析方法論」である。時には、ブラジルの逆行分析技術が、オリジナルの製薬会社の技術より優れていたこともあった。例えば、ブリストル・マイヤーズスクイブ社の抗レトロウイルス薬ｄｄＩ（ヴァイデックス）を再現しようとしたファーマンギノスのチームは、ヴァイデックスと生物学的に同等なばかりか、「実質的にさらに良いもの」を製造した。ある会議でその化学式を開示したチームは、ブリストル・マイヤーズスクイブ社からその成果を祝福する手紙を受け取った。二〇〇七年には、ファーマンギノスの研究室は、自らの研究で得た技術を、ブラジルの企業や大学にますます伝えるようになった。(24)

とは言え、ＴＲＩＰＳが批准された後の世界では、実践主義国家の活動は制限された。ＴＲＩＰＳは、思いがけない形でブラジルを束縛した。ファーマンギノスは、一九九六年以前に特許が認められた抗レトロウイルス薬のジェネリックを作り続けたが、他の部門の特許をもつ医薬品のジェネリック製造は、米国式のより厳格な法律に縛られた。一九九九年一〇月、ブラジル政府はジェネリック医薬品法である９７８７を承認したが、それはＴＲＩＰＳが敷いた新体制における、新たな種類の合法的な医薬品コピーを認めるとともに、生物学的同等性の米国の基準に従うものだった。二〇〇〇年、世

界基準に沿ったジェネリック医薬品の第一陣が、ブラジル国立健康監視局に承認された。

この新しい合法的なジェネリック市場を拡大したとき、ブラジルは特許を持つ医薬品だけでなく、特許のない医薬品のジェネリックについても、世界市場に参入した。これらの世界基準に沿うジェネリックの多くは、世界の他の地域、特にインドで、より安く製造された。ジェネリック市場が実質的にグローバル化するにつれて、ブラジルの製薬会社は、海を越えた製薬会社との新たな競争に晒されるようになった。皮肉なことにジェネリック医薬品市場のグローバル化は、現地生産を弱体化したのだ。それは、二五年ほど前に必須医薬品のジェネリック生産を拡大するにあたってWHOが描いた未来像とは正反対の結果だった。(25)

輸出市場としてのジェネリック――インド亜大陸での拡大

一九八〇年代から九〇年代初期にかけて、インドは、ブラジルと同じく米国通商代表部から見ると不法行為の常習国で、医薬品の知的財産権侵害者リストの常連だった。しかしインドのジェネリック部門の発展の歴史は、ブラジルのそれとは非常に異なった。(26) 二〇〇五年に米国国際貿易委員会が出した中間報告書は、当時インドの製薬業が世界第四位の規模を誇り、それが主にジェネリックの輸出によることを、驚きをもって報じた。その報告書は次のように指摘した。「過去三〇年間で、インドの製薬業は、無に等しい状態から、高品質のジェネリックを製造する世界的リーダーに進化した」。(27) この成長の多くは、TRIPSに違反した結果ではなく、知的財産権の世界的な統一に早くから参加した結果だった。一九九五年にインドがWTOに加盟したとき、その医薬品輸出額はわずか六億ドル足

らずだったが、二〇〇五年までに、その数字は三〇億ドルに急増した。[28]

シプラ社のようなインドの製薬会社のいくつかは、植民地での民間ベンチャー企業として一九三〇年代にスタートを切った（現在、シプラ社は、南の発展途上国でエイズ治療に広く用いられるジェネリックの抗レトロウイルス薬の卓越した輸出企業になっている）。インドが独立した後は、公的な製薬部門も拡大した。かつて植民地だった若い国家が、欧米の多国籍企業から輸入するブランド薬に経済的に隷属していることにジャワハルラール・ネルー政権が気づいたからだ。政府は公的な製薬会社を五社設立し、現地生産に有利な一連の政策を策定した。国有企業に加えて、数千の中小規模の民間製薬会社が誕生し、その一方で、多くの多国籍製薬会社がインド市場から撤退した。インディラ・ガンジー政権は、一九七〇年の特許法により、この分野をさらに後押しした。その法律は、製品特許を正式に終了し、七年間の製法特許を保証するもので、薬の逆行分析をしやすいようにした。一九七五年のハティ委員会の報告は、一一七種の必須医薬品を国内自給するための戦略を打ち立てたが、それは国内での医薬品の製造と供給をつなげようとする、長年にわたるインド政府の介入のピークと見なせる。[29]

インドは、かつてヨーロッパの植民地だった国の中で、どこよりも早く、医薬品の自給自足を成し遂げたが、医薬品の国内市場は、二〇〇五年の時点でも一人当たりの消費高が世界最低ランクだった（一人当たり四・五〇ドル、対して米国は一人当たり八二〇ドル）。ゆえにインドの民間製薬部門は、成長するにつれて輸出を重視するようになり、しばしば公費がそれを後押しした。一九七九年までにインドは、アルゼンチン、ブラジル、メキシコ、韓国、台湾とともに、他の後進国に対して公に「技術移転」する輸出国になっていた。国連の多国籍企業センター顧問でオクスフォードの経済学者、サン

ジャヤ・ラルは、インドの製薬業を、「技術移転は、革新的で生産的な北の提供国から受動的な消費国である南の被援助国へという一方向でなされる」という一般認識への挑戦として取り上げた。一九七五年から一九七八年の三年間、インドから中東、サハラ以南のアフリカ諸国とソ連への輸出は倍増した。インドの医薬品を製造する「ターンキー方式〔直ちに操業可能な〕」工場をキューバに建設する計画も立てられ、その後数年で、輸出額はさらに倍増すると予測された。ラルはインドの製薬産業を、発展途上国の技術発展に欠かせない革新を提供した模倣的産業の例として挙げている。(30)

参入障壁が低く、低コストでの医薬品生産が可能で、規制がきわめて緩い、という環境に助けられて、一九七〇年代に二〇〇〇社だったインドの製薬企業は、二〇〇五年までに二万社以上に増えた。国内では、その産業は三層のピラミッドを成した。底辺は、品質管理にほとんど投資しない小企業、中間は、その製品が国内では好評だが、輸出市場の要求は満たさない中企業、そして最上部は、国際的に認知され、輸出力のある大企業だ。この輸出企業は、米国FDAの製造管理及び品質管理に関する基準に適合し、FDAの機関によって定期的に品質を検査されている。インド政府が、輸出市場にアクセスする手段としてWTOのTRIPS協定に接近していったのは、主にこれらの企業の利益を図るためだった。インドは一九八六年に既にウルグアイラウンドのテーブルにつき、当初はいくらかためらいながらWTOに近づいていたが、輸出部門の中心となる部隊は、TRIPSを通してさらに広い市場に参入しようとした。二〇〇五年にTRIPSの最終的な規定が発効するまでに、インドは五二億ドルの輸出市場を持つようになっていた（インド企業が製造した医薬品の四〇パーセント近くは輸出され、インドの貿易黒字は三八億ドルに上昇した）。TRIPSの下、インドの製薬企業は、公的な出

自を過去のものとし、ジェネリックを製造し輸出する民間企業として、世界で重要な位置を占めるようになった。(31)

シプラ社などの大規模な輸出企業が、「抗レトロウイルス薬の一人当たりの年間コストは、一九九五年には一万五〇〇〇ドルかかっていたが、二〇〇五年には二〇〇ドルにまで削減された」と発表したことから、インドのジェネリックは、世界の公衆衛生活動家の注目を集めるようになった。この削減により、後進国でもＨＩＶの管理が可能になった。その後まもなくＷＨＯは、国連世界基金と他の人権団体の出資による地球規模のＨＩＶ／ＡＩＤＳ撲滅キャンペーンを進めるために、専門技術を提供して、ジェネリックの抗レトロウイルス薬の品質と生物学的同等性を保証するという、地球規模の構想を立ち上げた。シプラ社とＷＨＯが連携してのこの行動は、地球規模で進みつつある南から南への医薬品供給において、インドのジェネリックメーカーが主要な役割を果たしていることを改めて世界に示した。(32)

シプラ社はＨＩＶ／ＡＩＤＳの治療薬を地球規模で提供するために、さらなる革新を続けた。二〇一二年八月には、第二選択療法として、一日当たりおよそ三ドルですむ、ブランドジェネリックのセット「Ｑｖｉｒ」の販売開始を誇らしげに発表した。(33)とは言え、インドの輸出企業は、あくまで私営企業と見なすべきだ。一九八四年という早い時期に、ある報道が、インドの製薬業を「発展途上国の中で最も垂直に統合されている」と称賛しつつ、次のように警告した。「インドの現地企業と外国企業には一つの共通点が見られる。それは、その製品構成が、社会の優先事項を反映していないことだ。どちらも多くの住民に影響する疾病を後回しにして、中流から高所得者層が罹りやすい疾病の治療を

優先しているのだ」[34]。二一世紀初頭までに、インドでは三つの大企業、ランバクシー・ラボラトリーズ社、ドクター・レディーズ・ラボラトリーズ社、シプラ社が、輸出産業と世界規模のジェネリック医薬品市場の大半を支配するようになった。この三社はそれぞれ複合多国籍企業の形態をとった。例えば、ランバクシー社は完全に垂直統合された企業で、八ヶ国に製造拠点を置き、大量の医薬品有効成分、ジェネリック、ブランドジェネリックを一〇〇を超す国々で販売した。二〇〇五年には輸出はランバクシー社の売上高の八〇パーセント近くを占めるようになり、中でも米国市場が最大だった[35]。

インドのジェネリックメーカーは、TRIPSに早々と加入し、WHOの認証を得るために服従し、定期的にFDAの検査を受け、世界規模の医薬品経済の正式な会員になろうと努力してきた。しかし、南の発展途上国に起源を持つこれらの企業は、特許侵害者や模造者という悪いイメージをなかなか払拭できなかった。例えば、二〇〇六年に出された二編の報告書を見てみよう。

二〇〇六年一二月四日、オランダ当局はインドからブラジルに輸送中のジェネリック医薬品の積荷を押収した。その中身は、動脈性高血圧症の薬の製造に用いられる有効成分、ロサルタンカリウム五七〇キログラムだった。インドの企業ドクター・レディーズ・ラボラトリーズ社からブラジルの輸入会社、EMSに送られたものだ。積荷はオランダ当局によって三六日間差し押さえられた後、インドに返送された。ロサルタンカリウムは、生産国のインドにおいても、目的国のブラジルにおいても、知的財産権を認められていない。

最新の押収物は、ユニットエイド（UNITAID、国際医薬品購入機関）の積荷、四九キログラムのアバカビル硫酸塩錠剤である。偽造品が含まれているという間違った密告を受けたオランダ税関当局がスキポール空港で押収した。ユニットエイドは、その医薬品は偽造ではなく、知的財産権も侵害していないと、ウェブサイトで声明を発表した。積荷はインド企業、オーロビンド社が製造した医薬品で、WHOに承認されており、米国FDAにも一時的に認可されていると、ユニットエイドは明言した。(36)

海賊はいったい誰だろう。かつてモッシンホフとPMAがインド企業に付けた「特許海賊」というラベルはもはや通用しない。インド企業は米国式の医薬品知的財産権の合意に従い、FDAとWHOの双方から品質保証を受けているのだ。名の通った南の商人の船にうまく積み荷を乗せ、後に買い戻したのはオランダの海賊集団だと、この報告を書いたインド人は主張する。ランバクシー社、シプラ社、ドクター・レディーズ社、オーロビンド社、これらのインド企業は新種の多国籍企業となり、医薬品グローバル化の新しい顔、ジェネリック巨大企業を体現するようになったのだ。

ジェネリック巨大企業

米国からWHO、ブラジルからインド、活動家国家から南の多国籍企業へと、ジェネリック医薬品の軌道を辿っていくと、さまざまなパラドックスが見えてくるが、それらは、世界規模のジェネリックに本来備わるパラドックスのごく一部にすぎない。かつて国に寵愛された地元企業で、搾取的な多

国籍企業とは正反対の存在だったランバクシー社、シプラ社、ドクター・レディーズ社などのジェネリック輸出企業は、今では、彼らが取って代わった多国籍製薬企業によく似てきた。WHOの計画はジェネリックの現地生産を奨励しようとしたが、今では、WTOの政策のせいで、現地のジェネリックメーカーは海外のジェネリック巨大企業との競争にさらされるようになった。

さらに言えば、ジェネリック巨大企業の舞台は南アジアに限定されなかった。一九八〇年代半ば、北の多国籍企業の多くが、自社のジェネリック製造を拡大しようと、世界各地の小さなジェネリックメーカーを買収した。イスラエルを拠点とするテバ社も買収の標的になりかけた。しかし同社は、「食われるより食う方がいい」(CEOの言葉)と、それを拒んだ。テバ社は既に二つの小企業、アッシア社とゾリア社を合併して、イスラエル医薬品市場が縮小した時期を生き延び、一九七〇年代末にはイスラエルで二番目に大きい製薬会社を合併した。米国企業が世界各地のジェネリックメーカーを手中にしていたとき、テバ社はその流れに逆行し、一九八五年には米国のジェネリックメーカー、レモン・ファーマスーティカル社を合併した。一九九一年までにテバ社はイスラエル医薬品市場の三分の一を支配するようになり、一九九〇年代から二〇〇〇年代初期にかけて、バイオガル社、バイオクラフト社、コプリー社、ノボファーマ社といった海外のジェネリックメーカーを合併した。二〇〇一年、テバ社は米国の卓越したジェネリックメーカー、マリオン・ファーマスーティカル社を完全に我がものとした。二〇〇四年には、インド亜大陸に進出する計画を発表した。ウッタル・プラデーシュ州に研究開発施設、医薬品原料加工施設を開設するというものだ。[37]

二〇世紀末までに、テバ社は米国にとって最大のジェネリック供給者となった。二〇〇四年、テバ

社は三四億ドルでシーコア社を吸収合併し、注射液市場に進出した。二〇〇五年に七四億ドルでイバックス・コーポレーションを買収したことで、テバ社は世界最大の低コスト医薬品のメーカーになった。[38] テバ社とイバックス社の合併前、世界最大のジェネリックメーカーはスイスのサンド社だった。サンド社は一九九六年にチバ・ガイギー社と合併して、多国籍の巨大企業、ノバルティス社となり、そのブランドジェネリック部門を担うようになった。サンド社はテバ社と同様に、一九九〇年代及び二〇〇〇年代に合併によって成長したが、イバックスを買収したテバ社は、範囲と規模の両方でサンド社をしのぐようになった。二〇〇六年までにテバ社は、全世界の五〇以上の市場で操業するようになった。四四の生産拠点で、三六〇億個の錠剤とカプセルを生産し、およそ七〇〇種の化合物、二八〇〇種以上の調剤を扱うようになった。一九九九年から二〇〇九年にかけての一〇年間、テバ社の営業利益は一億三五〇〇万ドルから二〇億ドルへと一桁以上増加した。その世界規模での売上高は、一三億ドルから一四〇億ドルに増加し、さらに新たなプロジェクトによって、二〇一六年までに三一〇億ドルに倍増する見込みだ。本書が印刷に回される時点で、テバ社は米国市場と世界の両方で、ジェネリックの最大のメーカーで、販売業者である。イスラエル最大の企業であるテバ社は、イスラエル経済にとって欠かせない存在になった。二〇一三年一〇月に大規模レイオフが発表されたとき、そのいきさつは数週間にわたってトップニュースとなり、多国籍企業となったテバ社が本部を国外に移すのではないかという不安が国中に広がった。[39]

テバ社は他社の買収についてのみ攻撃的なわけではなかった。特許保護下にある製品に対する法的異議申し立てにおいても、等しく攻撃的だった。テバ社のCEOはしばしば、自社の法務部門の機敏

さが、他社との差を広げている、と自慢した。「テバの法務部門は大規模だ」と二〇〇六年のインタビューでCEOは笑った。「我が社は全国に一流の弁護士を数多く抱えている。どう思う？ あのファイザーはずいぶんとおとなしい弁護士で我々に対抗しようとしているのだ」。インタビュー当時、テバ社は一五件の特許に異議を申し立て、一六〇件の略式新薬承認申請をFDAに提出し、うち八八件はパラグラフⅣ証明を伴っていた。テバ社はブランド薬の特許が切れないうちに、できるだけ早くジェネリックを売り出す戦略を推し進めた。人気薬のジスロマック（アジスロマイシン）、ニューロンチン（ガバペンチン）、アレグラ（フェキソフェナジン塩酸塩）はそれぞれまだ特許が切れていなかったが、テバ社はそれらのジェネリック版を売り出した。『ファーマスーティカル・エグゼクティブ』はこう指摘した。「業界の勢力バランスはすっかり変わった。今では、リスク覚悟の勇み足を処罰しても、ジェネリック巨大企業はびくともしない」(40)

ダビデがゴリアテになったのだ。ジェネリックメーカーはもはや、多国籍の「大手製薬企業」に立ち向かおうとする地元の「小規模製薬会社」ではなくなった。シプラ社、ランバクシー社、ドクター・レディーズ社のようなインドのジェネリックメーカーや、サンド社のようなヨーロッパの多国籍ジェネリックメーカーも含め、ジェネリックメーカーは今、その量で世界の医薬品市場を支配している。さらには、一九七〇年代と八〇年代にWHOと国連貿易発展会議が苦労して構築した各地の製薬業者を、急速に飲み込みつつある。二〇一〇年には、米国で調剤される処方箋の七分の一にテバ社の製品が用いられるようになった。(41) テバ社は多国籍企業として成長するに伴い、革新的な設備を導入し、拡大した。テバ社はそれらによって特許を持つ薬を逆行分析するだけでなく、独自の医薬品供給シス

テムを設計し、新しい化合物の承認を申請し、それらを商品化していった。二〇〇六年七月、テバ社は米国市場で、革新的な抗パーキンソン薬、アジレクト（ラサジリン）を売り出した。すでに、同社にとって初となる特許に保護された新薬、コパキソン（グラチラマー酢酸塩）（多発性硬化症の治療に用いられる免疫調整薬）が、かなりの成功を収めていた。また、二〇〇六年には、「バイオジェネリック」の領域に足を踏み入れた。ヒト成長ホルモン、インターフェロン-β、グラムコロニー刺激因子のような、特許の切れたバイオテクノロジーのヒット商品の新版を売り出したのだ。

これらの新たなバイオジェネリックは、世界規模の模倣薬企業が仕掛けた最新の挑戦である。「低分子」の医薬品（二〇世紀を通して、大半の商標と医薬製品の特徴だった）と違って、バイオテクノロジー産業から出現した「高分子」の医薬品は、二一世紀初頭に特許が失効することも伴って、模倣産業にとって新たな挑戦の機会をもたらした。テバ社は、早々とバイオジェネリックに投資したが、そのルートは米国の製造、規制、消費分野を大きく迂回した。リトアニア、メキシコ、中国などで製造し、米国やヨーロッパよりも規制が緩い、よその市場で販売したのだ。「バイオジェネリック医薬品に対して「最初は慎重に」という考え方は筋が通っている」、テバ社のバイオジェネリック医薬品担当副社長、アミール・エルスタインは二〇〇六年に『ファーマスーティカル・エグゼクティブ』に語った。「だが、二、三年以内に、バイオジェネリック・コミュニティが供給する製品は本質的によく似ているだけでなく、同等であるという十分な証拠が市場で見られるようになるだろう」[42]

ジェネリック巨大企業の将来の成長は、エルスタインが示唆するように、ジェネリック・バイオテクノロジーの世界にうまく食い込めるかどうかにかかっている。『ファーマスーティカル・エグゼク

ティブ』は最近、生物部門への浸透がなければ「ジェネリックのバブルは二〇一五年にはじけるだろう」と予測した。「低分子ヒット製品の特許がすべて失効したとき」(43)サンドのような多国籍ジェネリックメーカーの未来はどうなるのかと、その記事は問う。

結論　類似性の危機

概念は自然に生まれるものではなく、以前に存在したものによって決定される。過去に起きたことは、わたしたちとの結びつきが意識されず、知られていなければ、不確かさの大きな要因になるどころか、不安定さをもたらす。

ルドウィック・フレック『化学的事実の発生と発展』、一九三五年

二〇一二年秋、テバ社は、米国市場を狙って新たな種類の医薬品コピーに着手することを発表した。世界最大のジェネリックメーカーであるテバ社は、すでに数十年にわたって特許の切れた医薬品のコピーを販売してきた。しかし、この最新の古い薬、テバグラスチムは、コピーした先行品と化学的に同等でないという点で、これまでのジェネリックとは異なった。数年前に欧州医薬品庁（ＥＭＡ）は、テバグラスチムを、高分子のバイオ医薬品の合法的コピーとして販売できる、最初の「バイオシミラー（バイオ後続品）」として承認した。しかし米国では、テバグラスチムはバイオシミラーとしての承認を得られなかった。ＦＤＡにはこうした医薬品を承認する正式な道すじがまだ存在しなかったのだ。(1)

二〇世紀半ばの低分子医薬品と違って、一九八〇年代から九〇年代にかけて続々と登場したバイオ

テクノロジー企業が生み出した数多くの革新的な医薬品は、桁違いに分子量が多く複雑で、値段も高かった。相当する低分子の薬より、平均で二二倍も高いのだ。(2) インターフェロン、遺伝子組換えヒト・インスリン、ヒト成長因子、エポエチン、コロニー特異的骨髄刺激薬、TNF-α遮断薬、単クローン性抗体、その他、遺伝子組み替え技術がもたらした薬の特許が、二一世紀の最初の一〇年間に失効するので、目端の利く企業は、ジェネリック製造の新たなフロンティアが開けると期待した。しかし、高分子医薬品のコピーは、ジェネリック・バイオテクノロジーを志向する企業に新たな課題をもたらした。低分子医薬品と違って、これら高分子医薬品は、原子レベルでの解明や複製が不可能なのだ。低分子医薬品と違って、タンパク質の二つのバージョンを分子レベルで同一だと証明する方法はないのである。ジェネリック・バイオテクノロジーは、類似性の新たな危機を招こうとしている。

あらゆる分子、大きいのも、小さいのも

もっとも、これらの問題は全く新しいものではない。一般にバイオテクノロジーは、一九七〇年代後半に始まった科学と商業の掛け合わせの産物として語られるが、その用語のさらに緩やかな定義は、遅くとも一九世紀後半から、「生物的」あるいは「生物学的」医薬品の規格化の歴史に組み入れられてきた。つまるところ、米国で治療薬の承認を規制するために定められた最初の連邦法は、一九〇六年の純正食品・医薬品法（ワイリー法）ではなく、一九〇二年の生物製品規制法（Biologic Control Act）なのだ。また、しばしば忘れられがちだが、戦時中に生まれた最初の特効薬の一つであるインスリンは、バイオテクノロジーの産物だった。もっとも、当時、バイオテクノロジーという用語はまだ生ま

れていなかった(3)。

インスリンの歴史は、高分子薬のコピーに伴う幅広い問題をよく示している。インスリンが最初に特許を得たのは一九二一年のことだったが、それから一世紀近くたった今でも、市場でインスリンのジェネリックを見ることはほとんどない。これは一部には、インスリンの特許の歴史が特殊であることによる。それは、学術機関に与えられた最初の医薬品特許の一つだった。一九二〇年代初期から四一年まで北米で市販されたインスリンは、その特許保持者であるトロント大学によって一生産単位ごとに検査され、承認された。インスリンの特許がきわめて異例なのは、特許が失効するとトロント大学によるこうした管理がなされなくなり、公衆衛生に悪影響が出るのではないかと心配した米国議会が、一九四一年にインスリン改正法を成立させたことによる。その改正法は、米国薬局方協会に（インスリンの特許保持者であるイーライリリー社と協同して）インスリンの品質を管理する方法の開発を求める一方で、全インスリン製品を生産単位ごとに検査し、同一性、効力、品質、純度を保証する義務をFDAに課した(4)。これらがインスリンを模倣しようとする企業の市場参入を阻む障壁になり、一九五〇年代には生物学的基準部門が設立され、障壁はさらに補強された。

インスリンを模倣しようとするものは、治療薬としてのインスリンを取り囲む特許や規制の網の変化にも悩まされた。これらの法的保護措置は、分子レベルでそれが何からできているかということだけでなく、それがどのように作られるかということにも焦点を当てた。特許保持者であるイーライリリー社は、遅効型インスリン、速効型インスリン、中間型インスリン（NPH）、レンテ、ウルトラレンテ形態、デポー製剤（徐放性製剤）に基づく形態というように、インスリンが運ばれる形式《モード》に、

早くから革新を加えた。インスリンがコピーしにくい薬になったのは、それが高分子であるだけでなく、時間の経過に応じて生じる網目状の構造をしているからなのだ。[5] 同様に、ワイス社のプレマリン（結合型エストロゲン）や、ブーツ社のシンスロイド（レボチロキシン：甲状腺ホルモン製剤）など、インスリンに続く多くの革新的な生物学的製剤や合成生物製剤も、オリジナルの特許が失効したずっと後まで、「コピーが難しい薬」であり続けた。

もっとも、現代のバイオテクノロジー産業の歴史の大半は、二〇世紀後半に技術的、法的進歩が起きて、高分子の医薬品の特許がとりやすくなったというところから始まる。遺伝子組換え技術から高速シーケンシングに至る技術革新は、新たな工学的生物システムによって新たな高分子を製造することを可能にした。また、ダイアモンド対チャクラバルティの裁判や、一九八〇年のバイ・ドール法に見られる法律上の進歩は、米国におけるバイオ医薬品の特許性を認めることにつながり、学界と業界はそれらを商品化するための共同事業を起こしやすくなった。これらの同時進行した技術面と法律面の進歩ゆえに、一九八〇年代から九〇年代にかけて、バイオテクノロジー産業が出現したのだ。[6]

しかし、二〇世紀末の数十年間における——しばしば分子を基盤とする——バイオテクノロジー・ブームは、二〇世紀最初の数十年間に見られた、生物学的治療法の進歩に似た軌道をたどった。ジェネンテック社のような新興企業は、新たな強力な分子生物学と、新たな形態の投機的資本との交差から生まれ、主に、古い生物学的製剤をターゲットとし、それらを特許性のあるバイオテクノロジー製品として作り直すようになった。そうして生まれたのが、ヒト成長ホルモンやインターフェロン、そして最も重要なものとして、遺伝子組換えヒト・インスリンである。実のところ、イーライリリー社

のヒュムリン（遺伝子組換えヒト・インスリン）は、バイオテクノロジー部門で初めて実用化された医薬品の一つであり、市場において、それらの遺伝子組換えインスリンは、次第に古い形態のインスリンに取って代わった。(7)

これらの新しいバイオテクノロジー企業は、生まれて間もない頃から、一九八四年のハッチ－ワックスマン法が敷いたジェネリックにまつわる規制に関心を寄せた。FDAによるハッチ－ワックスマン法の当初の解釈では、バイオテクノロジー医薬品は、低分子医薬品のように複製することはできないと見なされ、バイオテクノロジー医薬品のコピーを商品化しようとする人は新薬として申請を出願しなければならないとされた。一九九〇年、膵臓障害のための消化酵素補充剤を、ブランド薬のパンクリーズからジェネリックに換えた患者が何人も具合が悪くなったのを受けて、FDAの広報官は、「膵臓酵素製品の異なる調剤は、ジェネリックとは言えず、マルチソース医薬品としてFDAオレンジブックに記載できるものではない。なぜなら、その正確な化学的同等性あるいは治療上の同等性が確認できなかったからだ」と発表した。広報官は次のように結論づけた。「こうした製品は異なるものであって、ジェネリック同等品ではないことを、医師と患者は理解しなければならない」(8)

バイオジェネリックを生産する道筋は定まらなかったが、それはジェネリックメーカー側に関心がないからではなかった。二〇世紀末、アムジェン社の貧血治療薬エポジェン（遺伝子組換エリトロポエチン製剤：エポエチン・アルファ）など、初期のバイオテクノロジー・ブームがもたらしたヒット商品の特許失効を目前にして、ジェネリック業界はさかんにロビー活動を展開し、同等性の明確なプロトコルを確立するよう、FDAに圧力をかけた。対してバイオテクノロジー産業協会（BIO）の

メンバーは、そうした努力を阻むために連邦議会に向けてロビー活動を行った。アムジェン社の代理人は、バイオジェネリックという概念自体を「患者の健康と安全に対する直接的な脅威」として非難した。それには根拠があった。アムジェン社のエポジェンでは、事故は一件しか起きなかったが、競合ブランドであるジョンソン・エンド・ジョンソン社のエプレックス（エポエチン・アルファ）は、四〇人の患者に赤血球形成不全という重篤な副作用を引き起こしたのだ。[9] この問題は、ジョンソン・エンド・ジョンソン社のヨーロッパでのパッケージングに原因があったらしい。と言うのも、二社のエポエチン・アルファはどちらも同じ工場で製造されていたからだ。欧州医薬品庁のアドバイザーは「ジェネリックという概念は、バイオ医薬品に用いることはできない」と述べ、特許が失効したバイオ医薬品は、今後も個別に審査を受ける必要があることを強調した。翌年、BIOのロビーは、バイオジェネリック承認のプロトコルという概念自体に抗議する市民請願をFDAに提出した。[10]

一九六〇年代と七〇年代の立法機関と規制機関と同じく、二一世紀初頭の立法機関と規制機関は、治療上の違いにまつわる経済的動機に基づく主張に取り組み、それに応えるために同一性についての新たな科学を構築した。FDAは、生物学的同等性が検査できなかった場合に、生物学的比較可能性あるいは生物学的類似性を証明するためのプロトコルを研究し始めた。タンパク質ベースの医薬品をアミノ酸配列として捉えることができれば、その配列に基づいて類似性を調べられるはずだ。初期のFDAが、グルカゴン（ペプチドホルモン）のジェネリックの検査に提案した比較プロトコルと同じ原理である。もっとも、ペプチドよりはるかに大きく複雑なタンパク質分子は、仮にアミノ酸配列が同じでも、その配列が折り畳まれた三次元構造や、グリコシレーション（タンパク質に糖類が付加し

た最終的な状態）が同じとは限らない。それでも、バイオシミラーの違いを測定する方法が見つかれば、それらを標準化することができる。同一性の新たな規制プロトコルとしては、例えば、蛍光標識法、クロマトグラフィー、電気泳動法を用いて、二つのタンパク質製品のグリコシレーションが同じかどうかを調べることができるだろう。もっとも、こうした新しい検査は、類似性の標準化を向上させるが、検知されていない違いや、検知できない違いが残る可能性はある。

ジェネリック・バイオテクノロジーの展望は、知的財産権の構造の変化に伴って、さらに複雑さを増している。そもそも後続のバイオテクノロジー医薬品の分子構造が、先行品の分子構造と全く同じでないなら、競争者はなぜ、先行品の特許が失効するのを待たなければならないのだろう。競合品が、互換可能なほど似ているが、特許侵害と言えるほどには似ていないのであれば、バイオテクノロジーの特許に意味があるのだろうか。いくらかは、このような問いに先手を打つために、アムジェン社やジェネンテック社のようなバイオテクノロジー企業は、一連の複雑な法的障壁を築いて、高分子医薬品のコピーを防ぎ、特許とは関係なく、長期間市場を独占できるようにした[11]。

バイオジェネリックの製造を阻むもう一つの障壁は、先行品をすべて同等にするために用いられる分子・細胞レベルの技術が基本的に秘密にされているところにある。バイオテクノロジー企業が医薬品の品質を保証するには、生物システムの操作を含む製薬方法を厳密にコントロールする必要がある。生物学的に同等な薬と同じく、医薬品特許やＦＤＡによって公開されるのは、こうした製造技術のごく一部で、それ以外は企業秘密の領域に半ば隠されているのだ。まれなケースとして、ＦＤＡがバイオシミラーを作ろうとする企業の負担を減らすべく、先行品のデータを明かそうとしたことがあった

が、ジョンソン・エンド・ジョンソン社の弁護士から厳しく非難されて、撤回した[12]。

生物学的同等性が一九八四年にロナルド・レーガンの署名を伴ってハッチ－ワックスマン法に書き込まれたのと同じように、生物学的類似性は、二〇〇九年にバラク・オバマのペンで「生物製剤価格競争および革新法（ＢＰＣＩＡ）」に書き込まれたが、それは一般にオバマケアと呼ばれる、広範におよぶ医療費負担適正化法の一部としてであった。ＢＰＣＩＡのための公聴会でジェネリックメーカーは、現在米国のヘルスケアにおいて、バイオテクノロジー医薬品は、どの一服もどの一グラムも、値の張るものになっており、安いジェネリック版を製造するための安定した道筋が必要だ、と訴えた。それに対して、ＢＩＯと米国研究製薬工業協会（ＰｈＲＭＡ）のメンバーは、安全で互換性のあるバイオジェネリックは存在しない、と主張した。利益団体はこの政治プロセスにおいて重要な役割を果たした。ＢＰＣＩＡのための公聴会で読み上げられた、少なくとも二二名の共和党議員と二〇名の民主党議員による声明には、ジェネンテック社が直接起草した言葉が含まれていたのだ[13]。

ＢＰＣＩＡが制定されたことで、高分子医薬品のコピーが商業化される道が開かれたが、バイオシミラーに、低分子医薬品のジェネリックのような、経済と公衆衛生上の恩恵があるかどうかは、まったく不明だった。ＢＰＣＩＡの立案者は、ジェネリック医薬品に作用した市場構造が、タンパク質の安価なコピー薬にも作用するだろうと見込んだ。しかし、バイオシミラーがもたらすコスト削減の推計額は期待外れなものだった。それは低分子ジェネリックではうまく均衡したリスクと報酬の構造が、バイオシミラーでは全く逆の方向に働いたからだ[14]。

一九八四年のハッチ－ワックスマン法と同じく、ＢＰＣＩＡは表面上、バイオシミラリティ論争に

おいて、双方に歩み寄りの手段を提供した。ＢＰＣＩＡは、ブランド企業の製品が一二年にわたって（特許とは関係なく）市場を独占することを認めた。それだけの期間、ジェネリックのライバルとの競争を避けることができれば、投資コストを十分取り戻すことができるはずだ。一方、ジェネリックメーカーのためには、その製品がＦＤＡの承認を得る二つの道を定めた。一つはバイオシミラー、もう一つは互換性である。バイオシミラーの道を選ぶと、より少ないデータでＦＤＡの承認を得られるが、バイオシミラーとして認められても、先行品と同等、あるいは互換性があると見なされるわけではない。かたや、互換性という道を選ぶと、生物学的に同等なジェネリックと同様に、代替可能な薬と見なされるが、先行品と切り換えても患者の反応が変わらないことを示すために、さらに広範な（そして経費のかかる）臨床試験データを提出しなければならない。経済学者は、この二つの道のインセンティブが交差するため、結局のところバイオジェネリック医薬品に、高騰するヘルスケアコストを下げる効果はほとんど期待できないだろう、と予想する。(15)

皮肉なことに、承認の新たな道が開かれたことによる恩恵を最も受けるのは、比較性と互換性の試験を行う財源と技術力をもつ、堅牢な大企業になりそうだ。『エコノミスト』が二〇一〇年に指摘したように、ファイザー社のような有名企業が、ブランド・バイオシミラーの「総合店」になろうとした。それから数年間、ファイザーの重役は、バイオ医薬品分野で、オリジナルの薬に似ているが、さらに良い後発品を作るよう苦心してきた。そのような模倣薬は「バイオベター」と呼ばれる。(16) そこにブランドとジェネリックの単純な対立は見られない。むしろ大手製薬会社は、特許に守られた先行薬を、脱ブランド化し、コピー薬を再ブランド化する方法を模索しているのだ。「認可ジェネリック」、

すなわち、元々の新薬申請によって認可され、先発薬の大きさ、形、色を模倣することを先行企業から有料で許可されたジェネリックの販売に向けた広範な動きと同じく、この動きは、本書の冒頭に描いた二〇世紀初頭の処方薬業界の構造へ戻ろうとするものなのかもしれない。当時も今と変わらず、製薬業は大企業が支配していて、それぞれが似たような薬を提供していた。それらの違いは主に、商標、ブランド、サービスを根拠とする、他社のものより優れた品質、という主張だけだった(17)。

奇妙なことに、FDAと欧州医薬品庁は、模倣薬を作る新産業を規制する準備を進める中で、これらの合成物をどう名づけるべきかという課題に直面した。バイオジェネリックネームを巡る今日の論争は、二〇世紀初頭に医薬品の一般名を巡って繰り広げられた論争を想起させる。アナリストのジェシカ・デマルティノが指摘するように、将来の消費者がバイオ薬の安価なコピーを好むか好まないかは、いくらかは、それがどう呼ばれるかによって決まるだろう。互換可能《インターチェンジアブル》か、生物学的類似《バイオシミラー》か、あるいは生物学的比較可能《バイオコンパラブル》か。

多くの消費財についてこれは真実である。二〇世紀半ばに形成された医薬品の一般名で見てきたように、名前は、その対象が他のよく似た物とどのくらい同じか、どのくらい違うかを語る。「グランクリュ(最上級)マルゴー」と呼ばれるフランスワインは、ボルドーワイン産地の特定の地域(マルゴー村とその周辺)で作られた他の高評価のワインと同等に高品質だ。単に「マルゴー」と呼ばれるワインはそれほどでもなく、「ボルドー」と呼ばれるワインはさらに質が落ちる。もっとも、マルゴーはすべてボルドーワインである。こうした品質の予想は、少なくとも理論上は正しいはずだ。なぜなら、フランスワインを命名するアペラシオン・コントロレ(原産地統制呼称)システムは、ワイン

の品質を厳密にランク付けしているからだ。
FDAと米国一般名評議会は、ワイン愛好家がフランスワインに寄せるのと同等の信頼を、医師と患者がバイオテクノロジー製品に寄せられるようなシステムを作れただろうか。それについてデマルティノは楽観的だ。バイオシミラーを処方する医者や調剤する薬剤師は、それらを先行品と識別する必要があるので、バイオシミラーの正確な命名とラベリングは、彼らにとって重要だ、とデマルティノは言う。全てのバイオシミラーは先発薬と同じ一般名を持つべきだと主張する人もいるが、デマルティノは、バイオシミラーを先行品と区別しつつ、両者のつながりを示唆する「類似」名の方が望ましい、と考えている。例えば、もともとの一般名に接頭辞の sim- や neo- をつければ、互換性を示唆しながらオリジナルとコピーの違いを示すことができる。エリトロポエチンのバイオシミラーは、エリトロポエチンではなくシメリトロポエチン、インターフェロン-αの後続版はネオインターフェロン-αと命名するのだ。この提案はBIOとPhRMAに支持された。両者は、その命名法は、バイオジェネリックとコピーした先行品との違いがはっきりわかるものにすべきだと主張する。[18]
しかし、『ワインと伝統』の著者ロバート・ウリンがフランスのブドウの栽培に関する民族歴史学で示唆したように、ワインの呼称は、品質と同等性を示すものであると同時に、ブランド化、消費の歴史、そして上質なワインの要素は何かという国民的論争にまつわるものでもある。同様に、どのようなバイオシミラーの命名法が出現するとしても、それは、分子レベルでの類似性と差異を示すと同時に、製薬規制の政治と経済を反映したものになるだろう。[19]

ジェネリックの歴史、ジェネリックの未来――同じだが同じではない

まわりまわって、わたしたちは本書の冒頭に提示した問いに戻ってきた。名前には何が込められているのか、という問いだ。実際、バイオシミラーを巡るこれらの議論――本書が印刷される間も続いている――の各エピソードには、これまでの章でたどった歴史の余韻が感じられる。歴史は次に何が起きるかを予言したり、今何をすべきかを語ったりはしないが、二一世紀の問題について、わたしたちの理解の方向を正すことができる。現代の生物医学という、無慈悲なまでに未来志向の領域においても、それは真実だ。

この観点からバイオシミラリティの物語を見てみよう。近年加速する、製薬業界の革新の危機、知的財産権を巡る懸念の推移、それに新たな種類の模倣薬の製造は、治療上の類似性という論理を、これまでとは違う形で拡大している（第十二章、第十三章、第十四章）。こうした新たな類似性は、新たな市場機会をもたらすが、医師、薬剤師、消費者にとっては、新たな信頼の危機を作り出す（第十章、第十一章）。治療上の類似性の新たな形態は、比較性、互換性、交換可能性を規制する新たな方法を必要とする。それらは地域によって異なり、何かを同一とする方法の非連続性を露わにする（第八章、第九章）。そのような規制について熟考すると、わたしたちが同一と呼びたい対象の違いを検知する現行のセンサーや構造の不十分さがよくわかり、新たな類似の科学の必要性が了解される（第六章、第七章）。そうした類似と差異の科学は、回りまわって、これらの新たな類似物の市場を、危うくしたり安定させたりする（第三章、第四章、第五章）。これらがどういうものかを巡る新たな論争が起きる。それが正確には何であるかがわかっていないことは、わたしたちが依然としてそれらをどう名づ

けるべきかがわからないという事実に反映されている（第一章、第二章）。

そして、過去はわたしたちが現在に向き合うのを助ける。利害関係と利害関係者は同一ではないが、似ている。それらは同じだが同じではない。実際、「同じだが同じではない」という概念は、歴史におけるジェネリック問題の理解に役立つだけでなく、社会、医療、公衆衛生、より一般的には、政治分野において、歴史的観点が今も有効であることを理解するのに役立つ。「過去を思い出せない者は、それを繰り返す運命にある」という、哲学者ジョージ・サンタヤーナの言葉はよく引用されるが、それは真実とは言いがたい。確かにわたしたちは過去に経験したことを繰り返しているが、現在に戻って来たものは、前に経験したものと同じではなく、似ているだけだ。歴史学者の任務は、こうした類似性のプロトコルをはっきり語ることだ。つまり、過去の経験から、現在に戻ってきたものを理解する上で役に立つものを明らかにすることなのだ。

そのために、わたしたちは、きわめてスピーディかつ独占的に未来時制で活動するバイオメディカル企業からの挑戦に向き合わなければならない。あなたが今日、錠剤を服用すると、あなたの体は、数日、数週間、あるいは数年間に変容するでしょうと、未来時制で約束される。会議室や議会公聴会で、この錠剤が製造会社にもたらす利益は、まだ名前もない、未来の革新のコストに対して計算される。今日の特許に保護されたブランド薬は、現在は高価に見えるが、近い未来に特許が失効して安いジェネリックになるものとして計算される。さまざまなデータ、文書、分析を通じてわたしたちは薬剤市場を理解し、投資家はその市場を予想し、業界幹部は政策概要や比較分析をまとめるが、それらももっぱら未来時制で動くようだ。

近年、こうした未来時制で語られることの多くは、業界にジェネリックがもたらす壊滅的未来の予測に収束してきたようだ。その一つが増える一方の「パテントクリフ」にまつわる報告である。第四章で、大ヒットしたクロロマイセチンの特許が一九六六年に失効することを受けて、「パテントクリフ」が騒がれたことを述べた。二〇一一年には、業界史上、単独で最大の利益を上げてきた薬剤で、ファイザーが特許権を持つ抗コレステロール薬、リピトールの特許失効の影響が騒がれたが、リピトールは氷山の一角に過ぎなかった。『ニューヨーク・タイムズ』は次のように報告した。「今年、業界は、年間総売上高が五〇〇億ドル近い、一〇種を超すメガ医薬品のコントロールを失うだろう」。医薬品開発研究センター所長、ケネス・I・カイティンは、この大量の特許失効は「業界にパニックをもたらすだろう」と同意し、「どの会社も、パイプラインやポートフォリオに十分な製品がなく、研究開発を続けるための十分な収入もないことを、自覚しているはずだ」と嘆いた。[20]

ケイトリンのコメントが示唆するように、パテントクリフは二一世紀の製薬業界の危険な光景のもう一つの特徴である「枯れたパイプライン」と関連している。枯れつつある薬剤パイプラインや薬剤革新の停滞を説明する図表とグラフの周囲には、最後の審判の日の前兆がちらついており、この問題は少なくとも向こう一〇年続くだろう。二〇一二年に『ネイチャー・レビューズ・ドラッグ・ディスカヴァリー』で発表された論文「薬剤研究開発の効率低下の診断」[21]に添付されたグラフ（**図14**）は、この産業の悲劇的な景色を捉えたスナップショットの一枚に過ぎない。

グラフの下り勾配を、重役たちはよく知っており、それがこの先下降しつづけることも熟知している。一ドル当たりの市場性のある新薬の割合（より正確には、研究開発費一〇億ドルで生まれる新薬の

割合）は、過去六〇年にわたってほぼ一定のペースで減少してきた。論文の著者は、この着実な減少をエルームの法則（Eroom's Law）と名づけたが、それは、テクノロジー分野での革新力についてのよく知られるモデル「ムーアの法則 Moore's Law」を逆にしたものだ。ムーアの法則は、革新は一定のペースで進むと予測する。テクノロジー部門では一九七〇年から二〇一〇年までの四〇年間で、同じ価格で集積回路に組み入れられるトランジスタの数は二年ごとに倍増してきた。一方、エルームの法則は、薬剤部門における革新は着実に減っていくことを予測する。研究開発費一〇億ドルあたりのFDAに承認された薬の数は、一九五〇年から二〇一〇年までの間で、九年ごとに半減してきた。(22)

この革新の危機は、PhRMAにとっては、飲み込むにはあまりに苦い薬であり、技術と市場の未来を予測しようとする者にとっては解きえない謎である。薬剤研究プロセスの効率が驚くほど向上していることを思うと、エルームの法則は一層、不可解だ。コンビナトリアル化学は、医薬品に似た化合物を次々に誕生させ、一九八〇年代と一九九〇年代の二〇年間だけで、その数を八〇〇倍に増やした。DNAシークエンシングは、一九六〇年代にはほぼ不可能だったが、一九七〇年から二〇一〇年までの間に、一〇億倍速くできるようになった。タンパク質の三次元構造の計算のスピードは、X線結晶学的技術を用いた一九六〇年代の方法に比べると、三桁アップした。一九九〇年代以降に限っても、新薬のもとになる化合物を見つけ出すための高速大量スクリーニングにかかる費用は一万分の一になった。さらには、遺伝子導入マウスといった全く新しい研究素材が、前世紀半ばには夢想だにしなかった研究開発プログラムを可能にしている。しかし、こうした数々の革新にもかかわらず、現在、新薬の開発はスローダウンしており、一〇年先にはさらにその効率が下がると予想されるのだ。(23)

なぜだろう。エルームの法則を考案した人は、薬剤の革新をスローダウンさせている主な原因は、ジェネリックだと言う。

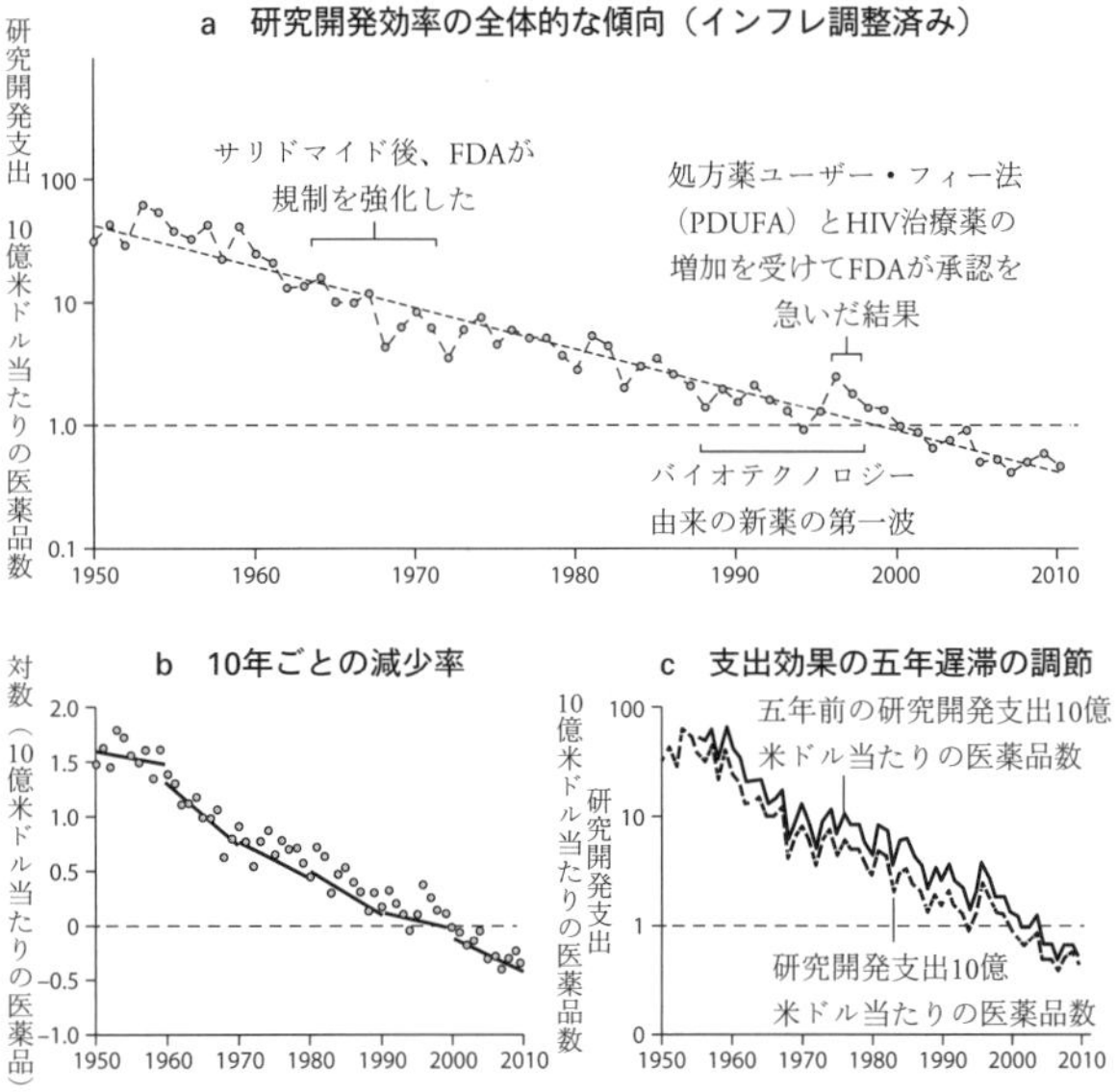

図14　薬剤部門における「革新危機」を診断する多くの論文の一つに収められたデータのグラフ。ドルの価値はインフレと処方薬ユーザー・フィー法（PDUFA）に関連するコストに合わせて調節した。
Jack Scannell, Alex Blanckly, Helen Boldon, and Brian Warrington," Diagnosing the Decline in Pharmaceutical R&D Efficiency," Nature Reviews Drug Discovery 11, no3 (2012) : 191-200, p. 193.

ビートルズの全曲がただで手に入り、だれもビートルズの古いレコードに飽きていない状況では、新曲はビートルズの曲よりすぐれていなければ聞く人の心を捉えない。だからヒットさせるのは、非常に難しい。同じようなことが、新薬の発見や開発についても言える。昨日の大ヒット薬が、今日ではジェネリックとして売られている。カタログには、承認された薬が次々に加わっていくので、新薬開発のプロセスは複雑になり、承認、採用、償還のハードルは高くなる一方だ。このカタログは、研究開発を阻んだり、治療困難な疾病に向かわせるので、仮に新薬が開発されたとしてもその経済的価値は低い。この問題はますます深刻になり、解決が難しくなる一方だ。(24)

この著者は、この「ビートルズより優れている」問題は、製薬業界を他の革新的な産業と差別化している、と言う。他の産業では、計画的陳腐化（商品の回転を速めるため、時代遅れになりやすい製品をあえて作ること）に頼ることもできるが、製薬業界では、新薬は古くなってもジェネリックとして生まれ変わり、再び薬局の薬棚を占領するので、新たな薬が登場する余地はない。ジェネリックは過去に起源を持ち、また、未来に生きる存在だが、いずれの役割においても、革新の敵になるのだ。

しかしジェネリックの未来がすべて、革新と共存できないわけではない。薬剤市場の調査企業であるＩＭＳヘルスは先ごろ、『ジェネリック医薬品：長期的な健康社会に向けた重要な貢献者』と『ブランド革新：ジェネリックが増える世界におけるライフサイクル価値の最大化』という、楽観的なタイトルの報告書を刊行した。この二つの報告書は、ジェネリック部門を製薬業界の革新の推進力と見なしている。「ジェネリック業界の専門技術の進歩は革新的だと言える。実際、これほど多くのジェネ

リック医薬品が誕生し、繁栄しているのは、業界の化学と製薬プロセスが進歩したからに他ならない。さらに、患者志向の調剤に関して言えば、数多くの国で幅広い薬が生産されている状況での、患者と薬剤師のニーズを業界はよく理解している」[25]。であるとすれば、ジェネリックには少なくともふたつの未来があるはずだ。一つは警告する未来、もう一つは約束する未来だ。ジェネリックは生物医学の革新に死をもたらすが、その一方で、その革新を地球規模の公衆衛生の道具に変えることができるのだ[26]。

類似性の危機と同じく、ジェネリックの未来の危機が語られるようになったのは、最近のことではない。本書ではその警告する未来と約束する未来について、繰り返し語ってきたし、そうした未来像は、ずいぶん長い間、政策立案者、開業医、消費者に希望と恐れを生じさせてきた。一九六〇年にエステス・キーフォーヴァー上院議員とその盟友である治療改革者はジェネリックの未来を楽観し、それは「囚われた消費者」を解放し、より平等で自由な治療の市場に導くと語った。しかし、製薬工業協会（PMA）はジェネリックの未来に偏執的な目を向け、米国の自由市場経済の革新的な部門である製薬業界にジェネリックは死をもたらす、と語った。一九六〇年にボカラトン・ホテルで開かれたPMAの集会では、居並ぶ重役たちの前で、ある人物が、二〇年後、すなわち一九八〇年の、ジェネリックがもたらす暗黒世界を語った。

本日、一九八〇年四月五日、医療措置を望む市民は、最寄りの保健センターに電話するだけで、最寄りの公立の診療センターに運んでもらえます。［…］そこでは政府がプログラミングした電子頭脳が「正しい」医薬品を処方することでしょう。競合ブランドの問題はありません。それは、薬のすべてが

「米国」ブランドだからです。その「米国」ブランドを薬剤分野では簡単に「K」という字で表しています[27]。

Kはキーフォーヴァーを指しているようだ（あるいはカフカだろうか?）。このジェネリックの未来には、個人の選択、市場の刺激策、革新、創造性は見られず、代わりにすべてを国の灰色の触手が操っている。

キーフォーヴァーが描いた未来も、PMAが描いた未来も、現実にはならなかった。しかしながら、早くも一九六〇年に、両者がジェネリックの未来に抱いた希望と恐れに触発されて、米国の健康政策と実践に関わる重要な論争が起きた。言い換えれば、少なくとも半世紀前から、わたしたちはジェネリックの未来を生きているのだ。現時点で予想される未来の空が、晴れ渡っていようと、暗雲に覆われていようと、それらは過去に想像された未来を反映したものであり、今後もそれは繰り返されていく。

このように昔も今も、ジェネリックの未来像に明暗の両面があることは、ジェネリック医薬品の普遍性にまつわる一見無機質な論争の裏に、政治的、経済的利害関係と、倫理的な言い分が潜んでいることを露わにする。しかし、ジェネリック医薬品に対する不安が、過去と現在では異なることに留意することも等しく重要だ。生物学的同等性と生物学的類似性の相違、ゼニス社やボラー社といった初期のジェネリックメーカーと二一世紀初頭のジェネリック巨大企業との相違、ジェネリック初期の現地市場と今日のグローバル市場との相違がいずれも甚だしいという事実は、過去に通用した（一九八四年のハッチ－ワックスマン法のような）政治的解決策が、現在において（二〇〇九年の生物製剤価格

競争および革新法など）類似の結果を作り出すと決め込んではならないと、語っている。

現在、ジェネリック市場は世界に手が届き、ジェネリックメーカーは、かつては足下にも及ばなかった多国籍巨大企業と肩を並べ、構造も機能も区別できないほどになった。それでもなお、これまで述べてきたように、ジェネリックには特定の歴史がある。そしてジェネリックは世界のどこよりも米国において、薬の入手とコストの問題に対する重要な解決策となっており、今後もそうあり続ける。それは米国では、ブランド薬の価格を交渉する力を公的部門がほとんど持たないため、ジェネリックが民間レベルの解決策として、ヘルスケアコストを抑制する役目を担っているからだ。しかし、ペイ・フォー・ディレイ（ジェネリック薬の参入を遅らせることで、先発品メーカーからもらう和解金）、ジェネリックメーカーの有限責任、増大するジェネリック不足という近年の歴史が示すように、民間での解決策は、利益だけでなく、コストももたらした。(28)

ジェネリックの歴史は、わたしたちが自明と見なしている日常的な分類区分をさらに吟味するよう求める。そうして見ていくと、これまで常識として扱ってきた二分法――革新と模倣、小企業と多国籍企業、公衆衛生と民間市場――はあいまいになり、ほどけていく。本書ではジェネリックが当たり前のものになるまでの歴史を辿ってきたが、その過程でわたしたちは、個人、専門職、経済、そして政治の強い関心が向かう場所を知った。現代医学においてジェネリックが歩んできた運命の紆余曲折は、この同じであって同じでない重要なものを製造し、交換し、消費することに、どれほど多くのことがかかっているかを語っている。

訳者あとがき

本書は二〇一四年にアメリカで刊行されました。著者ジェレミー・A・グリーンはジョンズ・ホプキンス大学医学部に所属する医師で、医学と医学史を教えています。原書刊行時には、ボルチモアの医療センターに勤めるプライマリ・ケアの医師（総合診療医）として、患者の診断にあたっていました。

「本書は、二〇世紀後半から二一世紀初頭の米国における、ジェネリックの社会的、政治的、文化的歴史を記録し、二種の薬を同一と称することのリスクを検証しようとするものだ」と著者。本国では「ジェネリックの歴史を初めて詳細に述べた書」として高く評価されています。ジャーナリストのような客観的視点からジェネリックの歴史を実にドラマティックに描いていて、読んでいると、著者が医師だということを忘れそうです。

著者は、ジェネリックによる代替を「健康管理サービスを安く提供することに総じて失敗してきた医療分野における、数少ない快挙」と讃え、「わたしは医師として親として、また患者として、ジェネリックはブランド薬と品質は同じだが安いという前提を信じている」と述べています。しかし、そ

の一方で、「ジェネリックとブランド薬が同じかどうかという議論は、突き詰めれば、体内での作用に欠かせないのは薬のどの側面か、という議論だと言える。含有する有効成分が同じならいいのか、それとも、他にも効果に影響する重要な何かがあるのか。この答えを出すのは、思うほど簡単ではない」と言い、さらには「科学的に同質だと呼ばれるものに、実は大きな違いが潜んでいることがある」と、医師としての立場から、ジェネリックが基盤とするものがいかに脆弱であるかを語ります。

序章のタイトルは「同じであって同じでない」。ジェネリックが歩んできたのはまさに、同じであって同じでないものが同じとみなされるまでのきわめて起伏に富んだ道のりだと言えるでしょう。二〇世紀半ばまで、ジェネリック・メーカーは、偽薬業者扱いされていました。たとえば米国製薬工業協会が一九六七年に発行した小冊子『匿名薬?』は、「ジェネリック・メーカーは、安い原料を使い、手抜きし、管理が行き届かない不潔な環境で、純度の劣る原料を買ったり包装したりしている。このような企業は匿名で販売するために、問題が起きても悪者にならずにすむ」と攻撃しています（第三章）。けれども、それからわずか半世紀で、ジェネリック・メーカーは強大な多国籍企業へと躍進します。この半世紀の間に何が起き、何が変わったか。その経過を追ううちに見えてくるのは、ジェネリックの歴史は、同等性を謳うジェネリック・メーカーと、特許満了後も市場支配を維持しようとする先発薬メーカーのせめぎ合いの歴史であり、薬の同等性の根拠を巡る、激しい論争の歴史だったということです。

ジェネリックが急成長した背景には、さまざまな利益団体の思惑がありますが、医療費を抑制する手段としてジェネリックを利用したいという政府の思惑が、とりわけ強力にその成長を後押ししまし

た。欧米にはずいぶん遅れをとりましたが、日本も同じ道を歩んでいます。二〇一七年五月二九日の読売新聞によると、厚生労働省は、ジェネリックの普及率を八〇％にするという目標を半年前倒しし、二〇二〇年九月とすることを決めたそうです。厚労省の推計によると、一七年六月時点のジェネリックの普及率は六五・一％。高齢化が進むに従って、ジェネリックに寄せられる期待は、ますます高まりそうです。

実のところ、病院や薬局へ行くと、ジェネリック医薬品を推奨するポスターやちらしを見かけます。例えば、日本薬剤師会のちらしは、「ジェネリック医薬品にかえてみませんか？」と呼びかけ、「ジェネリック医薬品は　1、新薬より安価で経済的です。2、効き目や安全性は新薬と同じです。3、欧米では広く使われています」とその魅力や利点をアピールします。全国健康保険協会のポスターもまた、「ジェネリック医薬品を使ってみませんか？」と誘い、ジェネリック医薬品は「効き目、安全性が先発医薬品（新薬）と同等だと国から認められた薬」「開発期間が短く、少ない費用で開発できるため、低価格」「患者の薬代の負担軽減と、健康保険財政の改善につながる」と、ジェネリックを推奨しています。先発薬と互換性があって低価格なら、そちらを選ばない手はありません。けれどもジェネリックは本当に先発薬と同じなのでしょうか？

「同じであって同じでない」という問題は最後までつきまといます。ジェネリックは、色、形状、大きさ、結合剤、充塡剤、コーティング剤などさまざまな点でブランド薬と異なります。それについて著者は、「ジェネリックとブランド薬との互換性の根拠は、すべてが同じということではなく、重要な点が同じであること」だと述べつつ、ジェネリックの歴史において、「同じ」という定義が、薬

理学、生理学、経済学、政治学などあらゆる科学や理論、方法論の対象となり、時代背景や倫理観や信念によってさまざまに変わってきたことを語ります。また、現代では、バイオテクノロジー企業が生み出した高分子医薬品が「類似性の新たな危機を招こうとしている」。と言うのも、低分子医薬品と違って、タンパク質の二つのバージョンを分子レベルで同一だと証明することはできないからです。

優れた薬が市場にあふれている現在、製薬業界はそれを超す薬を開発できずに苦しんでいます（最終章）。ジェネリックばかり追うことが新薬の開発を妨げているという批判もありますが、ジェネリックの研究が新薬開発の原動力になっていると見る人もいます。今後、ジェネリックは医療の世界にどんな未来をもたらすでしょう。「ジェネリックは生物医学の革新に死をもたらすが、その一方で、その革新を地球規模の公衆衛生の道具に変える」と著者。その未来において、おそらくは何らかの薬の消費者になる者として「同じであって同じでない」という言葉を頭の片隅において、ジェネリックの行く末を見守りたいと思います。

みすず書房の鈴木英果氏には、意義ある本書をご紹介いただき、刊行にいたるまで暖かなご指導とご助言をいただきました。この場をお借りして心より感謝を申し上げます。

野中香方子

二〇一七年十一月